U0591354

本书出版得到国家社会科学基金
（项目编号:10BRK009）和井冈山大学学科出版基金资助

农村女性婚姻迁移者
的社会融合

仰和芝 张德乾 著

NONGCUN NÜXING HUNYIN QIANYIZHE
DE SHEHUI RONGHE

人民出版社

目　录

导　论

　　改革开放政策实行以来，随着经济与社会的快速发展，我国大量农村劳动力持续向非农转移，大批农村女性流入经济较发达地区和城市务工经商。其中，未婚女性成为农村女性外出务工经商人员的主体，是我国农村人口流动的重要组成部分。从农村到城市、从乡下妹到打工妹、从男女交往空间的相对封闭到开放、从不发达地区到相对发达地区，意味着外出务工经商的农村未婚女性选择配偶的观念、范围、机会、方式与行为都必然会发生巨大而深刻的变化。伴随这种变化，是我国大范围悄然出现的引人注目的农村女性为爱情等原因而嫁到异地他乡的婚姻迁移现象。这种农村女性婚姻迁移现象是在我国农村人口大规模流动进程中出现的，其不单纯是当事人自身的婚姻行为，因婚姻迁移而引发的问题也不只是个人问题，从深层次上讲，其是我国人口大规模流动进程中的必然产物，是我国现代社会变迁的重要组成部分，一定程度上反映出我国农村人口迁徙和我国婚姻变迁的规律，有显著的中国特色（仰和芝，2006）。

　　对农村女性婚姻迁移者而言，婚姻迁移不只是定居地与生活地的改变以及为人妻的角色转换，更重要的是必须面对新的生活环境、经济环境、文化环境和社会环境，她们婚后所要面对的是婚姻与迁移的双重社会融合挑战。农村女性的婚姻迁移不仅是一时行为，同时也是一个过程，而是否能顺利完成这个过程，则有赖于她们婚后社会融合之成败。相对于嫁在本地的女性，婚姻迁移女性的社会融合会面临更多挑战与不确定性，农村女性婚姻迁移者社会融合的意愿、过程、问题和结果折射出她们在迁入地的生存环境和状况。农村女性婚姻迁移者的社会融合状况如何，不仅关系到其个人幸福和家庭稳定，还关系到其所在社区与整个社会的稳定，与和谐社会建设关系密切。随着我国工业化、城镇化进程的进一步推进，未婚农村女性外出务工经商现象将在很长一段时间内持续存在，农村女性婚姻迁移作为社会变迁中的重要现象也会在一定时期内持续存在，是长期性的婚姻趋势。可见，以社会融合的视角关注千千万万农村女性婚姻迁移者迁移后的生存状态已经成为我国当前农村人口流动进程中越来越突出的问题，也是我国婚姻变迁中无法回避的问题，值得我们关注和认真研究。

第一节　研究背景与意义

一、研究背景

改革开放以来，随着我国现代化进程的逐步推进，工业化和城镇化不断深入，大量的农业劳动力开始离开农业产业，从祖祖辈辈生活的土地和家乡流入城市或经济发达地区，进入工业和服务行业等非农产业寻找就业和发展机会。农村人口流动日趋活跃，流动人口规模持续增长，数以亿计的劳动力从农村流向城市。改革开放 40 年来，我国的流动人口呈急速增长态势：1982 年、1990 年、1995 年、2000 年、2005 年，流动人口总数分别约为 657 万人、2135 万人、7073 万人、10229 万人、14735 万人（杨菊华，2009）。第六次全国人口普查数据显示，截至 2010 年 10 月 1 日零时，全国流动人口总量估算约为 2.21 亿人，其中男性约为 1.11 亿人，女性约为 1.10 亿人。其中，以务工经商为目的的流动人口约为 1.51 亿人，因其他原因流动的人口约为 7021 万人。2010 年国家人口计生委两次人口流动动态监测调查显示，流动人口中，86.70% 为农业人口；15 周岁及以上流动人口中未婚为 19.00%；69.50% 为跨省流动，30.50% 为省内流动（国家人口和计划生育委员会流动人口服务管理司，2011）。

农村大量流动人口的存在已是不争的事实。在农村流动人口大军中，农村未婚女性人口的流动，随着改革开放的深入和城市化进程的推进，数量日益增加。从改革开放至 20 世纪 90 年代初，农村流动人口总量相对偏低，受劳动力需求、国家人口流动政策和传统观念等因素制约，农村女性人口流动刚刚起步，农村未婚女性人口流动比重很低。1990 年第四次全国人口普查显示，15 周岁以上务工经商流动的 725.40 万人中，男性占 69.40%，女性占 30.60%，两者之比为 2.3∶1（谭深，1997）。从 1992 年至 2000 年，随着改革开放的不断深化和城市化步伐的加快，农村剩余劳动力向城市流动的规模逐步扩大，农村未婚女性人口流动有了较大的增长。2000 年，第五次全国人口普查 0.10% 抽样数据推算，全国的男性农村劳动力流动人口与女性农村劳动力流动人口之比为 1.08∶1。2000 年以后，随着城镇化深入推进，经济持续、快速增长，城乡统筹发展，社会流动观念普遍形成，在很多农村，未婚女性基本都外出务工经商，这一时期农村女性人口流动数量显著增加。第六次全国人口普查数据显示，截至 2010 年 10 月 1 日零时，全国农村流动人口总量约为 1.92 亿人。按照全国流动人口中，男性占 51.80%，女性占 48.20%的比例推算，其中男性约为 9945.60 万人，女性约为 9254.50 万人，两者之比为 1.07∶1（国家人口和计划生育委员会流动人口服务管理司，2011）。

外出务工经商无疑是农村未婚女性生命历程中具有重大影响的特殊经历和重要事件。大量农村未婚女性的迁移流动打破了传统农村女性相对单一的生存和生活状态。对农村未婚女性来说，外出务工经商，走出家门和村庄闯天下，改变的不仅是以往封闭的生活空间、较单一的社会关系及困窘的经济状况，与之相伴随的是，她们获得了更多的自由以及自我实现的机会，她们的婚姻观念和行为也在潜移默化地发生着前所未有的重大变化。外出务工经商的农村未婚女性在种种变化中不断建构自己的生活，她们的生活道路和人生道路因此发生了变化。其中，婚姻问题也是农村未婚女性远走他乡实现自身价值，追求人生美满和幸福的重要方面（仰和芝，2006），农村未婚女性大规模离家外出务工经商，婚姻必将成为一种重要的社会流动方式。在务工经商过程中，农村未婚女性恋爱结婚并离开自己的家乡嫁到异地他乡，成为婚姻迁移者。

　　本人一直关注农村女性婚姻迁移现象、农村女性婚姻迁移者的生存状态和社会融合并将此作为研究的重要领域，缘起于本人出生、成长的村庄的女性婚姻迁移现象的日益增多，缘起于想弄明白日益增多的农村女性婚姻迁移现象背后的深层原因及其引发的影响。

　　本人出生并一直生活30年的村庄，位于安徽省合肥市肥西县化冈镇境内，是一个有近200年历史的村落。安徽是农村人口外出务工经商大省，许许多多村庄的青壮年劳动力都外出务工经商，本人所在村庄也不例外。1985年，本人所在村庄一个未婚女性在亲戚的介绍帮助下到北京务工，从那以后女性外出务工的人数开始慢慢递增，到20世纪90年代中期以后，女性外出务工经商成为村庄主流，到如今村庄的女性青年基本上以非农就业为主，特别是未婚女性，她们没有一个留在村庄务农，她们流动在全国各地务工经商。

　　随着年轻人职业向非农转换以及职业空间的转移，村里年轻人的婚姻观念和行为也发生了变化。1988年，本人所在村庄第一个外出的女性嫁给了在北京务工时认识的一个本省外县的军人。记得当时村庄里的乡亲尤其是老人们对这桩迁移婚姻议论了很久，大多数人对为什么嫁那么远表示不理解的同时也表达了对这桩迁移婚姻长久性和迁移出去的女性的未来生活的担忧。就在人们还在担忧的时候，1989年，村庄的另一女性嫁得更远而且是在父母不知情的情况下随一男青年去了300公里外的他乡。这下村庄里乡亲们更加不理解了，非议也更多。同时，本人从父母那里，也了解到了一些周边村庄女性外嫁、男性外娶的故事。面对每一桩迁移婚姻，乡亲们都会摇头惋惜一阵子。尽管有乡亲们的不理解和担忧，本人所在村庄及周边村庄这样的迁移婚姻却时有出现。发展到了如今，这种婚姻在本人所在村庄和邻村已很普遍，乡亲们也很少摇头惋惜了。乡亲们对迁移婚姻的态度和认同度也在逐渐发生变化，从最初的不理解、抗拒到慢慢接受和认同，甚至是鼓励。

　　截至2015年6月30日①，本人所在的村庄，从1988年的1名女性婚姻迁移到现在21名女性婚姻迁移，其中迁移到外省9人。外地女性迁移过来

---

① 　自1980年1月1日至2015年6月30日，村里共有106人结婚，其中男性44人，女性62人。

的6人，其中来自外省6人。村里的女性婚姻迁移出去涉及的外省市是四川（1人）、江苏（4人）、浙江（2人）、北京（1人）、陕西（1人）；外地女性迁移过来涉及的省份是湖北（1人）、贵州（1人）、云南（1人）、四川（2人）、山西（1人）。村庄有2户人家，儿女都是迁移婚姻；3户人家女儿都是迁移婚姻。

2002年本人博士毕业到高校工作，主讲社会学方面的课程，平时与学生交流时，有意了解来自农村的学生家乡的迁移婚姻状况，学生的反映是这种现象在自己的村庄和亲戚朋友中并不少见。从2005年开始，每年寒暑假本人都设计好问卷委托部分学生对自己村庄的迁移婚姻数量和女性婚姻迁移者的婚后生活状态进行调查。平时也向来自农村的同事了解其家乡的迁移婚姻状况。本人外出，在火车上也会寻找机会与乘客聊这个话题。2010年，通过网络加入了3个婚姻迁移女性的QQ群。总之，通过本人了解到的真实情况是，发生于人口流动进程中的农村女性婚姻迁移在全国都有发生，只是有的地方较普遍，有的地方并不普遍。

在了解到农村女性婚姻迁移现象逐渐普遍的同时，也耳闻目睹了一些农村女性婚姻迁移者婚后的酸甜苦辣，慢慢发现这个群体的婚后生活会遇到很多问题，也逐渐认识到，这个群体的婚姻不仅是她们个人和家庭的事。自2005年开始，本人开始从学术上尝试对这一群体的婚后生存状态进行调查，并试着从婚姻状况、生活质量、心理状况等方面对其进行分析。如果说一开始对农村女性婚姻迁移现象和农村女性婚姻迁移者的关注是出于好奇，到后来则是有意进行调查研究。从个人调查获得的资料来看，农村女性婚姻迁移行为对于个人、家庭、社区、社会和国家都会产生影响，农村女性婚姻迁移者群体需要全社会去关注。

对任何一个女性来说，婚姻都是其生命历程中的重大事件。在我国，对已婚的女性来说，女性婚后随夫居住的传统，意味着她们的婚后生活必然会发生变化。对任何一个女性来说，婚后走进一个新家庭，都要面对新的家庭关系和新的社区，要适应新的生活，他们自然要为婚后生活作出调整，要实现婚后的社会融合。但这只是婚后的调整和融合，是女性婚姻生活中要面临的问题和经历的过程，不会涉及迁移或作为迁移者要面对的挑战和问题。对女性婚姻迁移者来说，婚后的生活会有很多不一样。婚姻迁移的女性是迁移者，而且是婚姻迁移者，除了要面临正常婚姻事件带给自己的挑战，还要面临因迁移而带来的诸如亲情远离、社会关系变化、文化差异等带来的诸多问题和挑战，女性婚姻迁移者不得不面对的是婚姻和迁移的双重挑战，她们婚后不得不面对的问题是社会融合问题。农村女性婚姻迁移者的社会融合是婚姻和迁移的双重融合。总之，对农村女性婚姻迁移者的社会融合研究是我国农村人口大规模流动提出的新课题。

二、研究意义

随着我国农村人口流动向纵深发展，我国农村的人口流动还将会持续相当长的时间，农村外出务工经商的女性因婚姻而迁移的现象将会在一定时期内长期存在且在数量和空间范围上会呈现扩大化趋势（仰和芝，2009）。对农村女性婚姻迁移者来说，远离父母、亲朋好友与家乡，远离的是二十几年的亲情、友情与乡情，一个人到另一个完全陌生的地方，进入一个陌生人社会，意味着一切不得不重新开始，社会融合是关注她们婚姻迁移后生存状态的重要视角。农村女性婚姻迁移者分布在全国各地，她们的社会融合如何，不仅关乎个人生存状态，还关乎家庭、社区甚至是整个社会的稳定与和谐。研究农村女性婚姻迁移者的社会融合是社会发展的需要，有重要意义。第一，理论意义。建立可供解释和分析农村女性婚姻迁移者社会融合的评价指标体系，弥补对该群体社会融合研究的不足，进一步丰富我国流动和迁移人口的社会融合研究。第二，现实意义。真实反映农村女性婚姻迁移者的社会融合状况，把握其社会融合的一般过程和特征，揭示其社会融合的关键因素，在社会融合的视角下，更好地帮助社会大众了解这一群体，并接纳、关心和协助身边的这一群体更好地融入迁入地，为有关部门有效帮助和干预解决农村女性婚姻迁移者婚后社会融合所产生的各种问题提供合理的意见和建议，从而引导农村女性婚姻迁移者更好地适应并融入迁入地社会，在最大程度上实现婚姻美满、家庭幸福，实现社会稳定与和谐。

第二节　文献综述

　　有外出务工经商经历的农村女性的婚姻迁移行为是我国改革开放后人口大规模流动进程中产生的新的社会现象，相对于传统的婚姻迁移，它是一种新的婚姻迁移模式。农村女性婚姻迁移是我国现代社会变迁的一个重要组成部分，农村女性婚姻迁移者是我国改革开放进程中产生的特殊群体。自20世纪90年代初以来，农村女性婚姻迁移现象与农村女性婚姻迁移者就一直受到学界关注。

一、关于农村女性婚姻迁移的研究

（一）关于迁移婚姻与女性婚姻迁移者的称谓

　　纵观国内近40年的研究，不同的研究者对迁移婚姻的称谓多有不同，同一研究者在不同的时期称谓也有变化。对近40年的文献进行梳理，发现有30余种称谓。具体称谓如下：远距离联姻（顾耀德，1991）、婚姻流动（张和生，1994；田先红，2009）、跨省区联姻（张和生，1995）、婚姻迁入（谭琳，1998、1999）、省际婚姻迁移（田华，1991）、东迁婚配（田华，1991）、跨省市远嫁远娶（董天恩，1994）、异地族际通婚（石人炳，2006）、异省结婚（李德，2007）、异地联姻（邓晓梅，2011）、远亲婚恋（周亮红，2009）、远嫁（游正林，1992；邓国彬、刘薇，2001；石人炳，2006）、跨省婚姻（杨福春，1992；马丽，2004；刘芝艳，2009；宋丽娜，2010；何峰，2011；陈业强，2012；国家人口和计划生育委员会流动人口服务管理司，2012；陈锋，2012）、跨地区婚姻（仰和芝，2006；谭雪洁，2008）、异地婚嫁（仰和芝，2007）、跨省通婚（韦云波，2010）、跨省外来女婚姻（徐玉芬，2008）、婚姻逆迁移（邓智平，2004）、迁移婚姻（王开玉，2005）、省际婚姻（谭琳，1999）、城乡联姻（沈文捷，2007）、跨省联姻（宛敏华，2009）、异地婚姻（郭子，2009；邓晓梅，2011；管浩、翁晔，2012）、婚姻迁移（陈永平，1990；谭琳，1998；程广帅，2003；孙琼如，2004；马健雄，2004；石人炳，2006；倪晓峰，2007；王化波，2008；陆淑珍，2010；艾大宾、李宏芸、谢贤健，2010；吴文，2010；栗志强，2011）、跨省市之间的通婚（崔燕珍，2007）、跨市通婚（靳小怡、李成华、李艳，2011）、两地婚姻（周海旺，2001；陈琼珂，2009）、省内异地婚姻（周皓、李丁，2009）、省际异地婚姻（周皓、李丁，2009）、跨省婚嫁（董燕，2009）、外来婚嫁（黄润龙，2002；徐志春，2012）。

不同的研究者对女性婚姻迁移者称谓也多有不同，同一研究者在不同的时期称谓也有变化。概括起来有30余种称谓：外省婚迁女性（徐爱光、郑学毅、张万恩，1992）、外来妇女（游正林，1992）、女性婚姻迁移者（吕德文，2005）、外嫁妇女（甘品元，2007）、婚姻迁移的妇女（王化波，2008）、迁入女性（徐爱光、郑学毅、张万恩，1992）、跨省外来女（徐玉芬，2008）、外流妇女（张和生，1994）、外来婚嫁女（黄润龙，2002）、外嫁女（谭雪洁，2008）、城市外来农村媳妇（朱娴，2011）、外省姑娘（王开玉，2005）、婚姻移民（谭琳，2003；吴妨，2006；赵丽丽，2008；周佳懿，2009；栗志强，2011；邓晓梅，2011、2012）、城市新移民（沈文捷，2007）、外地媳妇（周海旺，2001；宛敏华，2009）、外来媳（顾青，2010）、外地新娘（成翠萍，2006）、外来媳妇（周海旺，2001；唐利平，2005；侯劲松，2006；甘品元，2007；周皓、李丁，2009；杨建霞，2012；刘中一，2012）、农村外来媳妇（杨建霞，2012）、城市外来农村媳妇（沈文捷，2007）、女性婚姻迁入者（成翠萍，2006）、外来妇女（游正林，1992；樊晓明，2009）、外省媳妇（宛敏华，2009）、外来婚嫁女（黄润龙，2002）、外来婚嫁人员（徐志春，2012）、远嫁农村打工女性（仰和芝，2007）、农村女性婚姻移民（沈文捷，2013）、过埠新娘（陈霖，2013）、大陆新娘（刘千嘉，2003）、大陆配偶（叶萧科，2006；朱柔若、孙碧霞，2010）、大陆女性配偶（郭志通，2005）、新移民女性（叶萧科，2006）。

（二）研究农村女性婚姻迁移的主要方法

在已有的关于农村女性婚姻迁移的研究中，研究者们大都将婚姻迁移视作一种社会经济现象，主要侧重于从社会学和人口学等学科视域对农村女性婚姻迁移现象的发生及其产生的问题与影响进行研究。有的研究者立足于对个别样本村落和城市社区的调查，有的研究者立足于宏观的分析。在方法上，研究者们多采用质的研究方法，较少使用量的研究方法。具体研究方法大致如下：（1）文献法。主要使用六普统计数据、五普统计数据、四普统计数据、乡镇村的统计数据、其他学者的数据（黄润龙，2002；程广帅，2003；吴文，2010）。（2）访谈法。研究者多访谈婚姻迁移者及其家人、邻居、村干部、民政部门等人员（谭琳，1998；马丽，2004；田先红，2009；郭子，2009）。（3）观察和访谈相结合的方法（杨福春，1992；邓智平，2004；吴云香，2009；宛敏华，2009；邓晓梅，2011、2012）。（4）访谈与问卷调查研究相结合（游正林，1992；仰和芝，2006、2007；谭雪洁，2008；宋丽娜，2010；刘中一，2012；陈锋，2012）。（5）访谈与查阅有关资料相结合（周亮红，2009）。

　　（三）农村女性婚姻迁移研究涉及的主要区域

　　从已有的文献来看，研究涉及农村女性婚姻迁移的区域包括农村女性从农村地区迁移到农村地区和从农村迁移到城镇两个方面。其中，学者们更多涉及的是农村女性从农村地区迁移到农村地区。

　　农村女性从农村地区迁移到农村地区涉及如下地区：（1）河南省：虎狼爬岭地区的石河沟、双石碑、吴岭三个村（谭雪洁，2008）；东南部P县L村（李德，2007）；南部B村（陈锋，2012）；南部的G村（宋丽娜，2010）。（2）湖南省：湘乡市金石镇（周亮红，2009）；西南部罗村（邓智平，2004）；断提村刘家组（宋丽娜，2010）；汝城县益将乡远光村（何峰，2011）。（3）湖北省：红安县高桥镇的竹林村（2001，邓国彬）；黄冈市黄梅县Z自然村（宛敏华，2009）；西南山区的坪村（田先红，2009）；黄冈市某行政村（宛敏华，2008）；东部K村（陈锋，2012）；张家湾村（刘芝艳，2009）；安乐屯村（刘芝艳，2009；宋丽娜，2010）。（4）安徽省：芜湖市南陵县崔村（崔燕珍，2007）；中部地区C村（仰和芝，2006、2007）；大寨联村、方祠村（刘芝艳，2009）；老集村（宋丽娜，2010）。（5）江苏省：吴江市的 6 个村（邓晓梅，2011、2012）；张家港市后塍、南沙、中兴、港区、杨舍五个镇（谭琳，1998、1999）；北部 S 村（陈锋，2012）；如东县环北乡、新光乡与国营掘港农场的交界地区（杨福春，1992）；大丰市三圩镇（邓勇，1998）。(6) 广东省：北部南雄农村两个村子（马丽，2004）。(7) 云南省：怒江傈僳族（陈业强，2012）。(8) 山东省：青州市与淄博市临淄区接壤地带的康村（新山，2000）；西北章村（宋丽娜，2010）。(9) 河北省：香河县北李庄村、吴打庄村和铁佛堂村（游正林，1992）。(10) 辽宁省：东部 X 村（陈锋，2012）。(11) 江西省：中部 L 村（陈锋，2012）。(12) 福建省：下涧村（刘芝艳，2009）；东部 A 村（陈锋，2012）。(13) 广西省：环江毛南族自治县下南乡毛南族卢屯（甘品元，2007）。(14) 浙江省：遂昌县（徐玉芬，2008）。(15) 北京市：大兴县（吉平，1985）。(16) 新疆维吾尔自治区：新疆兵团农场（吴云香，2009）。(17) 四川省：四川盆地（艾大宾，2010）。(18) 青海省：民和回族土族自治县官亭镇（朱西全，2012）。(19) 贵州省：龙口村两个村民组（刘芝艳，2009）。(20) 台湾省（叶萧科，2006；朱柔若、孙碧霞，2010）。从全国范围来看，共计涉及 20 个省（直辖市、自治区）。其中，有的学者关注的是某个区域的农村女性婚姻迁出，有的研究者关注的是某个区域的婚姻迁入，有的研究者既关注某个区域婚姻迁出也关注婚姻迁入。

　　相对于对从农村地区迁移到农村地区的研究，关于农村女性的乡城婚姻迁移，学者们研究涉及的区域并不多。主要有：北京市（杰华，2006；刘中一，2012）；上海市（周海旺，2001；吴妨，2006；赵丽丽，2008；顾青，2010）；广州市（倪晓峰，2007）；南京市（沈文捷，2007）；香港特别行政区（陈霖，2013）。

　　（四）农村女性婚姻迁移的主要历史阶段及迁移方向

　　从时间阶段和迁移背景来看，学者们关于农村女性婚姻迁移的研究大致可以归纳为以下三个历史阶段。

　　1. 20 世纪 60 年代前后

　　1959—1961 年我国经历了全国范围的自然灾害，导致全国性的粮食短缺和饥荒，经济困难，人们普遍挨饿甚至饿死。在此背景下，特别是1961年最严重的全国大饥荒前后，部分农村的已婚女性因贫困或丈夫已故等原因，很难在原住地生存下去，就离开家乡逃离到生活条件相对好点的地方再嫁，以求活路（刘芝艳，2009）。大跃进时期，农村妇女逃到他乡再嫁的情况较普遍，如1959年至1962年甘肃省大批妇女外流，流入陕西省就有5万多人，其中与陕西男子非法同居的甘肃女子就达3万多人；江苏南部、河南、宁夏也有大量女子因饥荒外流引发婚姻迁移（李若建，2000）。

这一阶段的农村女性婚姻迁移，主要是省内迁移以及相邻省份之间的迁移，表现形式主要是改嫁，主要动机是在经济困难时期寻求活路。

2. 改革开放后至20世纪90年代中期

改革开放后，东南沿海一带经济发展较快，人们生活水平普遍提高，我国东中西部经济发展不平衡日益显现。为了摆脱贫困，进入经济条件较好的生活环境之中，获得更好的个人发展机会，20世纪80年代末，我国相对落后的农村地区的部分女性，通过婚姻途径迁移到相对发达的东中部农村地区，于是出现了新中国成立后的一次大规模的女性婚姻迁移现象。根据1990年全国人口普查的资料统计，1985年至1990年六年间，全国以婚姻为动机的跨省女性迁移者共4,325,747人，占同一时期女性迁移者总数的28.00%。其中，迁移到江苏、浙江两省的西部地区女性最多。这种婚姻迁移现象及其引发的问题引起了学者们的关注和研究（吉平，1985；顾耀德，1991；田华，1991；游正林，1992；徐爱光，1992；杨福春，1992；张和生，1994；谭琳，1998、1999；黄润龙，2002）。

这一阶段的农村女性婚姻迁移，主要是我国西部地区的四川、贵州、云南、广西等地农村地区的部分女性迁移到东中部的浙江、江苏、安徽、湖南等省，经济考量是这一阶段农村女性婚姻迁移的主要动机。

3. 20世纪90年代后期以来

随着经济的快速发展，大量农村未婚青年外出务工经商，农村青年选择婚姻对象的空间发生了巨大变化，在外出务工经商过程中，农村未婚青年找到了配偶，结婚成家，于是出现了又一次的全国性的女性婚姻迁移现象。农村人口流动进程中产生的女性婚姻迁移现象及其问题和引发的影响引起了学界的关注（周海旺，2001；邓国彬，2001；程广帅，2003；马丽，2004；孙琼如，2004；邓智平，2004；唐利平，2005；王开玉，2005；吴文，2005；风笑天，2006；石人炳，2006；倪晓峰，2007；李德，2007；仰和芝，2006、2007；沈文捷，2007；耿桂华、傅继华，2007；戴东梅、刘霞，2007；崔燕珍，2007；谭雪洁，2008；徐玉芬，2008；刘芝艳，2009；吴云香，2009；张德乾、仰和芝，2009；周皓，2009；周亮红，2009；宛敏华，2009；疏仁华，2009；董燕、商广洁，2009；樊晓明，2009；田先红，2009；郭子，2009；陆淑珍，2010；艾大宾，2010；宋丽娜，2010；吴文，2010；杨晓希、郑军，2010；喻晓东，2011；邓晓梅，2011；靳小怡，2011；何峰，2011；邓晓梅，2012；陈业强，2012；陶自祥，2012；陈锋，2012；刘中一，2012）。

这一阶段的农村女性婚姻迁移方兴未艾，婚姻迁移呈现以自由恋爱为主的全国范围内流动。有中西部农村女性迁移到东部的，也有东部农村女性迁移到中西部的，也有东中西部各地区之间互相迁移以及省际省内互相迁移的。但从现有的文献看，贵州、广西、云南、四川等西南地区的农村女性迁移到东部和中部地区的较多，而东部和中部地区农村女性迁移到西南地区的相对较少。

（五）农村女性婚姻迁移者缔结婚姻的途径

农村女性婚姻迁移者缔结婚姻的途径，不同时期有所差异，研究者们关注到的主要有以下类型。

1. 他人介绍

通过熟人介绍到经济条件相对好的地区，有的女性嫁到外地后，又会充当媒人，把自己家乡的姐妹或认识的女性介绍到自己所嫁地（杨启藩，1991；顾耀德，1991；田华，1991；徐爱光，1992；杨福春，1992；张和生，1994；谭琳，1998、1999；王开玉，2005；陈业强，2012）。

2. 自荐型

这种状况可分两类。其一是男青年为了寻找配偶，到偏远的地区，主动寻求物色对象；其二是有的相对落后地区的农村女性慕名前往生活条件相对比较优越的地区，自己主动寻觅意中配偶（杨启藩，1991；徐爱光，1992；谭琳，1998；李若建，2000）。

3. 自主认识

随着经济发展，人口流动的扩大化，未婚青年男女在外出务工经商过程中认识，互相产生感情，自由恋爱，最后走向婚姻（邓国彬，2001；马丽，2004；孙琼如，2004；风笑天，2006；仰和芝，2006；倪晓峰，2007；李德，2007；耿桂华、傅继华，2007；戴东梅、刘霞，2007；仰和芝，2006、2007；宛敏华，2009；樊晓明，2009；杨晓希、郑军，2010；陆淑珍，2010；宋丽娜，2010；吴文，2010；田先红，2009；沈文捷，2007；崔燕珍，2007；谭雪洁，2008；刘芝艳，2009；周亮红，2009；邓晓梅，2011、2012；靳小怡，2011；喻晓东，2011；何峰，2011；陶自祥，2012；陈锋，2012；陈业强，2012；刘中一，2012）。

4. 拐卖型

人贩子或利用偏远贫困地区部分农村青年女性想脱离贫困生活处境、渴望寻求优越生活的心理，或利用偏远地区女性及其家人信息不对称、自我防范意识较弱的因素从而通过欺骗的手段拐卖农村女性。人贩子会将通过各种非法手段拐骗来的农村女性介绍给那些因贫困、残疾或年龄偏大、离异等原因找不到配偶的已经过了适婚年龄的男性，从中收取介绍费用（顾耀德，1991；田华，1991；徐爱光，1992；谭琳，1998；李若建，2000；刘芝艳，2009）。当然，这样的婚姻是非正常途径和非法的，所占的比例也较低，且在逐渐下降，但并没有完全被杜绝。

综上所述，婚姻迁移的不同阶段，农村女性婚姻迁移者缔结婚姻的途径有所不同，且有地区差异性。1961年前后，主要是以农村女性自己逃离或他人介绍为主；改革开放后到20世纪90年代中期，主要是以他人介绍向生活条件相对好的地方流动为主，也有部分拐卖；20世纪90年代后期以来，在农村人口大规模进城务工经商背景下，农村女性主体意识不断觉醒，主要是以自主认识为主。

（六）农村女性婚姻迁移产生的主要原因

不同时期的研究者们对不同时期农村女性婚姻迁移的原因从宏观的社会环境和微观层面的个人动因进行了分析。从研究者们的研究结论来看，不同时期的农村女性婚姻迁移的原因有共同之处，但又表现出极大的差异性。总的来说，引起农村女性婚姻迁移的主要原因如下。

1. 婚姻迁入地的引力是引发婚姻迁移的主要因素

推拉理论是西方学术界解释人口迁移的经典理论。此理论认为人口迁移存在着两种动因：一种是人口迁出地有推动人口迁出的因素，一种是人口迁入地存在着吸引人口迁入的因素。两种因素共同或单方面作用推动了人口的迁移。在探讨农村女性婚姻迁移的原因中，有研究者援用推拉理论，看到了迁出地的推动力和迁入地的引力因素，且研究者们普遍认为婚姻迁入地的引力是引发女性婚姻迁移的主要原因（田华，1991；徐爱光，1992；张和生，1995；谭琳，1998、1999；程广帅，2003；孙琼如，2004；吴文，2010）。婚姻迁入地的引力，一方面表现在迁入地与迁出地相比，迁入地的经济社会发展水平较高；另一方面表现在迁入地未婚人口性别比失调而引发的婚姻挤压，导致相对弱势的男性在当地寻找结婚对象比较困难，于是把择偶的目光转向相对偏远和贫困地区的农村未婚女青年。婚姻迁移成为相对落后贫困地区的部分农村女性获取相对优越生活条件和自身更好发展的理想方式之一，这为婚姻迁移的活跃提供了可能性。

事实也是如此，根据1990年全国人口普查的资料统计，1985年至1990年六年间，全国以结婚为动机的跨省女性迁入者共4,325,747人，占同一时期女性迁入者总数的28.00%，其中，浙江、湖南、山东、福建的女性婚姻迁入比例都超过了全国平均水平（刘芝艳，2009）。2000年全国人口普查资料显示，跨省婚姻迁移的人口中，主要是江西、安徽、河南、湖南、湖北、广西、四川等7省（自治区）的女性流入北京、上海、江苏、浙江、福建、广东等6省（直辖市）。

可见，在2000年前，婚姻迁入地的引力是引发婚姻迁移的主要因素，对较高生活水平的追求是农村女性婚姻迁移的内在动因。我国农村女性婚姻迁移主要是单向的，即从农业生产条件差、经济发展水平低地区流向农业生产条件好、生活比较富裕的地区，从农村流向城郊结合部或城市，从经济落后的地区迁移到经济较发达的地区，从西部向中东部或从中部向东部地区迁移（吴文，2010；徐爱光，1992；张和生，1995；谭琳等，1998；王开玉，2005）。在计划经济时期，广大农村普遍比较贫困，人们考虑的主要是温饱问题，因此，女性多倾向于婚姻迁移到农业发展好的地区。改革开放后，农村温饱问题基本解决，人们开始寻求致富与自身发展的机会，女性倾向于婚姻迁移到非农就业机会多和经济收入高的发达地区（艾大宾、李宏芸、谢贤健，2010）。

2. 农村人口大量外出务工经商是引发婚姻迁移的直接动因

改革开放后，特别是 20 世纪 90 年代末，第二代农民工大量外出，与第一代农民工外出时多数已婚不同的是，第二代农民工外出时年龄往往在 20 岁以下，基本上都是未婚。很多学者（邓国彬，2001；周海旺，2001；程广帅，2003；马丽，2004；孙琼如，2004；邓智平，2004；唐利平，2005；王开玉，2005；吴文，2005；风笑天，2006；石人炳，2006；仰和芝，2006、2007；倪晓峰，2007；李德，2007；沈文捷，2007；崔燕珍，2007；耿桂华、傅继华，2007；戴东梅、刘霞，2007；谭雪洁，2008；徐玉芬，2008；宛敏华，2009；疏仁华，2009；田先红，2009；郭子，2009；刘芝艳，2009；董燕，2009；吴云香，2009；周皓，2009；周亮红，2009；董燕、商广洁，2009；樊晓明，2009；艾大宾，2010；陆淑珍，2010；宋丽娜，2010；杨晓希、郑军，2010；艾大宾、李宏芸、谢贤健，2010；喻晓东，2011；朱娴，2011；邓晓梅，2011、2012；靳小怡，2011；何峰，2011；陈业强，2012；陶自祥，2012；陈锋，2012；刘中一，2012）关于农村女性婚姻迁移的实证研究都表明，在外出务工经商过程中，许多来自农村的男女青年在务工经商过程中自主找到配偶，于是出现了新一轮的农村女性婚姻迁移现象。也就是说，20 世纪末以来，大量未婚的农村青年男女外出务工经商是农村女性婚姻迁移的直接原因，农村未婚青年男女外出为婚姻生活变革提供了更为强大的支撑，农村未婚青年的外出务工经商与通婚地域范围的拓展以及婚姻迁移的大范围出现有直接关系。

3. 女性的自主独立意识和社会地位的提升是促使女性婚姻迁移的重要原因

随着社会的发展,"男女平等"、"婚姻自由"不仅以法律形式体现出来,更是在思想观念和行为模式上逐步为人们普遍接受和认同,我国女性在政治、经济、文化、社会、家庭等方面的地位逐日提升,婚姻自主性日益增强。农村女性突出个人意愿、个人价值和个人幸福在婚姻中的重要地位,敢于冲破传统婚姻观念的束缚和地域的限制,主张根据自己的意愿选择婚姻对象,追求自由恋爱和自愿结合,在择偶上不再完全听命于父母,她们勇于主宰自己的婚姻生活,敢于追求个人爱情和婚姻质量,追求新的婚姻生活方式和精神生活(谭琳,1998;邓国彬,2001;孙琼如,2004;刘芝艳,2009;仰和芝,2007)。女性在择偶和家庭观念上自我意识的觉醒以及社会地位的普遍提升是女性婚姻迁移发生的重要原因。

4. 买卖婚姻

新中国成立以后,买卖婚姻被禁止,女性的社会地位逐日提升,婚姻自主性日益得到保障。但在我国的一些地区,少数贫困家庭出于种种原因,收取高额彩礼,把女儿嫁到外乡;有时,人贩子也会通过种种非法手段从各地拐骗女性介绍给那些因贫困或残疾等原因找不到结婚对象的单身男性(顾耀德,1991;田华,1991;徐爱光,1992;谭琳,1998;李若建,2000;谭琳、苏珊·萧特、刘惠,2003;刘芝艳,2009)。可见,在极少数地区,买卖婚姻也是造成婚姻迁移的原因之一。

(七)农村女性婚姻迁移产生的主要影响

农村女性婚姻迁移是正常的婚姻流动(仰和芝,2007),是我国社会变迁的重要表现和结果。总体上说,其影响是积极的,但同时也不可避免地带来一些令人担忧的负面问题,给当事人及其家人乃至社会带来一定负面的影响(仰和芝,2006)。

1. 扩大了通婚地域圈

随着农村女性婚姻迁移的逐渐兴起,农村通婚地域距离和通婚地域范围逐渐扩大（仰和芝，2007），婚姻的地域观念逐渐被打破（黄润龙，2002），原来相对封闭的农村通婚地域圈逐渐开放并慢慢地卷入了全国性的婚姻市场。从整体上看，农村婚姻地域距离的扩大，可以给农村男女青年带来更多选择配偶的机会，使婚姻资源能够突破传统通婚地域的限制，在更为广阔的婚姻市场范围内达到优化配置，全国性统一的婚姻市场因此逐渐形成（田先红，2009），最终一种城乡融合的、建立在扩大了的通婚地域圈基础上的婚姻迁移地域平衡关系终将形成（艾大宾、李宏芸、谢贤健，2010）。

2. 有利于不同区域的文化传播和交流

农村女性婚姻迁移大大增强了农村社会的流动性，拓展了农民的社会交往空间，有利于不同地区人们思想观念的碰撞和融合（周亮红，2009），有利于不同地区间、民族间的文化传播和交流，有利于民族精神的优化组合（顾耀德，1991），在一定程度上可促进东西部地区的文化交流和思想观念的融合（程广帅，2003）。不同文化相互碰撞之中，相互比较，相互借鉴，相互促进，有利于彼此的认识和了解，消除歧视和偏见，从而有利于中华民族"多元一体"格局的整合（陈业强，2012）。农村女性婚姻迁移引起的不同地区和民族的文化传播和交流无论对迁入地还是迁出地而言都具有积极意义。

对迁入地而言。婚姻迁移的大量出现，迁入女性在不断适应着迁入地的文化，而当地的各种社会文化元素也不断地适应着这种迁移婚姻的新变化，迁入地的婚俗、人际关系、权力关系、乡土文化、老人赡养方式等社会文化的诸多方面都在发生着改变，乡土文化更趋于多元化（马丽，2004）。迁移婚姻使不同的语言、不同的饮食习惯等多个省份的文化交织在一起，使农村的各种习俗趋于多元化（刘芝艳，2009）。

对迁出地而言。婚姻迁移有可能促进落后地区的婚姻观念和生活方式变化；伴随婚姻信息，也可能有较发达地区的技术信息、经济信息和其他文化信息传入落后地区，促进其社会经济发展（谭琳，1998）。在相对封闭的农村，信息资源输入不顺畅，农村女性的婚姻迁移客观上有助于乡村与外界的联系，婚姻迁出地的家庭与迁入地的家庭存在的姻亲关系，可以促进乡村与外界的良好互动（邓国彬，2001）。通婚圈的外延扩展有助于打破山寨的封闭状态，对于开阔视野，接受异域文化的熏陶具有巨大的促进作用（甘品元，2007）。

3. 有利于提高下一代的人口素质

我国农村传统的通婚范围狭窄，通婚地域半径小，不利于人口素质提高。从遗传学角度，通婚地域距离越远的夫妇之间遗传差异越大，其后代中基因组合的变异范围可能性越大。因此，远距离的婚姻迁移，有利于婚配双方在遗传基因方面取长补短，有利于优生，有利于下一代智商的提高，从而有利于促进下一代人口素质的提高（顾耀德，1991；董天恩，1998；程广帅，2003；孙琼如，2004；吴文，2004）。

4. 造成婚姻迁出地男青年的婚姻挤压

农村女性婚姻迁移一定程度上有利于缓解迁入地性别比的失调，有利于解决大龄男性未婚青年的婚配困难（顾耀德，1991）。但随着人口流动和婚姻迁移的常态化，随着全国统一婚姻市场的形成和婚姻资源跨区域的流动和配置，不同区域之间的男女青年都将参与到对婚姻资源的竞争之中。在此大背景下，经济发展更好、地理位置更为优越地区的未婚男青年，自然而然会在婚姻市场上占据优势地位，能够获取更多的婚姻资源。而经济发展较为落后、地理位置偏僻地区的农村男青年处于整个社会的最底层，条件的限制、资源的贫乏使得他们在全国性的婚姻市场中处于最弱势的地位，加剧了婚姻市场的不平等性（田先红，2009）。

"嫁出去容易、娶回来难"，相对贫穷和偏远地区，随着大量女性人口的婚姻迁出，引起区域内婚姻适龄男女性别比的失衡，本地男性特别是相对弱势的男性无法在本地找到婚姻对象，面临婚姻挤压，并成为婚姻市场和婚姻挤压的末端（邓国彬，2001；甘品元，2007；田先红，2009；栗志强，2011）。伴随农村女青年外流引起的性别失衡的加剧，会导致农村贫困地区和贫困家庭男性"婚姻难"，对贫困地区男性青年成婚带来不利影响，婚姻市场中遭受到婚姻挤压的男性弱势群体增多，婚姻迁移可能会带来贫困农村地区"弱势积累"问题（石人炳，2006）。在正常渠道得不到满足的情况下，可能造成买婚和骗婚等从事诱骗、拐卖妇女的犯罪活动、事件增多，干扰正常的社会秩序，势必成为严重的社会问题（孙琼如，2004；吴文，2010；靳小怡，2011）。

5. 对疾病传播可能产生影响

在疾病传播方面，研究者主要关注的是艾滋病的传播。为了探讨女性婚姻迁移者迁移行为可能对艾滋病流行态势的影响，有学者调查和分析了山东桓台县和沂蒙山区、山西省某地、湖南省醴陵市和衡南县、安徽省郎溪县和当涂县、浙江省淳安县的女性婚姻迁移者的艾滋病相关知识、态度和行为现状及其影响因素，并提出了做好婚姻迁移女性的艾滋病监测和采取干预的措施（耿桂华、傅继华，2007；戴东梅、刘霞，2007；董燕、商广洁，2009；樊晓明，2009；杨晓希、郑军，2010；喻晓东，2011；徐志春，2012）。

6. 给计划生育管理带来影响

在农村女性婚姻迁移这种新的婚姻模式大量出现的情况下，对婚姻迁移女性的户籍管理与计划生育管理变得复杂了（马丽，2004）。比如，有的女性只是举办了传统的婚姻仪式，并没有及时履行法律上的手续，未领结婚证；有的不到结婚年龄与男朋友未婚同居先怀孕；有的女性嫁入迁入地后，户口迁到这里，但平时人却在外地务工；有的女性结婚后，户口仍然留在原籍；等等。以上诸多现象容易导致对该群体计划生育的管理和服务出现盲区和死角（刘芝艳，2009）。在农村女性迁移婚姻中，早婚早育率高，未婚同居比例高，计划外生育较严重（黄润龙，2002）；西部落后地区婚姻迁移女性生育观念旧，想生男孩的多（顾耀德，1991；谭琳，1999）；婚前怀孕与生孩子的现象比较普遍，许多外出务工经商的未婚女性在没有达到合法结婚年龄前，就先未婚同居，一旦发现怀孕往往会选择先把孩子生下来（刘芝艳，2009）。婚姻迁移对农村女性的计划生育管理提出了严重挑战。

7. 可能产生养老问题

从目前我国农村现状和国家的社会保障政策来看，农村养老基本上靠儿女支持，养儿女防老。女儿在异乡成家，一年难得回来一次。一旦父母年龄大了或生病了，需要女儿照顾的时候，女儿却因为路途遥远，不能时常在身边尽孝，从而可能引发女儿迁移到他乡的老人的疾病医护、生活照料和心理健康等问题，引发农村养老危机，最终可能演变为农村一个较严重的社会问题（仰和芝，2007；周亮红，2009）。

二、农村女性婚姻迁移者的社会融合

对不同迁移者的社会融合进行研究是国内学界关注的热点问题，但研究对象主要集中于进城农民工及其子女、工程移民等群体，从社会融合视角关注农村女性婚姻迁移者尚不多见，但不同研究者关于农村女性婚姻迁移者的生存状态等方面的探讨蕴含了社会融合① 的某些方面。具体说来，相关的研究主要体现在如下方面。

（一）社会融合的主要内容

学者们的研究涉及农村女性婚姻迁移者社会融合的家庭、生活方式、社区认同、社会关系、经济、文化、心理等方面。成翠萍认为，在社会融入的过程中，农村女性婚姻迁移者面临自我心理认同、生活方式的融入、重新建构社会关系网络、培育社区归属感和参与当地民主生活等问题（2006）。沈文捷从社会互动、自我身份认同与城市认同方面对嫁入南京的农村女性婚姻迁移者的社会融合状况进行探讨（2007）。赵丽丽的研究发现，嫁到上海的女性婚姻迁移者的适应过程包括对婚后家庭生活的适应和城市生活的适应两个方面，并分别从经济、生活和心理等方面对女性婚姻迁移者的社会适应作出分析（2008）。同样对迁移到上海的女性婚姻迁移者进行研究，吴妨从经济融入和社会融入方面探讨女性婚姻迁移者的融入情况，并发现女性婚姻迁移者的融入总体水平不高，并且经济融入严重滞后于社会融入（2006）。顾青从角色理论视角，对婚姻迁移女性的社会经济生活融合、社会互动融合、社区归属融合进行剖析（2010）。邓晓梅从社会性别视角出发，从主观感知、经济层面、社会关系、文化适应等方面探索农村女性婚姻迁移者的社会适应状况，研究发现婚姻移民的主观适应感较好，其总体经济

---

① 研究者在研究迁移人口时，使用的社会融合、社会融入、社会适应等概念，内涵上虽有相同之处，但也存在差异。笔者使用社会融合概念，但在文献回顾以及在引用他人的研究成果时，仍沿用研究者的各自表述方式。

适应程度要低于本地居民，在社会关系、文化等方面仍有少数人未能融入当地生活（2011）。

（二）社会融合可能遇到的问题与困难

许多时候，农村女性婚姻迁移者顶着父母亲人反对的压力，怀着对未来幸福婚姻的期待，跨过千山万水走到一起，并不意味着就一定会有稳定美满的婚姻生活，距离的相隔、地域的差异、冲突不适是迁移婚姻的一个基本主题（仰和芝，2007），大红喜字透出的不一定全是幸福（郭子、杨林，2009）。

农村女性婚姻迁移者在社会融合过程中，"外来者身份"（谭琳，2003）、"性别身份"（邓晓梅，2011）与迁移行为的多重交织，使其更易于陷入困境，她们面临多方面的困境和压力。农村女性婚姻迁移者与当地人存在着语言、饮食习惯、风俗习惯、宗教信仰乃至生育环境上的差别（黄润龙，2002；谭琳，2003；仰和芝，2007；陈业强，2012）。

伴随着地域空间的转换，农村女性婚姻迁移者离开了过去的生活环境，背井离乡，由于娘家太远，使娘家的日常救济变得不可能，其原有的社会关系日渐削弱，难以有效地发挥社会支持功能，失去原有的社会支持和资源，而她们以丈夫为结点的社会网络中所得到的资源有限，使她们在婚后的社会融合中时常面临孤立无助之感（田华，2009；张德乾、仰和芝，2009；杨建霞，2012；宋丽娜，2012）。没有娘家的经济和社会关系支持，农村女性婚姻迁移者不能像嫁在本地的女性一样在家庭决策里拥有关键的发言权（宛敏华，2009）。

农村女性婚姻迁移者来到迁入地后，由于诸多差异，时常会受到当地人的冷眼、排斥、隔膜和孤立，生活圈子小，心中比较压抑，会时常思念家乡、亲人（张德乾、仰和芝，2009；黄润龙，2002）。面临陌生的社区环境，可能遇到丈夫和家人不信任、不尊重，甚至提防、监视（谭琳，1998；仰和芝，2007）。同时，农村女性婚姻迁移者想与迁入地女性建立良好的关系并不是件容易的事，她们也很少被邀请参加邻里的女性活动，在家庭出现矛盾时，婚姻迁移来的女性可能缺乏社区支持，她们与家人闹矛盾后很少向他人诉说,也无处诉说(谭琳,2003;仰和芝,2007)。

正因为遇到种种困难,婚姻迁移女性在婚后很长一段时间里缺乏对迁入地的归属感,更缺乏幸福感(宛敏华,2009)。也有婚姻迁移到外省的女性因为不能适应迁入地的生活,不能很好地完成自己的角色转换和定位,或是因为与丈夫的感情出现问题,想念自己的父母和家乡,有的提出离婚或是直接逃回娘家或偷偷地跑到外面去打工(刘芝艳,2009)。

有研究者分析了迁移到城市的农村女性婚姻迁移者婚后生活面临的问题。沈文捷认为,与农村女性结婚的城市男性很多本身是城市中的相对弱势者,无论是个人还是家庭条件多处于城市的下层;而婚姻迁移到城市的农村女性在进入城市后,无论是在职业竞争力还是文化层次等方面都处于明显劣势,因此,这样的城乡联姻往往使农村女性婚姻迁移者面临许多生存危机和矛盾(2007)。另外,我国户籍制度的改革并未彻底改变城乡差别以及长期存在于人们思维中对农村的歧视和偏见的定势,作为嫁到城市的农村女性婚姻迁移者,她们在城市的生活之路不会顺利,她们要真正地适应城市生活和被城市所接纳认同需要一定的时间并要为此付出相当的努力(赵丽丽,2008)。

(三)社会融合的阶段与类型

农村女性婚姻迁移者是一个特殊的社会群体,从自己熟悉的场域来到陌生的场域,与迁入家庭及迁入地居民的融合必然需要一个磨合的过程(黄润龙,2002;叶萧科,2006;仰和芝,2009;赵丽丽,2008;沈文捷,2007;陈业强,2012)。游正林的研究则认为,农村女性婚姻迁移者从一开始的迁入到最终完全适应迁入地生活并被迁入地居民认同的过程,可以划为三个阶段:第一阶段以陌生与孤单为其主要特点,时间约为一至三个月;第二阶段以调整与适应为其主要特点,时间约为半年至一年;第三阶段以被同化与认同为其主要特点(1991)。

邓智平根据调查所得资料,把农村女性婚姻迁移后生活分成安居乐业型、外出型、女方外逃型、女方自杀型四种类型(2004)。台湾学者叶萧科认为,大陆配偶的家庭可以分成顺利适应型、克服困难型、陷入困境型、城堡封闭型四种类型（2006）。

（四）影响社会融合的因素

在婚姻迁移中，因距离和区域差异引发的可能引起婚姻不稳定的因素，需要认真对待，小心处理，否则这些因素很有可能成为农村女性婚姻迁移者婚姻稳定的障碍（仰和芝，2007）。婚姻迁移和社区迁移不是同步的，农村女性婚姻迁移是否成功取决于社区迁移与婚姻迁移的同步性以及信息交换的完全性（邓智平，2004）。赵丽丽认为，影响女性婚姻移民社会适应的因素，分微观、中观和宏观三个层面；微观层面的因素主要指女性婚姻移民自身的一些资源，如女性婚姻移民受教育的程度、家庭地位等，中观层面的因素主要指女性婚姻移民的社会关系和社会支持网，宏观层面的因素则是指制度方面的因素（2008）。邓晓梅认为，社会性别因素对农村女性婚姻迁移者的社会适应的经济、社会、文化等影响显著（2011）。叶萧科认为，社会组织与政府在大陆配偶的社会融合过程中扮演着重要的角色（2006）。

（五）社会融合的策略

对于一对来自不同地区背景的夫妻来说，要想牵手共度一生并不是件容易的事，他们需要克服许多因距离带来的困难与障碍，幸福美满的婚姻必须经过艰苦的努力才能拥有（仰和芝，2006）。面对迁移引发的差异，农村女性婚姻迁移者应该用开放的态度主动适应当地的气候、饮食、语言、生活方式和风俗习惯等，适时调整不适、冲突，正确处理婚后生活和社会融合中的纠纷与矛盾（仰和芝，2007）。对于婚姻迁移女性来说，婚后需要对未来生活的社区文化进行再社会化，从而完成对新社区的适应（2004）。农村女性婚姻迁移者嫁到城市后，在城市的适应过程中会主动地采取各种生存策略和方法来融入婆家和城市社会，由于个体资源的缺乏和地位上的弱势，外来农村女性婚姻迁移者往往只能用依从与顺从来同处于强势地位的婆家和其他城市人群进行交换（2007）。

三、文献反思

国内的相关研究准确地捕捉到了农村女性婚姻迁移者社会融合的某些

方面，但总的来说，相对于国内比较丰富的关于迁移人口社会融合的研究成果，国内对农村女性婚姻迁移者的社会融合关注不够，且鲜有专门研究，已有的成果散见于有关论文中且多限于初步探索阶段，限制了研究的针对性和深度。许多重要的问题尚未厘清，具体说来表现在以下方面。

对如何测量农村女性婚姻迁移者的社会融合，研究者关注明显不够，到目前为止，尚没有一套相对成熟的测量农村女性婚姻迁移者社会融合的指标体系，这制约了学界、社会和政府对农村女性婚姻迁移者社会融合现状及特征的全面把握。目前学术界对迁移人口的社会融合，有不同的理解、定义和测量标准，致使研究结论缺乏必要的代表性和可比性。本书将在依据社会融合相关理论的基础上，既借鉴国内外迁移者社会融合的研究思路和研究成果，也充分考虑农村女性婚姻迁移者群体的特殊性，尝试从多个维度来测量和评价农村女性婚姻迁移者的社会融合，并把不同维度作为整个评价指标体系的一级指标，然后确定可对应各一级指标内涵的若干二级指标，最后确定可对应各二级指标内涵的若干具体测量指标，从而构建农村女性婚姻迁移者社会融合评价指标体系并将其作为本书测量农村女性婚姻迁移者社会融合的工具。

在研究方法上，现有的研究偏重于一般性经验描述，有数据支持的理论阐释和概括少，缺少对社会融合的规范的量化分析，更缺少质性研究与量化研究相结合的方法。本书拟采用量化研究与质性研究相结合的综合研究方法。既试图通过量化研究，获得农村女性婚姻迁移者的背景资料和一些具有代表性的共性数据，通过数据统计分析，探讨她们社会融合的一般状况、基本动态过程、影响因素、内部差异、主要类型；又将站在农村女性婚姻迁移者的立场上，通过质的研究了解她们生活历程中发生了什么，她们如何理解和看待自己的婚后生活和社会融合。

在研究样本选取上，已有研究选取的样本多限于某一小区域，缺乏较大范围内的比较。事实上，农村女性婚姻迁移者不是一个静态的同质性群体，她们来自全国各地，又迁移到全国各地，对她们社会融合的研究需要针对该群体内部的差异性、流变性进行判别，这样才能更准确全面地反映该群体社会融合的真实状况。针对此不足，本书将从迁移的城乡类型、省内外迁移、迁入地的经济发展状况、工作状况、迁移距离、婚后经常居住地、婚龄等方面选取研究样本，以探讨农村女性婚姻迁移者群体社会融合的内部差异。

在研究内容上，目前学术界缺少对农村女性婚姻迁移者群体迁移后的社会融合状态全方位的关注和研究，已有研究多数只涉及农村女性婚姻迁移者社会融合的某一方面或某些方面，缺乏从经济融合、社区融合、文化融合和心理融合等方面总体把握，无法了解农村女性婚姻迁移者社会融合的总体状况，无法为管理和决策部门提供有价值的参考信息。本书将从经济融合、社区融合、文化融合和心理融合四个维度分析农村女性婚姻迁移者社会融合的整体状况，力求全面把握农村女性婚姻迁移者的社会融合。

农村女性婚姻迁移者的社会融合是一个随时间推移而不断变化的动态过程，对这种动态过程的把握必须借助于多个时间点上的纵向资料，而已有的研究多局限在静态层面上描述农村女性婚姻迁移者群体社会融合状况。为了尽可能在动态层面上把握农村女性婚姻迁移者的社会融合状况，把握其社会融合的过程，本书将选择不同婚龄跨度的农村女性婚姻迁移者作为研究对象，以此探寻不同婚龄农村女性婚姻迁移者社会融合的动态发展过程和差异。

农村女性婚姻迁移者群体内部的社会融合并不一样，每个个体社会融合的不同维度也有差异，已有的研究较少对农村女性婚姻迁移者的社会融合进行分类。为揭示不同农村女性婚姻迁移者社会融合类型及其内部差异性，本书将采用聚类分析，对不同农村女性婚姻迁移者社会融合的各个维度及社会融合总体状况进行分类，以此把握农村女性婚姻迁移者社会融合的主要类型。

第一章　研究设计

农村女性婚姻迁移现象是我国改革开放进程中产生的特殊现象，农村女性婚姻迁移者是我国改革开放进程中产生的特殊群体。目前，学术界缺少对农村女性婚姻迁移者群体迁移后生存状况和生活历程的全方位的关注和研究，更缺少从社会融合视角关注该群体。本书试图从社会融合的视角，对具有"迁移者"和"媳妇"双重外来身份的农村女性婚姻迁移者的生存状态展开研究。农村女性婚姻迁移者分布在全国各地，为了保证样本具有一定的代表性，本研究尽量在全国较大范围内选取研究样本。在研究过程中，采用量化研究与质性研究相结合的研究方法。在量化研究中，综合运用描述性统计分析、均值比较与 T 检验、方差分析、回归分析、相关分析、聚类分析等方法对调查获得的定量数据进行统计分析。

第一节　基市概念

一、农村女性婚姻迁移者

目前国内对因婚姻而迁移到丈夫所在地定居的女性群体并没有一致的学术称谓。其中，任何一种称谓都并没有得到广泛的认同和普遍使用。尽管学界和媒体称谓不尽相同，但意思相差无几，基本上都是指因为婚姻而迁移到丈夫所在地定居的女性。

考虑到本研究重在关注"迁移"给嫁到异地的农村女性婚后生活带来

的影响，笔者把嫁到异地并在婚后迁移到配偶所在地定居生活的农村女性称为"农村女性婚姻迁移者"。农村女性婚姻迁移者群体迁移的路径是：流动—进城务工—恋爱—结婚—迁移—定居；传统婚姻迁移的路径多是：恋爱—结婚—迁移—定居。农村女性婚姻迁移者群体与传统的婚姻迁移者有本质的差异，本研究关注的是"迁移"行为给农村女性婚姻迁移者社会融合带来的种种问题。

农村女性婚姻迁移者群体至少具有下列共同特征：（1）结婚前有从农村流动到城市务工经商的经历或婚后仍在城市务工经商；（2）配偶是在外出务工经商时自己认识或经他人介绍认识的，但主要是自己认识的；（3）恋爱和婚姻是自由自愿的；（4）婚后迁移到配偶所在地定居生活是自愿的；（5）婚姻跨省（不包括距离在100公里以内的相邻省份）或本省内跨县市迁移（距离至少为100公里以上）；（6）婚前户口性质为农业户口；（7）配偶或为具有农业户口的农村居民，或为具有非农业户口的城镇居民；（8）婚后不以娘家为经常居住地；（9）婚后户籍迁移到丈夫所在地或者仍保留在原籍地。

作为因为婚姻而迁移到外省或本省内外县的特殊迁移人口，农村女性婚姻迁移者是我国迁移人口的重要组成部分。作为迁移人口，农村女性婚姻迁移者具有流动者、迁移者、妻子、女性等多重身份，并在不同的身份中扮演不同的角色。因此，农村女性婚姻迁移者在婚后的生活承载着诸多社会结构性特征，她们面临多重的社会融合困境，她们的社会融合过程也必然是复杂的。

二、婚姻迁移

婚姻迁移历来是人口迁移的重要组成部分。学术界对人口迁移概念的界定存在不同的看法。联合国《多种语言人口学辞典》给人口迁移下了一个为人们普遍接受的定义，认为人口迁移是人口在两个地区之间的地理流动或者空间流动，这种流动通常会涉及永久性居住地由迁出地到迁入地的变化。这种迁移被称为永久性迁移，它不同于其他形式的、不涉及永久性居住地变化的人口移动（朱杰，2008）。与国际通用的定义相比，我国关于人口迁移有着自己的特色。新中国成立以来，我国一直采用严格的户口登记制度。基于此客观现实，我国的人口学者往往把"户口"是否改变作为"迁移"定义的一个标准，从而形成了我国独特的"人口迁移"概念（王振营，1993）。人口迁移必须满足"居住地改变"和"户口改变"两个条件。我国的官方资料关于人口迁移大多是以"户口"为标准进行统计的。学者们的定义有差异，王振营认为，迁移是居住地和工作地同时作跨越某一层次的行政区的改变，并且这种改变保持一定的时间长度（1993）。刘丹丹认为，城乡迁移指的是农村人口向城镇的迁移，不仅包括农村人口转变为城市人口的长期迁移，还包括以打工为目的的农村人口向城镇转移的短期流动（2010）。台湾学者谢高桥认为，迁移是个人、家庭或团体在两个行政区域单位间的一种空间运动，此涉及原居地与目的地之间住所较为永久的改变（1981）。台湾学者廖正宏的定义比较全面，他认为，迁移是一个人的住处从一个地区换到另外的地区，是个人或团体从一个社会迁移到另一个社会，是个人或家庭自愿从一个国家迁移到另一个国家，是人们在一特定时间内改变其永久性之住处（1985）。从上述研究可以看出，人口迁移的判断标准主要有二：其一是是否跨越行政区，其二是是否改变了定居地。

笔者认为，人口迁移是指特定人口从某一特定地区向另一特定地区的空间位置移动，这种移动涉及人口居住地的长期性或永久性的变化。人口迁移是一种复杂的社会行为，不仅涉及跨越空间移动的空间过程，也涉及人们从原来环境到新环境后的社会适应过程。人口迁移距离的远近、规模的大小、发生的原因与一个国家的自然环境因素、人口规模、地区人口性别构成、经济发展水平以及政治因素和社会文化因素等有着密切的关系。其中，社会文化因素就包括婚姻嫁娶因素。

婚姻迁移一直是人口迁移的主要形态之一。对于男女来说，婚姻都可以成为迁移的途径。因婚姻而迁移的可以是女性，也可以是男性。但在我国，因为随夫居的传统，婚姻迁移以女性为主体。

如前面文献综述所分析，不同研究者对婚姻迁移的称谓各不相同。本书关注的是迁移和婚姻同时发生给农村女性婚后生活带来的影响，出于此考虑，笔者把改革开放后人口流动进程中，农村女性因外出务工经商而认识异地配偶并在婚后到配偶居住地定居而引起的人口迁移称为婚姻迁移，这种伴随着迁移的婚姻称为迁移婚姻。无论是这种婚姻迁移还是这种迁移婚姻都是我国改革开放以后产生的新现象，且这种现象越来越普遍。

婚姻迁移就字面意思上去理解，它包含婚姻和迁移两个概念。在婚姻迁移概念中，婚姻与迁移的关系如何，也即是因为迁移才有婚姻，还是因为婚姻而有了迁移，它反映的动机是不同的，对当事人来说性质也是完全不同的。如果是因为要迁移而有了婚姻，那么一般情况下，我们分析的结果可能是迁移者把婚姻作为途径试图达到能到其心仪地方生活的手段，迁移是目的，婚姻是迁移的结果；如果是因为婚姻而不得不迁移他乡，我们一般认为婚姻是目的，迁移是婚姻的结果。也就是说，同是婚姻迁移，无论是迁移还是婚姻，它们的动机和性质会有不一样。不一样的迁移，对迁移者的意义是不一样的，迁移后的社会融合可能也因此会有差异。

本书研究的婚姻迁移，可以说迁移者迁移的初衷不是想借助婚姻而迁移，初衷是追求美好的爱情，迁移是对美好婚姻追求的自然和必然结果，当然这种婚姻迁移也不完全排除借助婚姻追求更好生活的因素。

三、社会融合

社会融合理论起源于西方。社会融合作为概念出现，最初是由法国实证主义社会学家涂尔干提出的。涂尔干在其 1897 年发表的《自杀论》中提出的社会融合更多指的是一种社会整合力量，并认为其是导致自杀的重要社会原因之一，但并未给出社会融合清晰的定义。自那以后，随着社会融合理论研究持续并不断深入发展，特别是欧盟一系列关于社会融合行动实践的制定和实施，社会融合逐渐成为西方社会政策研究与实践的核心概念，受到社会学者、人口学者、人类学者、心理学者、政治学者、管理学者以及政策分析者和政策制定者们的广泛关注，成为欧美社会政策领域研究的主要议题。

1995 年联合国哥本哈根社会发展问题世界首脑会议通过的《哥本哈根社会发展问题世界首脑会议宣言和行动纲领》，把社会融合作为社会发展的三大领域之一，要求各国采取行动，推动社会融合。行动纲领提出社会融合的目的是创造"一个人人共享的社会"，在这样的社会里，每个人都有权利与责任，每个人都可以发挥积极的作用。

尽管 20 世纪末至 21 世纪初，社会融合这一概念被研究者与政府机构广泛使用。但作为一个社会政策概念，它还是一个比较模糊的概念，学者们给的定义也不尽相同。目前，欧美关于社会融合并没有一个一致认同的清晰定义。社会融合的经典定义是一种相互同化和文化认同的过程，即个体或群体相互渗透、相互融合。在这个过程中，通过共享历史和经验，相互获得对方的记忆、情感、态度，最终整合于一个共同的文化生活之中（嘎日达、黄匡时，2009；黄匡时、嘎日达，2010；国家人口和计划生育委员会流动人口服务管理司，2011）。有研究认为社会融合是个体在社会或群体中的社会参与和互动，及在社会互动中产生的一些如认同感等共同情感（嘎日达、黄匡时，2009；黄匡时、嘎日达，2010；国家人口和计划生育委员会流动人口服务管理司，2011）。也有学者认为，社会融合至少包含两层意思：一是在社区中能在社会、政治、经济、文化生活层面上平等地受到重视和关怀；二是在家庭、朋友和社区拥有互相信任、欣赏和尊重的人际关系（嘎日达、黄匡时，2009；黄匡时、嘎日达，2010；国家人口和计划生育委员会流动人口服务管理司，2011）。2003 年，欧盟在关于残疾人社会融合的联合公报中作如下定义：社会融合是一个过程，它确保社会中的弱势群体能够获得促进发展的机会和资源，使他们能够全面参与经济、文化与社会生活，获得社会福利，同时，社会融合还要确保他们参与生活并获得对基本权利进行决策的机会，享受同常人一样的生活（欧盟委员会，2004）。2006 年欧洲成人教育协会报告《成人教育——欧洲的趋势和问题》，将社会融合定义为确保那些面临贫困和社会排斥风险的人得到机会和必要的资源以充分参与到经济、社会和文化生活中，以及享受社会正常的生活水准和福利标准，确保他们能更广泛地参与到影响他们生活的决策中，并且获得基本权利的一种过程（欧洲成人教育协会，2006）。

社会融合定义的不确定性和多样性及其引起的争议并不影响其被学界

所广泛接受，各国学者把社会融合引入各种人群尤其是弱势人群的研究中。其中，迁移人口的社会融合研究广受关注。学者们从不同学科视域尝试对迁移人口进入新的社会之后的社会融合状态与过程进行研究。但是由于不同研究者的研究侧重点与研究视域相异，再加上不同类迁移人口社会融合的内容、过程与影响因素等的复杂多样性，迁移人口社会融合概念及其内涵呈现出复杂性与多重性，形成了多种社会融合理论。在关于迁移人口的社会融合理论中，影响大且一直广泛流传的两种理论是以主流的中产阶层为标准的经典融合论或同化论与以迁移人口自身文化为标准的多元论。

"同化论"是最早的社会学研究范式，其更多强调迁移人口与移入地居民的同质性，主张迁移人口的最终融合是要完全地接受和适应迁入地社会特质，完全接纳迁入地的文化，成为与迁入地居民无差别的社会成员。如20世纪20年代芝加哥大学的社会学派 R. E. Park 提出，迁移人口要学习、适应并最终接受迁入地的生活方式、人情世故、制度惯例、价值观等，最后完全放弃自己原有的文化传统（Park，1928）。Glaze 与 Lucassen 认为，所谓移民被移入国社会同化，就是指移民在移入国被完全地接纳并归属于特定的群体，他们的后代具有与其先辈完全不同的认同，实现了对移入国居民身份的完全认同（梁波、王海英，2010）。很长一段时期，在欧美的一些国家，同化被认为是移民要融入迁入地的必然过程。

随着对迁移人口社会融合研究的深入，"同化论"受到质疑和批判，多元论应运而生并得到很多人支持。多元论承认差别，强调不同个体的平等，不赞成牺牲任何一方的文化传统，提倡多样性存在，强调双向互动。William S. Bernard 指出，同化的概念过于强调群体关系中的单向度特征，它暗含着移民具有的文化多样性，最终从服饰到意识形态都被本土化了，它忽略和否认了移民能够带给新社会的文化特质，如他们的观念、智慧与希望等在一定程度上也应该会对流入国社会产生重要的影响，实际上，并不存在一般意义上的同化，移民与本地人实际上是相互融入的（梁波、王海英，2010）。W. Ellingsen 认为，移民的社会融合可以被定义为个体或群体平等地被包容进主流社会或各种社会领域的状态与过程，这一概念应该包含着移民与新社会之间的相互适应，体现了移民与其所融入社会之间的良好互动，是一种双向适应的过程（梁波、王海英，2010）。W. Ellingsen 的观点后来被许多学者借鉴和延伸。联合国前秘书长安南 2006 年在《国际移徙与发展》报告中提出了较为系统的移民社会融合的观点，认为"移徙是否成功，要取决于移徙者和东道社会是否能相互适应，这样做对双方都有利。如果无法融合，不管有多少惠益，公众对移徙的接受会减少或丧失。移徙的基础是待遇平等和禁止任何形式的歧视，以及有效防范种族主义、本族中心主义和仇外心理。如果移徙者有权获得社会服务，作为劳动者的权利受到保护，通常就比较容易融入社会。如果社会和政治环境允许移徙者按自己的速度适应，移徙者就会有最佳表现"（2006）。

我国学者对社会融合的关注是从改革开放后开始的，到如今，社会融合已经成为一个广为流传的学术术语，受到诸多学者关注。国内学术界关于社会融合的概念和理论体系均源于西方，既有参考美国社会学的理论框架，也有借鉴欧洲社会学的分析框架，特别是从社会融入或隔离的角度来展开的（周皓，2012）。在不同的理论框架下，对社会融合的定义不尽相同。

从现有研究文献看，国内学者关于特殊群体社会融合的研究，主体有迁移人口、未成年人、老年人、残疾人、吸毒者、精神病患者、刑满释放人员、流浪乞讨人员等特殊群体。其中，主要聚焦农民工、工程移民等迁移人群。而对广大进城农民工的社会融合研究主要集中在他们离开农村进入城市工作与生活后的经济层面、社会层面、心理层面的融合，相关研究主要是基于社会流动、社会公平、市民化和社会排斥的视角。

引进社会融合概念研究流动人口，很多研究者也尝试对社会融合进行界定或说明。童星、马西恒认为，社会融合是指新移民在居住、就业、价值观念和生活方式等各个方面融入城市社会、向城市居民转变的过程，这个过程的进展程度可以用新移民与城市居民的同质化水平来衡量（2008）；任远认为，城市流动人口的社会融合是一个逐步同化和减少排斥的过程，是对城市未来的主观期望和城市的客观接纳相统一的过程，是本地人口和外来移民相互作用和构建相互关系的过程（2010）；陆淑珍认为，外来人口社会融合是指外来人口与户籍人口的个体之间、群体之间、个体与群体之间、不同文化之间相互认同、配合、适应、作用的过程，最终使得外来人口成为事实上的城市移民，实现社会和谐目标（2012）。

尽管没有一个一致认同的社会融合定义，但从现有研究成果分析，学者们多偏向认为，迁移者的社会融合是"一个综合而有挑战性的概念，而不仅仅具有一个维度或意义"（张文宏、雷开春，2008）。不同学者研究社会融合的维度不同，有些定义强调文化融合和情感融合，有些定义则强调经济融合和社会融合。关于社会融合的过程，有学者认为社会融合是双向的，即融入者和被融入者通过相互作用达到互相融合的过程，是不同个体、群体或文化间的相互配合、适应的过程（任远、邬民乐，2006；任远、乔楠，2010）。但总而言之，社会融合概念都包含了迁移人口群体与迁入地社会的相互适应、相互作用和逐步融合的过程，并且在这个过程中往往也存在迁移人口群体和迁入地居民之间的相互排斥、阻碍和冲突。

借鉴国内外迁移人口社会融合的成果，基于农村女性婚姻迁移者的实际情境，在本研究中，农村女性婚姻迁移者的社会融合是指迁移者到迁入地后，与迁入地社区的个体、群体相互交往、作用、渗透、适应、接纳、认同并能够全面参与到迁入地的经济、社会与文化生活中去，能在迁入地逐步稳定地生活下去，最终达到良好生活状态的持续的互动过程和结果。农村女性婚姻迁移者婚后的生活过程就是她们的社会融合过程。经济融合、社区融合、文化融合、心理融合是农村女性婚姻迁移者社会融合的基本维度。

在本研究中，农村女性婚姻迁移者的社会融合具有如下特征：其一，社会融合伴随农村女性婚姻迁移者在迁入地的生命历程；其二，社会融合是多维度的，包括经济融合、社区融合、文化融合以及心理融合；其三，社会融合不同维度的关系是复杂的，它们互相依存、互为因果，社会融合是不同层面维度互动的结果；其四，社会融合是持续的动态的累积性过程，是渐进发展的；其五，影响社会融合的因素是多样的，社会融合是多方因素互动的结果。

第二节　研究方法

　　20 世纪 50 年代末已有研究者认识到，在实证主义范式和建构主义范式之争下，量化研究和质性研究各自作为单一的资料收集和分析方法都存在着一定的局限性。鉴于此，有研究者强调在研究时综合使用不同方法的必要性，并特别呼吁建立更具有综合性的方法论路径。量化研究和质性研究相结合的综合研究方法目前在社会、人口、教育、管理、评估、公共健康、护理、临床、心理、女性等多个研究领域得到了长足发展。

一、方法的选择：量化研究与质性研究相结合的综合研究方法

　　有外出务工经商经历的农村女性的迁移婚姻是在我国改革开放后全国大范围的人口流动进程中产生的社会现象，农村女性婚姻迁移者群体分散在全国各地，她们在全国范围内都或多或少存在。从现有的研究文献看，我国东部、中部、西部都有，但以东中部居多。农村女性婚姻迁移者这一群体到底有多少人，到目前为止，无论官方还是学界并没有关于这个群体统一的、权威的、明确的统计数据。要对这个群体进行大规模的全国性的问卷调查，有很多困难。从现有的研究来看，在方法上，研究者们多采用质性研究的访谈法为主要的研究方法，通过访谈法了解农村女性婚姻迁移者的基本生活状况，也有少数学者用到了量化研究中的问卷调查法（游正林，1992；仰和芝，2006、2007；谭雪洁，2008；宋丽娜，2010；刘中一，2012；陈锋，2012），但设置问卷的目的主要是了解研究对象的人口学特征，较少（仰和芝，2006、2007）有研究通过问卷了解研究对象的婚后社会融合状况。

　　量化研究与质性研究作为社会科学研究领域中的两大基本研究模式，两者各有优势和弱点，互相补充。

　　量化研究是指确定事物某方面量的规定性的科学研究，就是将问题与现象用数量来表示，进而去分析、考验、解释，从而获得意义的研究方法和

过程。量化研究的主要目标是确定事物变量之间的相互关系和因果联系，强调研究程序的标准化、系统化和操作化，侧重于对研究对象的测量、计算和统计分析（风笑天，2009）。

对本研究来说，使用量化研究，目的是通过对调查获得的数据的统计分析，了解农村女性婚姻迁移者社会融合的基本状况，探究农村女性婚姻迁移者社会融合的内部差异，分析影响农村女性婚姻迁移者社会融合的可能因素，探讨农村女性婚姻迁移者社会融合不同维度之间的相关性，探寻农村女性婚姻迁移者社会融合的主要类型。

质性研究"是以研究者本人作为研究工具，在自然情境下采用多种资料收集方法对社会现象进行整体性探究，使用归纳法分析资料和形成理论，通过与研究对象互动对其行为和意义建构获得解释性理解的一种活动"（陈向明，2000）。质性研究的主旨"就在于发觉当事人的经验，从当事人的经验、角度来了解他／她的世界，而不是用一些社会上或学术上的、已存在的偏见或刻板印象来了解或评断一个社会现象或一件事例。这对那些向来没有机会使他／她们的经验被包括在知识体系内的弱势群体特别有意义，也意味着既有的知识内容会受到新的知识内容、视角的冲击"（熊秉纯，2001）。质性研究强调对生活历史和生活片段进行研究，是一种在"自然情境中"的研究，通过研究者与研究对象的充分互动获取研究对象日常生活世界的第一手资料，对研究内容有一个比较整体性的、解释性的理解。质性研究方法是近年来研究者在女性研究领域经常使用的一种方法。

对本研究来说，使用质性研究，目的是在尊重与聆听当事人的自由叙说过程中，品味她们的生活体验，把握她们日常生活中丰富多彩的细节，分享她们的酸甜苦辣，洞悉她们的心路历程，了解她们社会融合状态的点点滴滴，从而对研究对象的个人生活体验和意义建构作出解释性的理解和深入细致的剖析。

也就是说，本研究立足于站在农村女性婚姻迁移者的立场上，既试图通过量化研究，获得她们的背景资料和一些具有代表性的共性数据，通过数据统计分析，探讨她们的社会融合基本状况、动态过程、内部差异、影响因素、主要类型，又试图通过质的研究了解她们生活中发生了什么，她们如何理解和看待自己婚后的社会融合。基于上述研究目的，本研究采用量化和质性研究相结合的综合研究方法，同时使用相关文献资料以协助分析。

二、深度访谈

质性研究资料的收集主要采用观察、访谈、实物收集等主要方法。访谈法是研究者通过口头交谈的方式从被研究者那里收集第一手资料的一种研究方法，是质性研究的重要方法。因研究目的、内容和研究者的差异，访谈法的标准化程度不同，可以分为结构性访谈和非结构性访谈。结构性访谈要求访谈过程、访谈内容、访谈方式等方面都要尽可能统一，做到标准化；非结构性访谈又称深度访谈或者自由访谈，没有事先设计的问卷和固定的程序，只是预先设定一个访谈的主题范围，由访谈员与被访谈者围绕这个主题或范围进行比较自由的交谈（风笑天，2009）。

基于研究目的和研究对象——农村女性婚姻迁移者的特殊性，在质的研究过程中，本研究采用深度访谈方法。事先准备好访谈主题范围，联系好访谈对象，在访谈过程中，建立轻松融洽的关系，尽量从她们的日常生活情景中，从她们的视角出发关注其迁移后所处的环境以及环境对她们产生的影响，理解她们的日常生活状态和行为过程，注重把握她们日常生活中丰富多彩的生活实践细节，尊重她们的生活经验和生命体验，聆听她们的心声，洞悉她们的内心世界，从而探寻她们的社会融合状态。为了全面收集资料，也访谈部分农村女性婚姻迁移者的丈夫、父母、公婆、邻居以及社区管理者、乡镇民政部门和派出所的工作人员。

本研究中，质性研究的访谈法贯穿整个研究过程，获得了大量被研究者的生动的第一手资料，也修正了研究者最初的一些想法，为问卷的设计完善与量化研究得出的结果提供了生动和有说服力的佐证材料和诠释。

三、问卷调查

问卷调查是依据预先针对研究对象设计的问卷收集资料并通过统计分

析调查所得资料来认识某种社会现象及其规律的研究方法。问卷调查是量化研究的重要方法，也是社会科学中广泛使用的研究方法。问卷调查的填答方式，依据研究对象的实际情况和研究的条件，一般可分为自填式问卷和结构式访问问卷两类。

　　问卷是问卷调查中用来收集资料的必备工具。本研究使用的问卷是自行设计的问卷①。问卷设计基于本研究目的和农村女性婚姻迁移者的实际情况，同时参考相关研究成果。

　　考虑到本研究对象——农村女性婚姻迁移者群体很少熟悉问卷作答的程序以及问卷中部分问题的复杂性，同时为了有效保证有限调查问卷的质量，采用访问式作答。问卷作答统一由经过培训的访问员向被调查者当场提问并记录其回答。

第三节　研究对象选取与资料收集

一、研究对象选取

　　调查研究一般采用随机抽样和非随机抽样确定研究对象。农村女性婚姻迁移者作为本课题研究对象，她们散居在全国各地，该群体的数量到底有多少？该群体在全国不同地区的分布情况如何？到目前为止，既没有国家统计部门的权威数据，也没有学术界的可信数据。在这样的现实背景下，运用随机抽样的方法在全国大范围内确定研究对象就存在相当大的难度。基于上述现状，本研究采取非随机抽样办法确定研究对象。

　　从现有农村女性婚姻迁移者的研究文献来看，研究对象涉及河南省、湖南省、湖北省、安徽省、江苏省、广东省、云南省、山东省、河北省、辽宁省、黑龙江、江西省、福建省、广西壮族自治区、浙江省、新疆维吾尔自治区、四川省、青海省、贵州省、甘肃省、北京市、上海市、台湾省，共

---

① 关于本研究使用的问卷的编制思路与问卷具体内容，具体见本研究第四章。

计 23 个省（自治区、直辖市）。这在一定程度上表明，我国的农村女性婚姻迁移现象已经在全国大范围内存在，农村女性婚姻迁移者也在全国大范围内存在。

农村女性婚姻迁移者分布在全国各地，某一项研究抽取的研究对象是否具有代表性？代表性程度如何？均很难判断。在上述客观条件的限制下，出于本研究人力、物力和精力的限制，本研究很难在全国大范围内随机去抽取研究对象。

在采取非随机办法抽取研究对象时，主要从研究者的调查方便和可操作性以及跟踪调查的可能性和顺利程度出发。研究对象的来源主要有：一是笔者的家乡；二是从笔者所在学校的社会工作专业本科学生的家乡中发现的相对典型的地区；三是从现有研究文献中发现的比较典型的地区；四是研究对象介绍的自己所在的娘家和婆家的研究对象；五是笔者通过农村女性婚姻迁移者 QQ 群认识的研究对象。

最终被确定调查的具体调查点分为三类：一是这个调查点既有远嫁到外地的女性又有从异地娶进来的女性；二是这个调查点主要是从外地娶进来的女性；三是这个调查点主要是远嫁到外地的女性。上述三类调查点涉及安徽、江西、湖北、河南、福建、云南、广西、贵州、湖北、湖南、云南、福建、四川、重庆、山西、江苏、甘肃、陕西、广东 19 个省市。农村调查对象的选取一般既包括这个村庄嫁出去的女性也包括这个村庄远娶进来的女性。城镇调查对象是指从农村婚姻迁移而来的女性。

最初寻找到的拟调查的农村女性婚姻迁移者为 1926 人。根据调查研究的城乡差异、迁移距离、婚龄等需要，先从侧面了解其基本状况和生活一般历程，经初步筛选，保留 1519 人。与研究对象联系和商量后，愿意接受调查的对象为 1203 人，最终确定的问卷调查对象为 1097 人。同时，通过访问员的了解和问卷调查的结果，在接受调查的对象中，根据典型性和可行性的研究需要，最终确定 26 名具有代表性的农村女性婚姻迁移者为深度访谈对象。

二、资料收集

本次调查的研究对象资料的收集，正式的问卷调查分 5 次进行，时间分别为：2011 年 1 月、2011 年 2 月、2011 年 3 月、2011 年 7 月与 2011 年 8 月；正式的深度访谈分 6 次进行，平均间隔 4 个月，从 2011 年 1 月延续到 2013 年 2 月，对 26 名非常具有代表性的研究对象一直有访问员定期跟踪通过面对面或电话或网络访谈，对每个深度访谈对象的访谈不少于 6 次。本次问卷调查历时 5 个月，深度访谈历时两年多。

本研究问卷调查，实际接受调查的对象为 1011 人，获得 1011 份问卷，剔除无效问卷，有效问卷 960 份。最终分析的资料和数据来源于 960 份有效问卷和自始至终都接受深度访谈的 26 人的资料为最终分析的资料。

第四节　数据处理方法

本研究运用 SPSS for Windows 18.0 统计软件对数据进行统计分析。运用的具体统计方法如下。

一、信度分析

信度分析采用一定的方法来衡量回收问卷中各变量的内部一致性，它主要考查的是量表的可靠性或稳定性，检验每一个因素中各个题目测量相同或相似的特性。本研究使用量表法中常采用的 L. J. Cronbach 所创的 α 系数方法。

二、描述性统计分析

描述性统计分析主要用以计算描述问卷的各种统计量，并对变量进行标准化处理。本研究中描述性统计分为两个方面。一方面是对农村女性婚姻迁移者背景资料包含的 35 个问题的频数、百分比、有效百分比、累积百分比等描述量进行统计；另一方面是对农村女性婚姻迁移者社会融合的四个维度的均值、标准差等描述量进行统计，详细了解社会融合总体、各维度、各维度的因子、每一变量的水平。

三、均值比较与 T 检验

均值比较是从总体中随机抽取一定数量的样本进行研究来推论总体的特性的方法。对来自正态总体的两个样本进行均值比较常使用 T 检验的方法。T 检验统计法适用于两个平均值的差异检验。本研究使用独立样本 T 检验，旨在比较迁移到农村地区与城镇、在本省迁移与迁移到外省、在迁入地常住与在迁入地之外常住、目前在工作与目前不在工作的农村女性婚姻迁移者社会融合的差的平均值是否有差异。

四、方差分析

方差分析用于两个及两个以上样本均数差别的显著性检验，是从观测变量的方差入手，研究诸多控制变量中哪些变量是对观测变量有显著影响的变量。本研究使用方差分析旨在观测不同经济发展状况、不同迁移距离、不同婚龄的农村女性婚姻迁移者的社会融合是否有显著性差异。

五、相关分析

任何事物的变化都是与其他事物相互联系和相互影响的。相关分析研究的是现象之间是否相关、相关的方向和相关的密切程度，并以相关系数的大小得知变量之间的相关程度。本研究使用相关分析旨在了解农村女性婚姻迁移者社会融合四个维度之间的关联程度。

六、回归分析

回归分析是确定两种或两种以上变量间相互依赖的定量关系的一种统计分析方法。本研究选取农村女性婚姻迁移者背景资料中的 29 个变量，并作为自变量；以农村女性婚姻迁移者社会融合的经济融合、社区融合、文化融合、心理融合四个维度的总体状况作为因变量，使用强行进入（Enter）

的方式进行回归分析，以探讨显著影响农村女性婚姻迁移者社会融合的因素。

七、聚类分析

聚类分析是一种探索性分析方法，是将研究对象分为相对同质的群组的统计分析技术，旨在寻找事物的相同与不同的特征。聚类分析的方法主要有两种：一种是"快速聚类分析方法"（K-Means Cluster Analysis）；另一种是"层次聚类分析方法"（Hierarchical Cluster Analysis）。本研究观察值为960个，超过200个，故采用快速聚类分析方法，旨在探寻农村女性婚姻迁移者社会融合的主要类型。

第二章　农村女性婚姻迁移模式的
发生及其机制

作为人口迁移重要组成部分的女性婚姻迁移，历来是我国人口迁移中极为重要的现象。但因农村未婚女性大规模外出务工经商而引发的农村女性婚姻迁移不同于传统的农村女性婚姻迁移，是在我国改革开放后的人口大流动和务工经商潮的背景下产生的新现象，是在特定背景下，发生在远离村庄的城市的打工妹和打工仔身上的特殊婚姻迁移模式。这种婚姻迁移模式的产生不是政府推动的婚姻变革结果，不是政府有组织有计划的行为，而在于青年男女交往的新的社会空间的出现，在于在特定的空间范围内参加婚姻选择的青年男女主体数量的大大增加，在于社会大众婚姻观念的变化。农村女性的婚姻迁移是人口流动背景下的农村女性的自主行为，有很多不同于传统的农村女性婚姻迁移发生的原因，这就要求我们要全方位地分析并理解农村女性婚姻迁移模式的发生机制。

第一节　农村女性婚姻迁移模式的发生

随着农村人口流动的常态化，大量农村未婚女性外出务工经商。从农村到城市、从乡下妹到打工妹、从婚姻市场的相对封闭到开放，意味着外出的农村未婚女性选择配偶的观念、范围、机会、方式与行为必然发生巨大而深刻的变化。伴随这些变化，是我国大范围内发生的农村女性婚姻迁移现象。

一、农村通婚地域圈的变化

作为男女两性的结合，从表现形式上看，婚姻是男女两性的生理结合；从本质上讲，婚姻是社会发展的产物，必然受到社会制度、规范、习俗和道德的影响与制约。婚姻是客观存在的社会现象，社会属性是婚姻的本质属性并决定着婚姻变迁的基本方向。婚姻缔结是男女之间在特定条件下的社会结合，反映着特定社会经济生活的要求和社会文化的特点。

作为社会发展产物的婚姻，人们在选择自己的婚配对象时，不只是考虑婚配对象的生理属性。在社会现实中，空间距离、家庭背景、社会关系、经济地位、门第高低、文化差异等因素都成为婚姻缔结的基本条件。人们也总是从地域、阶层、经济、文化等不同角度的通婚范围选择适宜自己的婚配对象，也就是说，人们选择自己的婚配对象总是在一定的通婚圈内进行。

通婚圈是用来表示生活在某一社会的成员婚配对象的来源范围。目前人类学和社会学，一般从"地理空间距离"和"社会距离"两个维度来考察通婚圈（周皓、李丁，2009）。地理空间距离考察的是婚姻单元中配偶双方的空间距离和范围；而社会距离考察的则是婚姻单元中配偶双方的阶层、经济、宗教、教育、文化等的距离或差异。从地理空间距离的角度进行配偶选择，形成的是通婚的地域圈；从社会的角度出发进行配偶选择，形成的是通婚的社会圈。也就是说，通婚圈一般可分为通婚地域圈和通婚社会圈（唐利平，2005）。

通婚地域圈可以从一个侧面反映一个社会在某个时期的人口流动状况；通婚社会圈可以从一个侧面反映某个社会男女特别是女性的流动能力和婚姻坡度以及婚姻的开放程度。因此，通婚地域圈与通婚社会圈，是考察婚姻及其变迁的两个重要指标。

婚姻作为一种社会制度和社会现象，当时代与社会条件发生变化，婚姻必然随之发生变化。新中国成立后，我国的婚姻制度发生了巨大的变化。1950 年 4 月 13 日颁布了新中国成立后出台的第一部法律《中华人民共和国婚姻法》（同年5月1日开始实施）。《中华人民共和国婚姻法》共八章二十七条，以调整婚姻关系为主，部分涉及家庭关系，突出以男女婚姻自由、一夫一妻、男女权利平等、保护妇女和子女合法权益为核心的新民主主义婚姻制度的本质特征。婚姻法的颁布和实施建立起了崭新的合乎新社会发展的婚姻制度，从此把中国人尤其是中国女性从旧的婚姻制度下解放了出来。

新中国成立后尽管颁布了旨在从根本上摧毁包办强迫、男尊女卑的封建婚姻制度的《中华人民共和国婚姻法》，从国家层面规定了男女婚姻自由，男女可以自由选择自己的配偶，但一纸法律条文并不能马上改变当时中国婚姻家庭制度的落后状况。另外我们也看到，新中国成立后，稳定社会秩序是很重要的任务。为此，相当一段时间内，在农村推行和长期实施的是严格的人口封闭政策，亦即在特有的历史背景下形成的城乡分割的户籍制度，使农村人口被严格地控制在原住地，很难自由流动。在这样的条件限制下，尽管有法律规定的形式上的恋爱婚姻自由，我国广大农村女性的婚姻自主程度普遍提高，但受到农村人口的低流动和男女青年交往的范围有限以及农村信息的闭塞、交通的不畅等因素的限制，农村青年男女之间可以自由择偶并不意味着可以随自己心愿地跨越地域选择配偶（仰和芝，2006）。农村青年男女依旧只能依靠传统的血缘、地缘、业缘为中心，在选择配偶时仍然以父母、亲戚、朋友、邻里以及熟人的介绍为主，在相对熟悉的环境和可信任的人群中去选择婚配对象（仰和芝，2006）。农村青年男女很少有机会自由地培养感情、自由择偶，农村婚姻地域圈依旧很狭窄。另外，在农村长期以来"从夫居"为主的婚姻习俗下，无论是女方的父母，还是女方本人，都希望结婚后，嫁出去的女儿和娘家相互间可以方便经常来往。嫁得近，一来有什么事可以及时相互帮助和照应；二来女儿嫁得近，如果在婆家受了委屈，娘家人可以及时撑腰和援助，不至于受婆家的欺负。同时，传统中国一向有安土重迁的观念，"婚姻迁移"在传统语汇里，隐含的多是不幸和凄凉，长期以来形成的"女不远嫁，男不远娶"的传统民族心理，也抑制着人们的远距离通婚。

如此，改革开放前我国农村社会的通婚地域圈必然狭小、封闭和相对固定，很长时间依然不得不保持在熟人社会的地域范围内，农村青年男女在婚姻对象的选择上往往仍然局限在本村、本乡、本县（仰和芝，2006）。择偶基本以"同村"、"同乡不同村"、"同县不同乡"的范围为主，方圆难出百里。

学者们的研究也证实了此事实。黑龙江省社会学研究所在 1989 年对全国 6 省的 1441 户农民家庭进行调查，结果表明绝大多数农民的通婚地域圈未超出 25 公里，农民择偶的范围 84.71% 不出县，56.98% 不出乡，30.00% 不出村（1989）。邱泽奇和丁浩 1988 年对湖北省麻城市王福店乡三个村 356 对已婚夫妇的通婚地域圈进行了调查，结果显示，婚嫁距离在 7.5 公里以内的占绝大多数，其中 5 公里以下的接近 60.00%（1989）。顾耀德与田华的研究也表明，改革开放以前，由于信息缺乏、户口制度限制以及风俗习惯等原因，一般婚姻迁移的距离较短，在方圆 20 里之内（1991）。张雨林、刘倩、王磊在河南新密市二郎庙自然村调查的结果显示，1949—1959 年间，通婚圈在 10 里以内的比例就高达 75.00%，11—15 里的比例为 25.00%；1960—1999 年间，该村婚姻圈 20 里以内的比例为 80.00%，20 里以上比例为 20.00%（1992）。仰和芝调查安徽省合肥市 C 村发现，1949—1980 年 32 年间该村嫁出去的女性和嫁进来的女性，婚姻距离没有超过 25 公里的（2006）。李德调查了河南东南部某村庄改革开放前的婚姻地域圈，发现村民的通婚距离在 15 里以内的比例达到了 87.00%（2007）。

通婚地域圈随着社会的变迁而变迁，不同时代的通婚地域圈各不相同。作为一种社会现象，通婚地域圈的变化除了与人们的日常生活和活动空间有关，也与当时的经济发展水平、社会政策制度、人口流动、社会环境以及传统思想、生活习惯、交往方式等有密切关系，通婚地域圈跟随着经济、政治、社会和价值观的变化而变化。一个国家、地区通婚地域圈的大小往往在相当程度上是该国家、地区社会发展的一种反映。从人类婚姻发展的历史来看，通婚地域圈是从狭小逐步走向扩大的。

改革开放以来，随着我国社会主义现代化建设进程的加快，社会变迁的加剧，我国农村的传统婚姻发生了巨大变化，婚姻充满了新与旧、传统与现代的碰撞与交融，新的婚姻现象和新的婚姻问题不断出现（仰和芝，2006）。特别是 20 世纪 90 年代以来，随着农村人口流动的经常化与规模化，大批农村未婚男女青年流向城市与经济较发达地区务工经商，农业向非农业的职业转换成为现实。新的业缘关系的出现，农村青年男女的社会交往打破原来狭小的空间范围，脱离传统熟人社会的限制，来自全国不同地区的农村未婚青年男女有了认识和交往的可能，选择相识、恋爱、结婚对象的空间范围明显拓宽，可供选择配偶的婚姻市场更加广阔。从相对封闭保守的乡村流入到相对开放的城市，从传统的农业生产进入现代化服务产业和工业领域工作，这一特定的人生经历将在众多方面改变农村青年男女的生活道路和人生轨迹，它对农村青年男女的择偶观念、择偶标准、婚姻观念、家庭观念及其相关的恋爱、择偶、婚育行为都会具有明显的冲击和影响，并促使他们在这些方面向现代化的方向发生改变（风笑天，2006）。广大外出务工经商的农村未婚青年选择婚配对象逐渐突破了传统地域的限制，从而引发全国大范围内的农村通婚地域圈的变化，变过去某个地域内的婚姻缔结为现在跨不同地域的婚姻缔结模式，从而形成婚姻的大迁移，农村女性因婚姻而迁移进入了高发期。

二、农村女性婚姻迁移模式的发生

在不同于传统的农村婚姻地域圈中，外出务工经商的农村未婚女性选择自己婚姻对象的方式主要有四种：其一是回自己原籍与家乡（指本县）的某个男性结婚。从户籍性质来看，这个男性可能是农村人，也可能是具有非农业户口的城里人；从认识方式来说，这个男性可能是他人介绍的，也可能是自己在家乡认识的或外出务工经商时认识的。其二是嫁给其务工经商所在地的男性。从户籍性质来看，这个男性可能是具有非农业户口的城里人，也可能是农村人；从认识方式来说，这个男性是自己认识的或经他人介绍认识的。其三是嫁给一个来自城市的异地的男性。这个男性不是自己的同乡（本县），他可能是同省人，也可能是外省人；从认识方式来说，这个男性是自己认识的或经他人介绍的。其四是嫁给一个与自己一样有外出务工经商经历的他乡的农村男性。这个男性是自己认识的或经他人介绍的，但这个男性不是自己的同乡（指本县），他可能是本省的外县人，也可能是外省人（仰和芝，2006）。

农村未婚外出务工经商女性选择自己婚姻对象的第一种方式的通婚地域范围和传统的农村女性的通婚地域范围没有差异，而后面三种方式则突破了传统的农村通婚地域范围，农村女性选择婚姻对象已经跨县、跨省（仰和芝，2006）。概括起来，外出务工经商的农村未婚女性选择的配偶可能是本县的农村人或城镇人，本省他县的农村人或城镇人，外省的农村人或城镇人。在我国，夫妻婚后的居住模式是传统的从夫居住，特别是农村。一个农村女性一旦选择了外地的男性作为自己的婚姻对象，基本上意味着她必然要选择为了婚姻而迁移。本研究称这样的迁移为婚姻迁移，这样的婚姻模式为迁移婚姻模式，选择这样迁移婚姻模式的农村女性为农村女性婚姻迁移者。

农村女性因外出务工经商在迁移地结识配偶，结婚后迁移他乡而有了婚姻迁移，自己也成了婚姻迁移者。但这样的农村女性婚姻迁移者不是因为要迁移而选择婚姻，而是因为婚姻而选择了迁移，也就是说她们最终迁移他乡是婚姻的结果，她们的人生之路是流动—外出务工经商—结识外地的配偶—恋爱—婚姻—迁移。当然，在农村女性婚姻迁移者人群中，也不排除少数女性想通过婚姻迁移他乡来改变自己的生活状况，她们的婚姻是因为想要迁移的结果，换句话说，她们的迁移是通过婚姻实现的。

改革开放以来，农村为数不少的有外出务工经商经历或仍正在外出务工经商的女性远离家乡嫁到外地，由此产生的农村女性婚姻迁移模式，是我国人口流动进程中出现的一种新的婚姻迁移模式。这种婚姻迁移模式在我国愈来愈常见。俞振东、冰客报道了湖北省郧县胡家营镇年轻人，男不娶"地产"妻、女不嫁"窝边"郎现象，2003 年以来，该镇已办理结婚登记的 266 对青年夫妇中，有 251 位新娘是来自外县的，其中 167 位是跨省的婚姻迁移新娘（2003）。谭深的研究发现，在人口流动中出现了比较引人注目的婚姻迁移现象，珠江三角洲某些村落，近年结婚的新人中，有 1/3 的婚姻的一方是外来人，其中主要是外来女性嫁入当地（2005）。宛敏华调查湖北省黄梅县 Z 村发现，从 2003 年到 2007 年期间，有 9 名外省女性嫁给了当地的青年男性，并认为"跨省联姻已经成为农村主要通婚形式之一"（2009）。李德通过对河南省东南部某村庄通婚地域圈的个案分析发现，20 世纪 90 年代出生的新生代农民工，婚嫁距离与父辈们相比，出现了一些实质性的变化，异省婚姻迁移的比例在以前几乎是零，现在这一比例达到 23.50%（2007）。李德 2007 年 6 月还对来自全国各地的上海某工厂的 27 位已婚男女农民工进行调查，结果显示，26.60% 的已婚农民工的婚姻是异省婚姻，11.10% 的已婚农民工的婚姻为同省异县婚姻（2007）。陶自祥与邢成举的研究发现，自 20 世纪 90 年代中期开始，随着农村大量剩余劳动力进城务工经商潮的兴起，农村社会的婚姻地域圈发生了剧烈的变化，传统狭窄的婚姻地域圈被跨省跨地区的现代婚姻地域圈所取代（2012）。国家人口和计划生育委员会流动人口服务管理司的研究也证实，新生代农民工中跨省婚姻（夫妇双方户籍地属于不同省份）的比例达到 9.73%，1986 年以后出生的已婚新生代农民工中，跨省婚姻的比例均超过 10.00%（2012）。

相对于传统农村人口的低流动和地域狭窄的通婚地域范围，广大未婚农村女性外出务工经商引发的农村女性婚姻迁移，一定程度上改变了我国农村的婚姻地域圈和传统婚姻迁移的地域走向，对于地缘与血缘一致并相互重合的农村传统婚姻模式是有效的突破（仰和芝，2006）。

第二节   农村女性婚姻迁移模式的发生机制

我国农村女性的婚姻迁移并不是改革开放之后才出现的现象，纵观新中国成立后至改革开放之前或追溯至新中国成立前，农村女性的婚姻迁移一直有之，农村女性婚姻迁移者也一直有之，但其逐渐增多直至当下在某些地区比较盛行则是改革开放后随着农村人口大规模流动才出现并与日俱增的。

允许、鼓励农村剩余劳动力转移与流动的国家社会政策的实施及调整是促进婚姻地域圈演变和婚姻迁移出现的宏观背景，农村女性因婚姻而迁移不只是当事人自身的简单的婚姻行为与婚姻事件。从深层次上讲，农村女性婚姻迁移是我国改革开放后人口流动的必然产物，反映我国现阶段农村人口迁徙和婚姻变迁的规律（仰和芝，2006），正是外出务工经商的大规模兴起而非国家婚姻制度或者其他因素在当下农村青年女性的婚姻变迁中起着关键作用。

农村女性婚姻迁移的大背景是农村人口大规模流动，是经济、政治、社会和文化等宏观社会结构变化的结果，但现实中并不是所有的外出务工经商的农村未婚女性都选择因婚姻而迁移。所以，农村女性婚姻迁移发生的原因既涉及宏观社会结构和社会制度诸多层面又涉及个人层面。农村女性婚姻迁移发生的原因是复杂多样的，既有经济社会发展的原因，也有迁出地与迁入地的社会、经济、人口、文化的原因以及迁移女性自身的原因，其是多种原因综合作用的结果。

一、人口流动引发的选择结婚对象的空间地域范围发生的巨大的变化是婚姻迁移发生的基本前提

改革开放和市场经济体制建立前，我国农村是低流动的社会。改革开放后，市场经济体制的逐步建立，为广大农村青年提供了前所未有的社会流动的机会，外出务工经商对许多农村青年来说，不再是梦想（仰和芝，2006）。外出务工经商前，农村无论是生产活动还是社会活动的范围都受到极大的限制，农村社会人与人之间的相互认识以及人际交往的空间范围相当狭窄封闭，农村男女青年基本上局限在血缘、亲缘和地缘的狭窄范围之内，亲朋好友与居住的社区就是最重要的社会关系，婚姻对象一般离不开这个范围（仰和芝，2006；陈娜，2008）。

外出务工经商，新的业缘关系的出现，把青年男女农民工联系在一起，长期的共同工作为青年男女农民工提供了培养爱情的时间和空间，农村青年恋爱和婚配对象突破了原有狭窄的地域空间范围。不同地区、不同民族和不同身份的青年人走到一起，不同地区的青年人整合程度在提高，个体的社会网络不断扩大。无论对未婚的农村流动女性还是未婚的农村流动男性来说，进入新的劳动力市场的同时，也同时意味着进入了新的婚姻市场。农村外出务工经商青年在更大的范围内增加了与异性结识和交往的机会，自由选择恋爱和婚姻对象的空间范围明显扩大，择偶机会增多。这使农村青年的通婚范围在地域上跨越县际、省际界限有了现实可能性（仰和芝，2006；陈娜，2008），为外出务工经商的农村女性婚姻迁移的大量出现创造了必要的前提条件。

关于此，有不少学者进行了分析。风笑天认为，随着青年外出打工，他们的择偶和婚配对象明显突破了原有地域范围的局限（2006）。崔燕珍通过对崔村近十年内的婚嫁行为方面的实证调查，发现崔村的通婚圈逐渐由传统的地缘、血缘关系向业缘关系转变，突破了原有的地域限制，与县外乃至省外间的通婚逐年递增，崔村 2002—2006 年五年期间的 24 例"自主婚姻"，其中 20 例均是在城市打工期间认识的（2007）。沈崇麟认为，由于经济发展而导致业缘关系的形成，使得乡村通婚圈突破了原来地缘和血缘关系的狭隘限制，远远超出了自然村的范围（1999）。严由建、吴信学认为，经济发展带来血缘关系向业缘关系的转变，社会结构、社会制度的变迁带来了通婚地域圈扩大与变迁（2007）。仰和芝通过调查，认为安徽 C 村未婚女性外出务工经商在一定程度上拓展了她们的通婚地域范围（2006）。韦浩明对广西贺州枫木村壮族婚姻圈个案进行研究的结果显示，随着改革开放的深入和外出打工者日益增多，婚姻对象来源的地域范围呈不断拓展的趋势（2007）。周皓、李丁利用夫妻匹配的方法处理 2000 年第五次人口普查个人数据，得出的研究结论是，从整体趋势上看，多数地区的异地婚姻比例近年来都在增加，通婚圈在不断扩大，但不同省份情况不同，各个地区的发展规律与当地的社会经济发展、人口流动迁移动向、婚姻观念、国家政策制度紧密相关（2009）。宋丽娜认为，打工经济的兴起为农民工婚恋自由的实现提供了现实的社会土壤，跨省婚姻现象真正进入高发期（2010）。靳小怡的研究表明，农村男女青年婚前流动明显扩大了通婚圈，婚前有流动经历的农村女性选择跨市通婚的比例几乎是婚前无流动经历女性的 6 倍，婚前有流动经历男性的跨市通婚比例几乎是婚前没有流动经历男性的 3 倍（2011）。周旗、杨媛研究了关中地区乡村通婚圈 60 年演变，认为年轻女性外出务工经商建立的打工交流圈，是突破村庄范围关系圈的一个重要因素。外出务工经商创造了直接与外地异性交往的机会，远离了村庄文化的窥视，又有着城市现代生活的诱惑，于是促成了跨乡镇区县的姻缘，继而促进了乡村通婚圈的扩大（2012）。

　　随着农村未婚男女青年选择婚姻对象的空间地域范围发生巨大变化，传统的婚姻模式必然发生变迁。我国的婚姻传统中，夫妻居住模式是从夫居，一对男女结婚后，一般是女性迁移到夫家随夫居住并共同生活，广大农村尤其如此。在这种背景下，农村女性因为外出务工经商认识了他乡的配偶并最终选择了结婚，也就意味着她们基本上要选择为婚姻而迁移，要选择婚姻迁移者的身份。农村未婚男女外出务工经商引发部分女性婚姻迁移这一现象，也反映了在人口大流动的背景下，我国农村婚姻迁移本身发生了变化。自 20 世纪 90 年代以来，因外出务工经商而发生的农村女性婚姻迁移大幅度增多，其也成为我国农村女性婚姻迁移的主流形态。总之，人口大规模流动引起众多农村青年工作空间和生活空间的变化对他们婚姻行为有着决定性的影响，人口流动引发的选择结婚对象的空间地域范围的巨大变化是婚姻迁移出现的基本前提。

**　　二、追求爱情为基础的婚姻得到年轻人的普遍认同是引发婚姻迁移的思想基础**

　　由于受传统思想的影响，长期以来，我国农村女性对婚姻形成了许多固定保守的观念，表现在通婚地域圈上是，农村女性一般都会选择嫁在父母亲人的身边，将婚姻迁移看成是对父母的不孝或自己的不幸之事（仰和芝，2006）。流向发达地区和城市务工经商后，农村青年男女改变了原有的赖以生存的生产方式和生活环境，极大地开阔了视野，渐渐接触了新的思想、新的观念，传统的婚姻恋爱观念受到极大的挑战，或者说婚姻恋爱观念开始从传统性向现代性转变，当代农村青年已经走出了传统农村婚姻观念的藩篱。

　　随着对务工经商生活的慢慢适应，农村青年逐渐认同城市青年男女的婚姻恋爱观念。绝大多数的农村青年男女对家庭的要求和期望已不再局限于传统"娶妻生子、传宗接代"和"嫁汉嫁汉，穿衣吃饭"的层面了，以爱情为本位的婚姻观逐渐取代了传统的以家庭为本位的婚姻观。当代农村青年向往并追求爱情，逐渐接受并认同有爱情的婚姻才是真正的婚姻，才是幸福的婚姻，希望在爱情的基础上建立婚姻关系。把爱情的需求和满足作为婚姻的首要因素，逐步得到外出务工经商农村青年的普遍认可。

外出务工经商的农村青年试图通过自己的努力，在打工过程中寻找到美好的爱情和婚姻归宿。在寻找人生伴侣的时候，"情投意合"、"谈得来"、"人品好"成为男女青年的首选，他们注重的是精神上的交流、沟通和彼此分享。谈婚论嫁，通婚地域被慢慢淡化甚或不再是考虑婚姻的主要因素。为了追求真爱，他们敢于和勇于跨越地域限制，哪怕是千山万水也义无反顾。潘永、朱传耿、罗建英、胡双喜、谭银花等对"80后"农民工的婚恋观变化进行研究发现，在择偶标准方面，"80后"农民工越来越淡化政治、家庭背景、经济状况、地域等非个人因素，而是把感情、对方的性格脾气、兴趣爱好、双方爱好的投合放在重要位置（2007、2008）。仰和芝的调查研究发现缔结婚姻强调以夫妻感情融洽为主旨，择偶标准趋向于要求双方情投意合（2006）。尹子文与戚杰强的研究也表明"爱情"在农村外出务工青年择偶中占据着重要的位置（2010、2010）。

以爱情为基础的婚姻也逐渐得到农村青年的父母的认同，农村的父母一般也不再强制包办儿女的婚姻，他们更看重的是儿女婚后的幸福。过去认为娶外地媳妇受人耻笑、女儿嫁到外地是大不幸的观念已慢慢淡化，多数的父母想法比较单纯，在他们念头中，只要儿女自己愿意，只要儿女结婚后能好好过日子，娶哪里的媳妇，找哪里的女婿，最终儿女说了算。尽管女儿嫁远了难免会有伤感，会有揪心的疼痛；媳妇是外地人难免有点不如意，有点不称心。在调查过程中，我们发现，20世纪90年代初，谁家在外打工的女儿要是远嫁了，上了年龄的老人总是歔欷不已，觉得这个女孩不听话，不懂事，结婚后一定有吃不完的苦头；谁家在外打工的儿子带了外地媳妇回来，街坊邻居会当新鲜事传，大家很惊异，也觉得不是很适当，言谈中有隐隐的担忧甚或等着看热闹的心态。随着时间的变化，随着远娶和远嫁的增多，农村上了年纪的人的观念也发生了根本的变化。他们认为，能远娶，说明小伙子有本事、有吸引力；能远嫁说明女孩子有魅力与魄力。在调查过程中，一个老人提起自己村子一个大龄未婚小伙子，说他到了成家的年龄却一直没有找到女朋友，家人也托人介绍了很多，但终未果，村子的很多人就说这小伙子没本事，别人家的儿子都带回了外地媳妇，就他找不到，能怨得了谁。

　　总之，改革开放后，我国婚姻恋爱观念发生了巨大变化，传统婚姻正在向以爱情为基础的现代婚姻转化（疏仁华，2009），不但是年轻人的观念比较开放和前卫，包括老人在内的不同年龄的人的观念都发生了不同程度的变化。男女双方为什么会在众多的单身的异地他乡的异性中选择了对方，爱情在绝大多数迁移婚姻缔结之初无疑是主要的出发点，追求爱情为基础的婚姻得到年轻人的普遍认同，这是引发婚姻迁移的重要思想基础。

三、外出务工经商的未婚农村青年女性正处在婚恋的最佳时期是引发婚姻迁移的内在动因

　　"男大当婚，女大当嫁"是人生命历程中青年阶段的首要任务和重大生命事件。农村未婚外出务工经商女性年龄一般在18—25岁之间，外出务工经商的年龄是和她们的生命周期中的恋爱结婚周期紧紧结合在一起的，外出务工经商的年龄、时期也正是她们的恋爱结婚的年龄、时期，是对恋爱、对未来的婚姻充满美好的期待和渴求的时候，也是到了必须对未来的婚姻作出重要选择的年龄。叶妍、叶文振的研究表明，有恋爱经历的流动人口的平均初恋年龄为19.43岁（2005）。外出务工经商的农村未婚女性不仅是渴望谈一场你情我愿的恋爱，她们渴望有份稳定的情感，她们更渴望有美好幸福的婚姻。因此，对外出务工经商的农村未婚女性来说，出门在外不只是务工经商的经历，还有恋爱的经历。恋爱、结婚、成家，基本上是所有传统农村女性必须走的人生之路。对女性来说，婚姻问题不仅是情感问题和未来的生活问题，由于从夫居的传统，婚姻问题还决定她们未来居住在哪里与在哪生活的根本大问题。

因为国家人口政策的改变和经济的发展，外出务工经商的未婚农村女性有了另一番人生，有了外出务工经商的人生经历，有的终生在外务工经商。但这改变不了她们恋爱、结婚、成家的人生轨迹，相反，倒是因为外出务工经商的经历让她们本来可能比较简单的恋爱、结婚、成家的人生之路变得复杂和面临更多的选择机会。是在老家找个人嫁了，还是在打工认识的当地人或外地人中找个心仪的人嫁了；是找个和自己一样的农村户籍的人，还是找个城里人。何去何从，怎么选择，未婚农村外出务工经商女性面临诸多难题。除了工作外，她们追求爱情和婚姻的努力始终很强烈，而恋爱和婚姻注定是她们在外闯荡的另一番人生经历。对于走出农村外出务工经商的未婚男女青年来说，外出普遍提高了他们对自身爱情和婚姻的期许，而流动的生活以及与农村迥异的城市婚姻恋爱的环境，使外出的年轻人和他们的父辈比较，爱情和婚姻观念行为必然有很大的不同。

恋爱和婚姻注定是未婚农村打工女性在外务工经商与流动过程中必须要面对、思考和选择的人生大问题。对于外出务工经商的农村青年，尽管他们流动和进城的主要动机和目的是挣钱，但无论他们自己是否意识到，无论他们是否有准备，也无论他们是否将其作为外出务工的一种动机和目标，恋爱、结婚却总是会自然而然地发生在他们身上，总是会自然而然地出现在他们的流动和打工生涯中（风笑天，2006）。在外务工经商的农村未婚青年多是接受义务教育后，有的甚至未完成义务教育，就直接外出务工经商，50.00%的新生代农民工在20岁以前开始流动（国家人口和计划生育委员会流动人口服务管理司，2012）。因为年纪小，在外务工经商的农村未婚青年流动前多数没有恋爱，流动后、流动过程中开始婚恋，"先流动，后婚恋"成为新生代农民工的典型人生经历，他们在外流动中完成婚恋大事的现象非常普遍（国家人口和计划生育委员会流动人口服务管理司，2012）。

农村未婚青年男女因为在外务工经商，面对的能适合自己婚配的老乡极少，大多数人当然也想找老乡，大家知根知底，以后可以一起回家乡，但无奈身边的适合婚配的人基本都是外地人，他们当然也会想到婚姻迁移可能带来的问题，多数父母也不主张和不支持异地恋。但处在恋爱的年龄，又远离父母和家乡，农村未婚青年男女成天面对的是同龄的未婚异性，同是天涯沦落人，同承受在外务工经商的艰辛，互相之间你对我好、我对你好是难免的，因为一件小事而感动，因为一个感动而相爱产生情感是自然的。调查对象张女士（湖北嫁到江西）的经历就是如此，"与同学相约到常熟打工，半年不到，我就发现自己身边的小姐妹大多有了男朋友，而且有的都同居了。可能是离开家乡的原因，出门在外，总是会忍不住想家，会感到很寂寞，也想找个肩膀依靠。同在一个工厂上班的小军对自己有好感，两人年龄相仿，因为两个人来自不同的地方，我一直没有对小军表示自己的好感，但是时间长了，再加上小姐妹的不断劝告，两个人彼此喜欢就够了，所以后来自然就走到一起了"。

张女士的经历是许多农村婚姻迁移女性的经历。同在城市务工经商的未婚青年农民工之间，在职业、爱好、地位、居住、教育等方面都具有更多的同质性，他们互相之间也最容易产生共鸣。正如美国著名社会学家古德所述，人类在择偶规则方面具有"同类婚姻"的一般模式，即人们在婚姻市场的选择，总是趋向于选择与自己多方面，如居住、职业、地位、教育、种族以及爱好等方面相同或相近的人作为配偶（1986）。外出务工经商的农村男女青年长期在一起共事，日久生情，爱情就在他们共同工作的车间、一起吃饭的饭桌上、一起唱歌的 KTV 包房里自然而然产生了（刘芝艳，2009）。异地恋爱也是恋爱，有了恋爱的对象已足够了，恋了再说。一旦恋爱就意味着可能要结婚，而结婚对女性来说就基本意味着她要迁移他乡，成为婚姻迁移者。于是，一部分不同区域的恋人最后发展成跨不同区域的联姻者，迁移婚姻也就理所当然成为女性青年农民工感情和婚姻的主要表现和实现形式，部分女性青年农民工也自然而然成了婚姻迁移者。

四、农村女性婚姻自主意识增强是引发婚姻迁移的重要动因

从农村到城市、从不发达地区到较发达地区，职业的改变、生活环境的变化、城市文化的熏陶、经济变得独立等变化（仰和芝，2006），对农村未婚青年女性来说，从农村流动到城市务工实际上是经历一个再社会化的过程。这个再社会化过程必然会对外出务工经商的农村未婚女性的自主独立意识产生一定的影响，使她们的视野变得开阔（仰和芝，2006）。随着自我独立意识在不断增强，外出务工经商的农村未婚女性头脑中传统的婚姻观念受到强烈冲击，"父母之命，媒妁之言"已慢慢退化和退出，她们普遍认为自主选择才能保障未来婚姻的高质量和生活幸福。

到城市务工经商的农村女性青年不但接受城市青年自由恋爱的思想影响，思想活跃，而且走出了农村相对封闭的生产生活与生存状态，有相对独立的经济基础，经济命脉不再牵制在父母手中，跳出了传统家庭制度中家长权威的控制，远离了父母的监管，有了自己相对独立和自由的生活空间，拥有了自由交往配偶的时机和条件，自然在婚姻上会有新的追求，自然在恋爱和婚姻方面更具有自主权。外出的农村女青年在恋爱婚姻的选择上出现了前所未有的自由，她们中的大多数人对独立自主婚姻的追求日渐强烈，自由结识对象成为择偶方式的主旋律，自由恋爱和自主婚姻已经成为农村青年婚姻关系的主流。学者们的研究也证实了此变化。仰和芝对当前农村青年婚恋观做了调查研究，发现他们择偶方式较重视自主和自由（2006）。崔燕珍认为，农村青年外出务工经商所获得的收入大大改变了其家庭的收入结构，并成为家庭收入主要来源，职业的转换和经济的独立使他们摆脱了对土地的依赖和对父母的经济依赖，而在自己婚姻大事上自然也享有越来越大甚至是完全的自主权（2007）。谢芬芳指出，随着大批农民的城乡流动，农村青年的婚恋观正悄悄发生变化，他们在恋爱、择偶、婚姻等方面呈现出前所未有的自由、自主，农村青年自由恋爱呈上升趋势（2008）。

农村未婚女性青年希望自己主宰自己的婚姻生活，突出个人需求、个人幸福和个人价值在婚姻中的重要地位，表现出较强的自主性和独立性。当然，在务工经商地遇到非本乡的意中人时，她们也会与父母亲人沟通。一旦父母亲人反对，她们往往会顶住父母亲人的压力，勇敢冲破传统婚姻观念的束缚，捍卫自己的自由，突破地域界限的限制，真正根据自己的意愿选择婚姻、决定婚姻，追求自由恋爱和自愿结合（仰和芝，2006），最终不顾父母的反对和伤心，自作决定，或者选择让生米煮成熟饭，选择远嫁他乡。援用我们的一名调查对象的话就是"我当然尊重我的父母，但我有权利自主选择自己的婚姻"。

说这话的是被调查者杨女士（江西嫁到四川），她在江苏张家港打工的时候认识了一个四川籍的男朋友，其父母死活不同意她嫁到四川，最终在父母不同意的情况下，杨女士独自去了四川。为此，杨女士与父母二年没有见面，只通了几次电话，后来怀孕了，父母看没有指望要她回头，才不得不认可这桩婚姻。在访谈中，杨女士叙述了自己的经历："在与男友认识大半年后，我就在过年的时候带他回到了我老家。当时我妈死活都不同意我和他来往，哭得很伤心，父亲唉声叹气整日喝闷酒，一向宠我的哥哥也坚决反对。男朋友在村子外徘徊了5天，我家人最终没有让他进我家门。我妈说四川那么远，又是大山沟里，家那么穷，你嫁过去后，肯定有吃不尽的苦，不能常走动，遇到不如意的事情想帮都帮不上。可是当时的我就是听不进去家人的话，也不管我妈满眼的泪，满脑子想的是我有权利决定自己的婚姻大事，是男朋友对我的好，在第六天的时候，趁父母不注意，偷着离开家与男朋友去了四川，直到怀孕了，我妈最后才不得不认了，还是没能拗过我。"杨女士的经历，在调查的对象中并不少见。

我们在调查时发现，很多女儿迁移他乡的父母都因为自己女儿的婚姻迁移而伤心过、反对过。一位两个女儿都选择婚姻迁移的母亲无奈地说："能有什么办法，话都说尽了，就是不听，丫头铁了心，孩子大了，腿长在自己身上，我不情愿能怎么样，最后还不是走了，又不能拴住她，能有什么法子，最终也只能认了，以后的苦也是她自己受。"对父母来说，他们希望自己的女儿嫁得近一些，日后互相好有照应；怕女儿嫁远了，会受婆家人的欺负；担心女儿嫁远了，不能常见面；担心女儿嫁远了，不能适应异地的生活。但如果女儿坚持自己的决定，在这种情况下，做父母的虽然嘴上不情愿，心中也一百个不情愿，最后却依然只能依了女儿，无奈地看着女儿嫁到异乡。总之，农村女性婚姻自主意识增强是引发婚姻迁移的重要动因。

五、外出务工期间的艰难生存状态是引发婚姻迁移的外在诱因

外出务工经商的农村未婚青年的年龄多在 18—25 岁之间，他们进城务工经商，经过城市文化的不断熏陶和洗礼，能力在不断提升，眼界在开阔，经济地位在提高，原有的人生观、价值观有所改变，自主独立意识在增强，穿衣打扮与城里的青年逐渐趋同，行为规范也在改变，但他们接受的教育普遍比较低，仍处于城市最底层，在城市中独自打拼很艰辛，工作环境不好，生活环境不佳，往往处于某种生存危机中，身心都得承受很大的压力。

务工经商生活的艰辛、单调，再加上背井离乡，远离亲情，在务工经商地缺亲少友，社会交往圈子相对狭窄，在外务工经商的农村未婚青年很难融入城市生活，他们往往有强烈的漂泊感与孤独寂寞感（仰和芝，2006），有时也有不安全感以及对未来的渺茫感。大家出门在外，都很孤单，男孩子就想找个女孩子陪陪；女孩子也觉得找个男朋友，可以互相照应一下。在这种不安定和强烈孤独感的生存处境下，只要有可能，他们往往想通过恋爱，努力寻找爱情的慰藉，试图让爱情来填补他们感情上的空白，成为情感寄托，并且对这种情感寄予很高的期望，有时候甚至是唯一寄托（仰和芝，2006）。"青年农民工多数都在工地和工厂工作，工作时间长，劳动累，并且单调，恋爱对于他们来说也是一种充满幸福感的调剂"（陈锋，2012）。

因为工作性质的限制，农村青年男女进城后交往较密切的多为在同一城市务工的老乡、亲戚、朋友和同事，而适合选择做配偶更多只能是同在同一城市打工的异乡人，因为同在城市打工的农民工之间，在职业、爱好、地位、居住、教育等方面都具有更多的同质性，也最容易产生共鸣。事实也如此，调查对象刘女士（湖北嫁到安徽）如是说："在外几年，我做过餐饮服务员、缝纫工、超市收银员，在外打工很累我全都能忍受，不能忍受的是一个人在外的孤单，一个人在外真的很难过！日子太难熬了，精神上没人支持，也不敢与家人讲，从来都是报喜不报忧。这个时候，有个年龄相仿的人愿意在身边陪伴你，很容易就恋爱上了。事实上我就是这样的，去南通打工 3 个月我就认识了第一个男朋友，没处多久，他去了上海，我们就慢慢断了，后来我去温州的一家服装厂，就认识了现在的老公，我不会管他是哪里

的，只要我不讨厌他，他又对我好就足够了，上班之余，我们大部分时间都在一起。"

也是，年轻人渴望感情，如果这个时候能遇到一个年龄相仿的异性，对方对自己有那么点关心与体贴，相同的流动经历、相同的劳动经历、相同的异地他乡漂泊很容易会使他们接近并可能走到一起，容易突破地域限制，不知不觉就会走进恋爱，产生感情，你情我愿，最后走向婚姻。因为劳动和娱乐而发生的青年男女之间的感情，一旦萌发，即会熊熊燃烧，理想主义和爱情的力量，完全跨越了家庭之间条件的差异，也跨越了语言障碍、习俗差异等其他现实的考虑。因为每个工厂中都有来自全国不同地区的农村青年，这样的爱情早已超越农村传统的婚姻圈，跨省婚姻大量地出现（刘芝艳，2009）。尽管彼此也会想到地域差异可能会给以后的婚姻生活带来负面的影响，但人在恋爱的情境中，同是在打工地缺乏归属感的异乡人，难以预知的未来往往显得没那么重要，地域的相隔不再是婚姻必须加以考虑的重要条件，此时此刻的相知相恋相爱相伴才是最重要的，相恋就有可能走进婚姻。可见，农村青年男女外出务工经商期间的艰难生存状态是引发婚姻迁移的外在诱因。

六、性观念和性行为的逐步开放是引发婚姻迁移的驱动力

作为人的一种本能，性与生俱来，对性的需要是人最基本的需要之一。个体会自觉与不自觉地以某种方式来满足性本能。但性又是超越肉体和个人的，在传统社会，中西方道德对"性"都保持着高度的警惕，性曾经占据社会道德的核心地位。在社会道德的规范下，性欲总是以爱的名义来要求。

对于性，我国传统文化形成了较为保守的性观念。在我国传统的性观念中，性与传宗接代联系在一起，一般认为以孕育后代为目的的性行为才是被允许的，才是符合道德的。长期以来，性在爱情和婚姻中的作用，一直被低估甚至被贬低。一切不以孕育后代为目的的婚前性行为和婚外性行为，都被视作"淫乱"，都是不被道德允许的，不能被接受的。在中国的传统文化中，对女人的性更是压抑的，女人的贞操被严密控制。改革开放以来，随着人们观念的变化和外来文化的渗透，在形式多样的性观念与性行为的冲击下，我国传统的性观念与性行为遇到极大的挑战，并据此逐渐形成较为开放的性观念和性行为体系，甚至包含比较混乱的性观念和性行为体系。

在讲究"人情和面子"的传统中国农村社区，婚前同居或者婚前性行为是被大家所不齿的。对广大农村居民来说，上了年纪的人，传统的性爱观仍有一定的影响，再加上交往人群与性信息来源的相对单一，他们的性观念仍趋于传统。而对容易接受新事物的外出务工经商的年轻人来说，他们的性观念与性行为不再是"传统"的简单延续，他们对性的理解与了解尚不成熟，接受的农村传统的性观念并不牢固，离开原居住地后，生活方式、交往范围等都发生了变化，在城市相对开放的性观念影响下，在网络、影视剧的开放性体系的传播下，在与不同性文化传播者的互动过程中，获取性知识的渠道不再缺乏，再加上脱离了原生家庭和父母的监管，又远离过去乡村社区、熟人环境的监视，传统乡村社会的性价值和规范监督系统缺失，他们本身又正处在性活跃的年龄，外出务工经商的年轻人的性观念、性行为必然会随着形形色色的性观念与性行为的相互碰撞和习得而发生很大的变化。

国家人口和计划生育委员会流动人口服务管理司发布的《中国流动人口发展报告（2012）》指出，新生代农民工在城市接触更为现代化的思想观念，他们的婚姻恋爱与性行为的态度在逐渐发生变化，婚前怀孕现象较为普遍，监测数据显示，新生代农民工婚前怀孕的比例占42.70%，比老一代农民工高16个百分点（2012）。

笔者在访谈过程中了解到，相对于自己的父母辈，对于婚前性行为、未婚同居，大部分青年都表示，只要两个人确定了恋爱关系并以结婚为目的，经双方同意，发生性关系是无可厚非的；对于未婚先孕，绝大部分青年都表示可以接受。而对于诸如"婚外性行为和婚前性行为都是不道德的行为"之类的社会舆论，年轻人多认为过时了，对于年轻人而言也是没有约束力的说辞。总之，"青年农民工的恋爱方式及观念逐步城市化，性观念和性行为日趋开放"（刘芝艳，2009）。

在访谈年轻人的父母时，当笔者问："现在农村有很多年轻人未婚同居，有的还先怀孕再拿结婚证，您怎么看未婚先怀孕的现象？"大多数父母都表示，儿女长大了，自己的事自己安排，顺其自然，只要儿女愿意，父母不接受也得接受，现在社会这种现象很多，最终只要是结婚了就好，村子里的人也不像过去那样说三道四。"没结婚就怀上孩子，要在我们那个时候（80 年代中期前），丢死人了，村里人会讲闲话，自己父母也抬不起头，现在大肚子结婚多了，都成一股风了，都这样，哪个也不管哪个。""一个出去打工，带两个回来，这事儿多了，人家有本事啊，父母都不用操心。"

正处在性活跃的年龄，性观念的开放、外界的诱惑、生存的压力、青春冲动、远离家乡、无人监管、社会交往少，在这种情景下，只有青春和孤独寂寞的务工男女非常容易在性观念和性行为上失范，最终必然产生一部分在外年轻人的婚前性行为。对许多恋爱中的务工男女来说，他们往往将应在婚后进行的事提前到了婚前，他们的未婚性行为大多属于婚前性行为——以成婚为前提。"高强度的流水线作业、相对单调的业余生活、加上开放的城市社会中所存在的诸多诱惑，往往会引发处于婚育年龄高峰的外出打工青年中较普遍存在的婚前性行为、未婚先孕现象"（风笑天，2006）。

年轻的打工妹们无论是在性心理还是性观念方面都很不成熟，在同居过程中，对科学避孕、安全性生活并不十分了解也不是很看重，同居后一旦发现怀孕，就会忙着领取结婚证匆匆忙忙结婚了。在农村外出务工经商群体中，这种奉子成婚现象时有发生，有的没到结婚年龄，就先生下孩子。在农村熟人社会里，交罚款补办准生证，最后总能把事情解决。事实上，本研究中，就有部分研究对象是怀孕了才领取结婚证的，还有的是生了孩子才领取结婚证和补办婚礼的。研究对象芮女士（河南嫁到江西）的经历就是如此，"谈恋爱的打工妹与打工仔同居的很多，大家都见怪不怪。别人能做的事，我也能做。反正要结婚的，在一起可以互相照顾。我和男朋友认识 3 个月后，俩人决定肯定要结婚后，就搬一起住。半年后，发现怀孕，当时俩人手足无措，后来男友告诉了他父母，我也硬着头皮告诉了我姐姐，姐姐告诉了父母，在双方父母的同意和催促下领结婚证的。当然，如当初我没有把握男友是否会与我结婚，我是不会与男友随便同居的。我认识的人中，就有只同居不想结婚的，最后还是女的倒霉吃亏。"处于青春期的未婚农民工，一部分人按捺不住生理和心理的冲动，发生婚前性行为，造成许多未婚先孕现象（尹子文，2010）。奉子成婚占据迁移婚姻的绝大多数，而许多当事人在怀上孩子之前都没有做好结婚和为人父的准备，只是在怀上孩子以后才有了结婚的考虑与选择（陈锋，2012）。

对于与异地男性相恋的农村务工经商女性来说，一旦同居后怀孕了，无论是理智行为还是半理智行为，多数以远嫁他乡的婚姻迁移为结局，尽管这种婚姻未来会不尽如人意，又怪得了谁呢？可见，农村外出务工经商青年男女的性观念和性行为的逐渐开放是引发婚姻迁移的驱动力。

七、地区经济社会发展不平衡是引发婚姻迁移的现实诱因

对于女性尤其是农村女性来说，婚姻问题不仅是个人的情感问题，还是决定其人生前途和未来生存状态的大问题（仰和芝，2006）。出门务工经商的农村未婚女性，不只是短期内为家庭减轻经济负担，为未来人生的发展包括婚姻寻找更好的机会本来就是她们的目标之一（仰和芝，2006）。务工经商所在地较高的经济水平和相对富裕的生活条件吸引着她们，有些女性想留在当地生活。要想留下来并永久生活在务工经商所在地，与当地人联姻就成了最直接、最现实的选择和一辈子的保障，于是部分务工经商女性往往将自己人生目标的实现寄希望于婚姻，将婚姻看作是可以用来获得自己所需物的市场经济下的等价交易行为，嫁入打工地的目的是希望从婚姻中获取最大效用，满足自己过更好生活的欲求（仰和芝，2006）。有学者的研究发现，新生代农民工未婚者中，女性想找城市人为配偶的比例则高达28.20%（周伟文、侯建，2010）。可见，相对于男性农村迁移者而言，寻找婚姻伴侣、建立家庭成了女性流动和迁移的直接或间接目的之一，也成为她们摆脱老家贫困生活的重要捷径之一（谭琳，2003）。婚姻在某种程度上充当了在外务工经商农村未婚女性追求更好生活和发展的"工具"，其实也是她们向社会争取资源的一种无奈但合情合理的途径。

我国地区经济社会发展不平衡，特别是城乡发展存在巨大差异。但由

于传统的城乡差别，农村务工经商女性又很难真正融入城市，难以改变城里人眼中的"外来妹"的身份，很难走入城市男性青年择偶者的视野，为了跨越这个障碍，实现自己留在务工经商地的梦想，有的农村务工经商女性往往把目光投向城市男性婚姻市场中的弱者，降低要求，对男性的婚史、年龄、相貌、性格等，她们并不过多计较。这类女性婚姻目标很明确，想通过婚姻摆脱家乡的贫穷落后。陈锋调查发现，辽东 X 村与鄂东 K 村，许多女孩子都嫁到了城里或更为发达地区的农村，经济的理性考虑也是女性选择跨省婚姻的一种考量（2012）。从安徽岳西山村嫁到省城合肥的汪女士如是说："嫁到城里，也有很多不如意，但总不能一辈子生活在穷地方吧，吃点苦，但有发展机会，再说，下一代就是名正言顺的城里人了，还是蛮值的。"朴实的话语，表露的是农村打工妹对未来更好发展机会的强烈愿望，这是促使她们实现婚姻迁移的现实诱因。

对这类女性来说，商品经济下的利益驱动和务实原则极大地改变了她们在择偶时的价值观念和衡量标准，其中，实用和物质倾向的作用上升到了一个显著的地位（仰和芝，2006），在婚姻选择上相比于其他女性更多考量的是非爱情因素，更注重的是婚姻的功能性。同时，商品经济条件下商品的普遍性也使有些人将婚姻商品化了，把婚姻行为看成是可以用来换取自己所需物的商品交易行为（仰和芝，2006）。当然，在市场经济下，这也无可厚非，这也是婚姻的资源交换原则。

在我国地区经济社会发展不平衡的背景下，农村未婚务工经商女性通过与务工经商地的男性联姻的形式留在经济较发达的当地，并最终将自己的户籍转入丈夫所居住的地区，从而实现身份与社会地位的转变，由到城市务工经商的农村女性变为迁入地的永久居民（沈文捷，2007）。对这部分女性来说，婚姻是实现社会流动的一个阶梯，她们自觉或不自觉地把婚姻当作一种追求幸福的手段。

八、现代交通与通信的便捷是催生婚姻迁移的基础保障

改革开放以来，特别是进入 21 世纪，我国各地的交通和通信条件大大改善。铁路网在全国广泛覆盖，全国大部分村庄通了公路，交通工具从徒步、马车、自行车、摩托车到汽车、火车、飞机，火车从慢车、快车、特快、直达到动车和高铁。通信设施逐渐完善，农村电话和手机已普及，随时随地可以通话，电脑也慢慢成为普及物，电脑和手机视频成了现实。

现代便捷的交通与通信使得人们之间的空间和时间距离都大大缩减，为人们远距离出行和交往交流提供了现实可能。人们出行和交往时间、成本大大降低，例如以前从娘家到婆家5公里距离大概得步行1小时，现在乘坐汽车只需大约10分钟。改革开放初期，人们之间的联络方式主要是亲自送信、托人捎信、写信、发电报、排队打长途电话，如今人们的通信方式变得越来越多样、便捷，固定电话和手机可以随时随地拨打，还可以打开电脑和手机视频，人与人之间的交往距离迅速缩短。同时，银行汇款的便捷、网购商品的普及也为婚姻迁移到异地的女儿在物质上孝敬异地的父母提供了方便。这一切为农村女性婚姻迁移行为的发生提供了一种超越时空的重要保障（仰和芝，2006），通婚地域圈自然而然不断扩大。

事实上也正是有了现代交通的快捷、通信的方便和相对低廉，让农村女性婚姻迁移者的婚姻迁移有了理由，也减轻了自己对父母的内疚和不孝之感。平时想念父母亲人可以随时与之通话，能保障及时互通信息；有事了，可以坐汽车、火车、飞机、自己开车，很快也就能回家。同样，父母挂念女儿了，有事了，也可以随时给女儿电话；方便的时候可以去女儿家住一段时间。总之，交通和通信技术的发展可以说是迁移婚姻发生的重要推动力量和基础保障。

九、婚姻自由权和女性权益得到保护是婚姻迁移发生的法律保障

传统社会，父母之所以不愿女儿迁移他乡，最担心的是女儿在婆家容易受欺压，不得不忍气吞声甚至还要忍受家庭暴力。因为在传统的婚姻中，夫妻矛盾纠纷的解决主要靠的是双方家庭的调节，娘家近，有亲人在身边做靠山，嫁出去的女儿往往吃不了大亏。一旦嫁到异地他乡就不一样了，远离父母和亲人，娘家人的社会支持系统就会弱化甚至完全无效，遇到事情的

话，娘家就没有办法给予及时的支持，只能眼睁睁看着女儿受委屈和受苦却爱莫能助。

现代社会是法治社会，我国女性权利保障环境有了明显的改变，法律规章逐步完善，有了《婚姻法》、《妇女儿童权益保护法》等相关法律及与之配套的措施，男女权利平等，妇女合法权益得到维护，妇女的生存和发展环境有了很大的改善。整个社会尤其是男性对女性的尊重愈发自觉，女性的家庭和社会地位不断提高。夫妻双方权益有了合法保障，遇到矛盾可以通过法律解决。妇女合法权利得到保护，农村女性不用担心受夫家人欺负，完全可以突破地域的束缚，去寻找理想的配偶。同时，国家颁布的《婚姻法》也明确保障了男女婚姻自由的权利，农村青年男女有权利拒绝父母包办的婚姻，可以突破地域限制寻找自己理想的人生伴侣。总之，国家制度的完善与法治社会的建设为广大农村女性婚姻迁移行为的发生提供了法律保障。

十、户籍制度变革是婚姻迁移发生的制度保障

1951 年 7 月 16 日，公安部制定并颁布了《城市户口管理暂行条例》，这是新中国成立后最早的一个户籍法规，确立了一套较完善的户口管理制度，同时这个条例也以法律形式严格限制农民进入城市，限制城乡间人口流动。随后，1958 年 1 月又颁布了《中华人民共和国户口登记条例》，更加明确了限制农村人口流入城市的规定及其配套的具体措施。自此，我国城乡分治的户籍制度将全体公民分隔在城市、农村两个不同的地理空间，全体公民也相应被分隔成城市居民和农村居民两大社会阶层。在教育、收入、身份、地位以及发展机会等方面，城市居民存在先天优势，农村居民存在先天劣势。作为两个阶层，城市居民和农村居民之间的流动是被严格控制的，特别是农村户口向非农转化，从农民转变为城市居民存在着相当大的难度，城市与农村之间被人为构建起了一道屏障，城乡分离的"二元户籍模式"因此而生成。城乡二元户籍制度还规定了个人的户籍取得跟随母亲的户籍性质的世袭方式，也就意味着女性农民的后代基本上永远就是农村户口。

城乡二元户籍制度及其带来的城乡资源的巨大差异，也给城乡联姻制

造了屏障。因为户口不同造成的差别会给婚姻当事人及其家庭带来很多麻烦，而且还会影响到子女未来的生活轨迹与人生发展，从而导致一系列婚姻家庭问题。在城乡二元户籍制度背景下，从 20 世纪 50 年代到 80 年代末，个体的婚姻迁移行为与户籍制度密切相关。出于利益的考虑，人们择偶基本是在同类户口前提下进行的，较少有人选择与自己户口性质不同的人结婚。

　　在先天优越的户口背景下，拥有城市户籍的男子很少会娶来自农村的女性，而拥有城市户籍的女性也很少会嫁到农村。这一时期，中国传统的门当户对择偶观念以户口形式表现得淋漓尽致。整个社会的嫁娶常态是城市人娶城市人，城市人嫁城市人；农村人娶农村人，农村人嫁农村人。人们的婚姻行为主要分别在城市和农村进行，整个社会的通婚结构表现出的基本形态就是：择偶户口二元化（陆益龙，2001）。当然，当城市的某些个体因自身条件原因，在同类户口的婚姻圈中不易寻觅到配偶时，他们往往会选择户口性质不同于自己的配偶，即他们会在农村户口的人群中选择配偶。而城乡不同户口联姻的，通常是城市男性娶农村的女性，而与城市男性结婚的农村女性婚后户籍通常也很难发生改变，一般很少能进城定居，多是继续在农村生活。即使是这样，由于制度上规定的城乡不同户籍之间存在着可供分配的资源与利益的差异，对于广大农村未婚女性来说，能嫁给城里人往往是梦寐以求的理想。所以在城乡二元户籍制度背景下，就有"宁嫁城里扫地郎，不嫁农村种田郎"的现象发生。但由于城乡户籍差异导致的城乡婚姻必然会产生的种种现实问题，总体来说，自 20 世纪 50 年代城乡户籍分治以来到户籍全面改革前，我国并未形成较大规模的农村与城市之间的迁移婚姻。

　　党的十一届三中全会以来，为适应改革开放、全面建立社会主义市场经济体制和深入发展经济的需要，为使户籍管理制度在促进人口合理有序流动，促进经济发展与社会进步等方面能发挥更大的作用，国家相继出台了一系列户籍管理政策与规定，解决户籍管理工作中存在的一些较严重问题。如1984 年起允许农村人口到城市就业，使户籍和就业实行了分离；1985 年起实行居民身份证制度，取代了户口簿的部分作用，户籍作用在人们生活中逐渐转弱；1998 年 7 月，国务院批转《公安部关于解决当前户口管理工作中几个突出问题意见的通知》（国发〔1998〕24 号），实行婴儿落户随父随母自愿以及放宽解决夫妻分居问题的户口政策；2001 年 3 月，国务院批转公安部《关于推进小城镇户籍管理制度改革的意见》，我国小城镇户籍制度改革在全国全面推进。

　　随着国家户籍制度的逐步放宽，外来农业人口婚姻迁移机会在逐渐提升，必然会促进更多的农村女性嫁到务工经商所在的城市。比起户籍制度松动之前，改革开放之后的城乡联姻出现了规模越来越大的趋势。这样的城乡联姻直接造就了大量的城市外来农村媳妇。城市外来的农村女性婚姻迁移者中，有部分是到城里务工经商的农村女性。总之，国家宏观制度调整改变了原有的对人口迁移的严格限制，破除了城乡联姻的制度上的障碍，有效保证了城乡联姻当事人的婚姻自由权利，降低了城乡通婚的经济成本，为城乡两地婚姻的家庭带来了更多的方便和希望，也为乡城通婚提供了制度保障。

第三章　农村女性婚姻迁移者社会融合指标体系的构建

　　发端于西方社会的社会融合理论，其内涵相对比较宽泛。就关注迁移人口迁移后生活状况的方方面面来说，社会融合视角关注的主要是迁移人口在迁入地社会的各种生活状态及其发展过程。无论是从迁移的动机、迁移的途径、迁移的方向、迁移的时间、迁移的距离还是从迁移者的性别、年龄、受教育程度等人口学特征来看，迁移人口具有明显的多样性和复杂性。我国学者有关社会融合的研究对象主要涉及进城农民工及其随迁子女、工程移民、失地农民等群体。对不同的迁移人口来说，社会融合的内容也不尽相同，目前学术界多倾向于从经济生活、政治生活、文化生活、社会关系等维度测量迁移人口的社会融合。当然，对不同类型的迁移人口社会融合不同维度的内容的关注又有差异，目前国内学术界并没有统一的测量社会融合的指标体系。

　　我国农村的人口流动和迁移会随着社会的发展而不断加剧，农村女性的婚姻迁移也会随之不断发生。嫁到异地，因婚姻而迁移到他乡生活，是愈来愈多农村女性在未来可能的生活状态，农村女性婚姻迁移者的社会融合及其问题将持续存在。农村女性婚姻迁移者的社会融合问题应该成为人口学、社会学研究的重要内容。在借鉴国内外已有社会融合理论的基础上，考虑农村女性婚姻迁移者的实际，构建科学、可操作的社会融合指标体系是研究的基础。本研究试图在农村女性婚姻迁移者社会融合指标体系构建方面有所尝试。

第一节　为什么从社会融合的视角去关注
农村女性婚姻迁移者

农村女性实现婚姻迁移，不同地域之间的男女通婚表面上看是两个异性个体之间的婚姻关系的建立，但这种婚姻关系的建立还意味着两个人所代表的各自地域的文化、社会背景以及社会关系如何在婚姻关系中重构。婚姻迁移是不同地域之间男女种种差异的碰撞、适应和融合，特别是女性独自迁移到异地后，作为"独在异乡为异客"的个体，她如何应对因地域差异而导致的环境、经济、社会、文化种种差异引发的不适，她如何把异乡视为第二故乡、从异客变为当地人，是女性婚姻迁移者无论如何都绕不过的问题。

对女性来说，结婚是她们生命历程中的重大事件。我国婚后的从夫居传统，意味着女性不论是嫁在本地还是嫁到外地，女性结婚后一般都面临要搬迁到夫家所在地定居生活，不论这个搬迁距离或长或短，夫家人都期待她们婚后尽快融入新家庭、新社区、新的社会关系、新的生活中去。也就是说，无论是嫁在本地的女性还是婚姻迁移到他乡的女性，走进一个新家庭，都意味着要面对新的家庭关系、社区关系与生活环境，并要为此作出调整，要适应婚后新的生活。但婚姻迁移的女性除了要面临正常婚姻事件带给自己的挑战，还要面临因迁移而带来的诸如文化差异、社会关系重构等挑战。对农村女性婚姻迁移者群体来说，她们的迁移多是自愿性的迁移，她们的婚姻迁移是一个个单独个体迁移到某地，不是同质性群体的规模性迁移到某个地域。这种以个体跨距离的迁移，迁移者的生活环境、社会环境、文化环境、社会支持网络等均发生巨大的变化，并且迁移的个体要独自面对这种巨大的变化。尽管每个农村女性婚姻迁移者都期望能融入新的家庭、新的社区和迁入地的社会，并能够充分地参与到迁入地的经济、社会、文化和政治生活中去，但对农村女性婚姻迁移者来说，迁移简单，社会融合难。

社会融合既是一种迁移者迁移后生活的现实状态，也是一个过程，还是迁移者迁移后生活状况的直接反映。社会融合能很好地反映迁移者对迁入地生活各个方面的适应状况以及迁入地居民与迁移者的互动状况，社会融合是对迁移者在迁入地社会生活状态及其演变过程的一般概括与描述。改革开放后，我国人口大规模流动引发的农村女性婚姻迁移现象已普遍存在并将持续存在。社会融合是关注农村女性婚姻迁移者婚后生活、人生、生命历程的重要视角。农村女性婚姻迁移者迁移后的生活如何及其引发的影响与问题成为学术界和媒体共同的关注。

以社会融合为分析视角研究农村女性婚姻迁移者婚后生活与问题及其引发的影响与后果，具有如下优势：第一，社会融合是一个多维度的概念，有助于把握农村女性婚姻迁移者婚后不同生活方面的状况及其关系，可以真实描述和概括农村女性婚姻迁移者因为婚姻迁移而作为迁入地居民眼中的"外来者"的种种生活状况。第二，社会融合是一个动态的复杂过程，它总是在变化着的，它能很好地再现和展示农村女性婚姻迁移者婚后生活的过程以及她们是如何逐步融入迁入地，有利于对婚姻迁移者迁移后的生存状况进行动态的把握。第三，社会融合过程、程度和结果如何受多方面因素的影响，以社会融合分析农村女性婚姻迁移者婚后生活质量，有利于全面把握影响农村女性婚姻迁移者婚后生活的因素，了解各因素之间的关系以及互相影响的过程与机制，有利于提出有针对性的社会辅导与社会支持政策建议。第四，社会融合是多向的互动，它不仅强调迁移者自身的单向度的努力和作用，也关注迁入地居民、社区、社会在农村女性婚姻迁移者社会融合中起的作用和影响，强调迁入地居民与婚姻迁移者的互相尊重，强调社会融合是迁移者和多方互动与互相作用的结果。第五，社会融合结果受制于不同维度的互相影响、彼此交叉，社会融合某一维度的不良可能会导致另一维度的不良，通过社会融合不同维度的关系可以很好地了解农村女性婚姻迁移者婚姻迁移后生活的方方面面是如何互相影响、互相作用的。第六，社会融合能有利于减少出现社会排斥现象。长期以来，社会对婚姻迁移以及婚姻迁移女性有负面认知，社会融合强调互相尊重彼此不同的文化背景与差异，有助于增进社会最大凝聚力与社会归属感，尽可能避免出现对婚姻迁移女性的社会排斥，有利于促进更大范围内的社会融合。

第二节 为什么要构建农村女性婚姻
迁移者社会融合指标

设计具有科学性、系统性且具有一定代表性的社会融合指标体系，有助于客观地认识不同迁移群体在迁入地的社会融合状况。但不同类型迁移者群体的迁移动机和迁移后的生活场境及生活状况各不相同，他们社会融合的内容、进程、影响因素、程度以及融合过程中遇到的问题及其影响也不尽相同，再加上不同研究者对社会融合理解和内容测量不尽统一，导致对测量社会融合指标的理解与操作的多样化。正因为如此，在测量评价的层面上，目前国内外尚没有具有共识性和权威性的关于迁移人口的社会融合评价指标体系。事实上，研究者在研究不同类型的迁移者时，在社会融合理论的分析框架下，参考社会融合内容和维度的一般框架的同时，多会针对各自研究群体的特殊性，设置社会融合测量指标。

Milton Gordon 在研究美国不同族群的社会融合问题时，提出从文化或行为的同化、社会结构的相互渗入或融合、族群间通婚、族群意识或身份认同的融合、意识中族群偏见的消除、公共事务的融合以及族群间经济、就业、教育等领域歧视行为的消除 7 个层面来综合测量移民的文化适应与社会融合（悦中山等，2009；黄匡时、嘎日达，2010）。也有学者认为，社会融合的指标多样，其应该包括经济、文化、社会、政治四个类型的客观层面和涉及认同、主观内化和满意度三个类型主观层面（悦中山等，2009；黄匡时、嘎日达，2010）。总之，多数的研究者倾向于从政治、经济、文化、社会等多变量维度对社会融合的概念进行界定与测量。

目前国内学者在研究农民工、随迁农民工子女、库区移民、农村女性婚姻迁移者的社会融合指标时，在借鉴国外相关理论的基础上，不少学者针对研究对象有自己的理解和观点，但也有共同性，多从经济、社会、文化等维度构建社会融合指标，但尚没有统一的成熟的社会融合的测量表。

国内关于迁移人口社会融合的研究，绝大多数是在城乡二元结构的视角下进行的。改革开放以来，面对数以亿计的乡—城"流动军团"农民工群体，他们是否能够逐渐实现与迁入地城市社区的社会融合，影响着我国城市化的进程与社会的和谐稳定。在这种现实背景下，近年来，农民工在城市的社会融合广受学术界关注。众多学者在调查研究基础上，试图从理论和实证角度构建农民工的社会融合指标体系。朱力从经济、社会和心理或文化等层面关注进城农民工的城市融合（2002）；杨黎源提出从风俗习惯、婚姻关系、工友关系、邻里关系、困难互助、社区管理、定居选择及安全感等8个方面分析外来人口的社会融合状况（2006）；杨绪松等从居住情况、在城市受歧视程度、方言掌握程度、交友意愿、困难求助对象、未来打算以及子女在城市接受教育的情况等角度阐述深圳市外来人口的城市融合状况（2006）；王桂新、罗恩立则从经济、政治、公共权益、社会关系等维度分析上海市农民工的社会融合状况（2007）；任霞从经济适合、社会接纳、文化认可和心理归属四个维度关注少数民族社会融合（2007）；张文宏、雷开春采用探索因子分析，从职业稳定程度、语言掌握程度、熟悉本地风俗程度、接受本地文化价值的程度、亲属相伴人数、身份认同程度、添置房产意愿、拥有户籍情况、社会满意度、职业满意度和住房满意度等方面探讨城市新移民社会融合结构（2008）；杨菊华提出了经济、文化、行为、身份测量指标（2009、2010）；黄匡时、嘎日达认为农民工城市融合的测量应该从城市层面和个体层面两个层次去理解，其中，城市层面的融合包括政策融合和涵盖经济、制度、社区、社会保护和社会接纳五个层面的总体融合两个大方面，个体层面的融合主要包括经济融合、制度融合、社区融合、社会关系融合、社会保护、心理和文化融合六大方面，主要考察农民工主观融合感受和评价以及农民工客观融合状态（2010）；周皓认为社会融合包括经济融合、文化适应、社会适应、结构融合和身份认同五个维度（2012）；任远从自我身份的认同、对城市的态度、与本地人的互动、感知的社会态度等方面测量城市流动人口的社会融合（2012）；国家人口和计划生育委员会流动人口服务管理司从公共保障、社会服务、经济地位、社会参与、身份认同五个方面测评流动人口社会融合（2012）。

在流动人群中，随父母进城的农村流动儿童也是学术界关注的对象。关于流动儿童社会融合的维度，郭良春等关注的是价值观、社会生活、学习适应（2005），蒋华等侧重的是符号（外表、语言、饮食习惯）、认知与行为（学业成就、行为习惯）、价值观等（2007），王毅杰则关注社会交往和社会认同（2010）。

我国令世人瞩目的长江三峡工程迁移人口约 120 万，三峡工程移民涉及三峡库区和接受移民的安置地经济生活与社会结构秩序的重新调整和区域社会的重组，以及迁移人口个体的再社会化过程。其中，实现三峡工程移民的社会融合是三峡工程移民的高层次目标（李华、蒋华林，2002）。风笑天从家庭经济、日常生活、与当地居民的关系、生产劳动、社区认同五个维度分析三峡农村移民的社会融合（2004）；李华、蒋华林认为三峡库区移民社会融合的主要标志是政治平等、经济同步、文化融入、自然融合（2002）；王善坤认为三峡外迁移民的社会融入包括经济与生产经营融入、政治与公共生活融入、文化与心理社会融入（2006）；宋子然认为三峡移民的社会融合不仅仅是经济政治问题，也是社会、心理、文化的融入问题，是深层次的精神安慰、文化关怀问题（2008）。

自 20 世纪 90 年代起，就有研究者开始关注农村女性婚姻迁移者，虽然研究成果中较少冠之以"社会融合"之名，研究者关注的重点也有差异，但研究者从不同方面涉及社会融合及其内容。成翠萍认为农村女性婚姻迁移者面临着自我心理认同、生活方式的融入、重新建构社会关系网络、培育社区归属感和参与当地民主生活等问题（2006）；吴妙从经济和社会层面探讨农村女性婚姻迁移者的融入情况（2006）；沈文捷从家庭生活、社会生活、社会互动、身份认同等方面透视嫁到城市的农村女性婚姻迁移者的生活状况（2007）；赵丽丽从经济适应、生活适应和心理适应探讨迁移到上海的女性婚姻迁移者的生活状况和社会适应（2008）；段燕琴分析了上海外地媳妇的文化身份构建（2010）；顾青从生活状况与职业发展、社会交往与人际互动、社会认同与归属感取向等方面分析女性婚姻迁移者在上海的社会融合状况（2010）；邓晓梅关注的是农村女性婚姻迁移者的主观感知、经济层面、社会关系、文化适应（2011）；宋兴烈关注到了不同民族通婚中的文化融合（2011）；沈文捷、风笑天从家庭生活、社区生活、工作角色等方面分析迁移到城里的农村女性婚姻迁移者的社会适应（2013）；景晓芬从经济适应、生活适应、关系网络适应、心理适应分析农村婚姻迁移女性的社会适应（2013）；王思怡、陆经纬从自我融入、家庭融入、经济融入、社会融入四个层面分析少数民族婚姻移民融入状况（2013）。

从国内现有对迁移人口社会融合的研究看，多数学者都强调了社会融合指标的多维度特征，学者关于农民工、随迁农民工子女（农村流动儿童）、库区移民、农村女性婚姻迁移者等迁移人口群体的社会融合指标的构建有一定的相同性，如多数研究基本上涵括了经济融合、文化融合和身份认同等维度，尽管在不同维度的命名上有不一致，但也存在很多差异性，不仅表现在维度的差异上，也表现在各维度下具体的测量指标和直接测量的变量的不同，同样的问题变量，学者会放在不同的维度。

综上所述，对迁移者的社会融合进行测量需要多层次的综合性指标，不同学者研究社会融合的指标有所不同，即使是比较成熟的农民工群体的社会融合研究，学界也尚未形成统一的测量指标体系。已有的一些指标体系尚需要在研究实践中不断建构、修正和完善并予以验证。

本研究认为，同为迁移人口，虽然都面临社会融合问题，但不同的迁移群体特点和面临的社会融合情景各不相同，即使是同一群体，也不是同质性的群体，内部也有诸多差异，流动人口的社会融合具有多元化特点。对迁移人口来说，他们的迁移动机、迁移后拥有的社会资源、迁入地居民的态度和互动行为、国家宏观政策、地方政府行为以及个体特征都可能会成为影响他们在迁入地社会融合的过程、进度、模式和结果的因素。因此，在探讨迁移人群的社会融合测量指标时不能一概而论，要针对特定的迁移人群开展有针对性的研究。

对于农村女性婚姻迁移者的社会融合，学术界的研究还不够深入，目前尚没有研究者尝试去建构指标体系。因此，构建农村女性婚姻迁移者社会融合的指标体系很有必要。农村女性婚姻迁移者作为迁移人群中的一个特殊群体，相比于农民工的城市社会融合、三峡库区移民的移入地融合，她们的社会融合在诸多方面有这个群体自身很多的特殊性。农村女性婚姻迁移者婚后很难克服传统的从夫居，她们一旦选择嫁给他乡的某个异性，基本上就意味着要迁移到异地他乡随夫定居生活，农村女性婚姻迁移者必然要面对婚姻和迁移的双重社会融合。因此，对农村女性婚姻迁移者来说，不论愿意与否，她们都必然且必须面对社会融合的问题。为了更好地了解农村女性婚姻迁移者婚后的迁移生活及其产生的问题与影响，有必要针对这个特殊群体构建属于她们的社会融合指标体系。本研究在参考国内外社会融合理论的基础上，借鉴国内外学者关于迁移人口社会融合测量指标的研究成果，依据农村女性婚姻迁移者的实际情况，尝试构建一套针对农村女性婚姻迁移者社会融合的测量指标。

第三节　农村女性婚姻迁移者社会融合的指标体系

构建农村女性婚姻迁移者社会融合指标体系的目的在于全面、科学、系统、有效地分析农村女性婚姻迁移者社会融合的现状、过程和特点。采用哪些指标与提出哪些具体问题是成功设计任何一套迁移人群社会融合指标体系的首要条件。本研究构建农村女性婚姻迁移者的社会融合评价指标体系时，在依据社会融合相关理论的基础上，既借鉴国内外迁移者社会融合的研究思路和研究成果，也充分考虑农村女性婚姻迁移者群体的特殊性。指标体系构建依据针对性、目标一致性、系统性、层次性、简明性、可操作性等原则。

农村女性婚姻迁移者婚后迁移到新环境后，首先面临的是与经济密切相关的衣食住行的日常生活问题，这是个体生活的基础；在衣食住行的日常生活中，她必然要与家庭内外的人群互动，建立社会关系网络，融入社区生活；适应迁移地的生活也是文化调适的过程；迁移后的生活行为必然伴随心理的变化和融合。基于农村女性婚姻迁移者婚后生活必然要经历的情景，本研究试图界定农村女性婚姻迁移者社会融合的结构，能较好地反映农村女性婚姻迁移者社会融合基本内涵及一般特征的经济融合、社区融合、文化融合、心理融合等四个维度来评价农村女性婚姻迁移者的社会融合的总体状况，并把这四个维度作为整个评价指标体系的一级指标，然后确定可对应四个一级指标内涵的三个二级指标并将其作为因子来描述不同指标之间的联系，最后确定可对应各二级指标内涵的具体测量变量（具体见图1）。

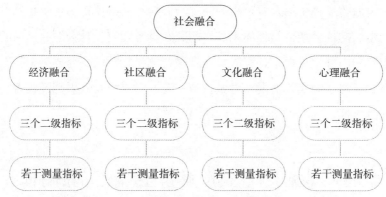

图1　农村女性婚姻迁移者社会融合指标体系

一、经济融合

虽然农村女性婚姻迁移者绝大多数跋山涉水嫁到异地他乡主要是基于爱情而不是经济动机，但夫家经济条件太差，没有基本的生活保障，婚后生活肯定要受到影响。对农村女性婚姻迁移者来说，迁移到一个全新的环境生活，稳定的可维持生计的经济条件是其立足迁入地的基础，经济不仅是其婚后社会融合的重要内容，也是其社会融合其他维度的基础。

在本研究中，经济融合是指农村女性婚姻迁移者到迁入地后在住房、就业、收入、经济地位与权利以及与丈夫及其家人的经济互相信任等方面的融合情况，是个体经济状况和经济地位的综合反映。经济是迁移者能否安居乐业，获得可持续发展的根本条件和基础。经济融合与社会融合的其他维度存在互相影响的关系。

　　因为迁移者的迁移动机、目的以及迁移后的生活场境和面临的特殊经济状况的差异，国内学者在研究迁移者的经济融合指标时内容不尽相同。张文宏把添置房产的意愿和增加亲属相伴人数作为衡量城市新移民的经济融合指标（2008）；赵丽丽使用收入、住房、就业等指标来衡量城市女性婚姻移民的经济状况（2008）；任霞把生活环境、就业、收入、消费、医疗与社会保障作为大城市外来少数民族人口经济融合的主要指标（2009）；杨菊华主张从就业机会、职业声望、工作环境、收入水平、社会保障、居住环境、教育培训等方面测量流动人口的经济融入（2010）；黄匡时从劳动力市场融合、劳动保护、住房融合三个维度构建流动人口经济融合考察指标（2010）；陆淑珍把收入、就业、消费作为城市外来人口经济融合的主要指标（2012）；李春霞等把就业与居住作为考察西部流动人口经济融合的主要指标（2013）。从上面可以看出，尽管不同学者考察不同迁移人群经济融合的指标内容有差异，但以上研究的共同点是均把就业和收入作为考察经济融合的重要指标。

表 3–1　农村女性婚姻迁移者经济融合的指标体系

一级指标	二级指标（因子）	测量指标
经济融合	夫家经济条件	（1）目前居住条件；（2）目前经济条件；（3）在迁入地的生活保障；（4）回娘家探望父母的费用。
	工作与经济独立	（1）丈夫及其家人的工作支持；（2）经济独立。
	经济信任与平等	（1）丈夫的经济信任；（2）对丈夫的经济信任；（3）丈夫家人的经济信任；（4）经济支配权；（5）对父母的赡养。

　　参考国内学者研究迁移人口经济融合的指标，考虑农村女性婚姻迁移者到迁入地后在经济方面的特殊状况，本研究主要从"夫家经济条件"（含居住条件，下同）、"工作与经济独立"以及"经济信任与平等"等三个层面设置社会融合的二级指标，每个二级指标下面又设置若干具体测量指标（具体见表3–1）。

（一）夫家经济条件

　　对农村女性婚姻迁移者而言，到迁入地后，有属于自己的稳定住所、相对稳定的收入、正常回娘家探望父母的费用，她们才能无后顾之忧，才能有条件和有信心适应新的生活，并慢慢融入到迁入地，实现经济融合。关于"夫家经济条件"，主要包含的测量指标如下：（1）目前居住条件；（2）目前经济条件；（3）在迁入地的生活保障；（4）回娘家探望父母的费用。

（二）工作与经济独立

对农村女性婚姻迁移者而言，到迁入地后，能否有一份相对稳定的工作，丈夫及其家人是否支持其工作，对她们相当重要。有了自己的工作才能有经济上的独立和经济地位，才能无后顾之忧。关于"工作与经济独立"，主要包含的测量指标如下：（1）丈夫及其家人的工作支持；（2）经济独立。

（三）经济信任与平等

对农村女性婚姻迁移者而言，到迁入地后，其与丈夫能否在经济上相互信任，丈夫家人对其在经济上是否防范，其与丈夫是否有平等的经济支配权，丈夫是否支持其赡养父母对其迁移后的经济融合至关重要。关于"经济信任与平等"，主要包含的测量指标如下：（1）丈夫的经济信任；（2）对丈夫的经济信任；（3）丈夫家人的经济信任；（4）经济支配权；（5）对父母的赡养。

二、社区融合

对农村女性婚姻迁移者来说，她们的婚后迁移不只是表面的居住空间和生活社区的改变，到了人生地不熟的异地他乡新社区，随之改变的是，原有社会关系的隔离与疏远，原有社会关系网络和交往情境被打破。农村女性婚姻迁移者要生活到新的社区中去，必须面对迁入地的社会关系、交往情境与规范。

对农村女性婚姻迁移者来说，其社区迁移是因婚姻迁移而发生，但她们的婚姻迁移与社区迁移并不同步。农村女性婚姻迁移者的婚姻迁移是快速、短暂和显性的；而社区迁移则是缓慢、长久与内隐的。从本质上讲，因婚姻迁移而引发的社区迁移过程是迁移者作为外群体中的单个个体进入内群体并变为内群体一员的过程，是融合到迁入地社区的过程。农村女性婚姻迁移者作为个体，独自迁移到陌生的社区，可能受到欢迎，也可能受到有意无意的排斥；可能顺利，也可能困难重重。可见，对农村女性婚姻迁移者来说，无论她愿意与否、受欢迎与否、困难与否，社区融合是其迁移后必然要面对的重要问题和重大任务。

在本书中，社区融合是指农村女性婚姻迁移者妥善处理与原生家庭（娘家）的关系、与丈夫及其家人建立良好关系并置身于婆家的社会关系网络中、与社区居民交往互动并彼此认同，进而参与到迁入地社区的日常生活与公共活动中去的过程和状况。

在研究迁移人口的社会融合时，较少研究者专门从社区融合维度去关注。但根据本研究对社区融合的界定，部分研究者的研究与本书社区融合维度关注的内容有相同或相近的方面。沈文捷主要从与婆家人、所在社区、所在单位同事、娘家的亲戚朋友和老乡之间的互动分析城市中农村婚姻迁移者的社会互动与身份认同（2007）；赵丽丽在分析城市婚姻迁移者的日常生活适应时使用了社区参与和邻里关系的指标来衡量（2008）；任霞把人际交往、闲暇生活、婚恋生活、子女教育和民族工作作为大城市外来少数民族人口社会接纳的主要指标（2009）；杨菊华从人际交往和社区参与方面测量流动人口的社区融入（2010）；黄匡时构建的移动人口的社区融合包括获取服务、自我管理以及参与社区服务和管理三个子维度，社会关系融合包括同群关系和异群关系两个子维度（2010）；陆淑珍把社会交往意愿、人际交往范围作为城市外来人口社会交往融合的主要指标（2012）；李春霞等把社区参与度、社区知晓度与对社区的满意度作为考察西部流动人口社区融合的主要指标（2013）。

农村女性婚姻迁移者婚姻迁移行为发生后，原有家乡的社会关系和社会网络会疏远或慢慢失去功能。对农村女性婚姻迁移者来说，迁移之初主要依赖丈夫及其家人和亲戚等以姻缘为依托的初级社会网络和社会资本来应对婚姻迁移带来的不适。随着在迁入地生活时间的延长，农村女性婚姻迁移者的生活空间得以慢慢拓宽，社会关系和网络得到扩展，社区互动的范围也逐步向外延伸，社区互动和交往的频度和内容日渐加强而且多样，与社区居民的交往不断增强。农村女性婚姻迁移者在迁入地社区融合的过程是一个以迁移者为主体包括迁移者的娘家人、丈夫及其家人、社区居民、社区管理者的多方参与互动的过程。本书从"与娘家关系"、"与婆家关系"和"社区参与"三个二级指标测量农村女性婚姻迁移者的社区融合，每个二级指标下面又设置若干具体测量指标（具体见表3-2）。

表 3-2 农村女性婚姻迁移者社区融合的指标体系

一级指标	二级指标（因子）	测量指标
社区融合	与娘家关系	(1) 与娘家联系密度；(2) 与娘家联系内容；(3) 娘家的帮助；(4) 对娘家的帮助；(5) 参加娘家家族活动；(6) 与娘家关系亲疏；(7) 与以前朋友的关系。
	与婆家关系	(1) 丈夫体谅支持；(2) 帮助熟悉周边环境；(3) 公婆偏袒丈夫；(4) 丈夫偏袒父母；(5) 丈夫及其家人的保护；(6) 与丈夫感情；(7) 与公婆关系；(8) 对丈夫朋友的熟悉度；(9) 婆婆为难；(10) 与婆家亲戚关系。
	社区参与	(1) 迁入地邻居为难；(2) 主动参与休闲娱乐；(3) 被邀请参与休闲娱乐；(4) 重新建立朋友圈子；(5) 迁入地邻居帮助；(6) 寻求社区支持和帮助；(7) 社区支持和帮助；(8) 参加迁入地公共活动；(9) 政府维护合法权益；(10) 夫家限制交往及外出；(11) 加入婚姻迁移女性组织。

（一）与娘家关系

农村女性婚姻迁移者为了爱情不顾父母亲人的反对，义无反顾追随爱人来到异地他乡，却远离了爱着自己的父母亲人。为爱情付出的农村女性婚姻迁移者，因为迁移，她与娘家、与故乡一切的一切都变得不一样。农村女性婚姻迁移者要面对父母和自己遇到困难时，对方有心帮忙，却隔着天远地远，难施援手的无奈；面对一年到头与父母亲人难以见面几次的伤感；面对遇到委屈却不忍也不愿向父母倾诉的辛酸。农村女性婚姻迁移者必须理性对待这一切，小心处理种种困扰。农村女性婚姻迁移者与娘家的关系、原来社会网络的关系如何都会影响到她在迁入地的生活。如果农村女性婚姻迁移者太依恋、依赖娘家，婚后长时间待在娘家，可能会阻碍她婚后的社区融合。

而农村女性婚姻迁移者的娘家是否支持婚姻迁移，娘家能否在经济、情感方面给予及时的支持并鼓励其积极融入婆家生活也会影响她们婚后在迁入地的社区融合。

　　基于上述思考，本书主要用以下设置的指标来测量农村女性婚姻迁移者与娘家的关系：(1) 与娘家联系密度；(2) 与娘家联系内容；(3) 娘家的帮助；(4) 对娘家的帮助；(5) 参加娘家家族活动；(6) 与娘家关系亲疏；(7) 与以前朋友的关系。

　　(二) 与婆家关系

　　所有已婚女性在婚姻中都必然要面临如何处理好与婆家人的关系问题，所不同的是，农村女性婚姻迁移者要在陌生的环境和全新的社会情境与规范中融入一个陌生的家庭，履行为人妻、为人媳、为人母等诸多角色。初到婆家，由于人生地不熟，农村女性婚姻迁移者接触的人除了自己熟悉的丈夫，就是尚在熟悉过程中的丈夫家人，她们的生活范围多局限于家庭。

　　此时，是否能与丈夫及其家人融洽相处并融入婆家的生活对于农村女性婚姻迁移者的婚后社区融合至关重要，也是难度大的问题。农村女性婚姻迁移者作为一个新的家庭成员在婆家需要适应新环境和建立新的人际关系，需要婆家的支持，尤其是丈夫和婆婆的支持显得尤为重要。作为一个来自外群体的"陌生人"，农村女性婚姻迁移者在婆家能否得到应有的尊重和平等的对待、能否以一个家庭成员的身份平等地参与家庭事务是衡量她在婆家适应状况和被婆家认同与接纳的重要指标。

　　基于上述思考，本书主要用以下设置的指标来测量农村女性婚姻迁移者与婆家的关系：(1) 丈夫体谅支持；(2) 帮助熟悉周边环境；(3) 公婆偏袒丈夫；(4) 丈夫偏袒父母；(5) 丈夫及其家人的保护；(6) 与丈夫感情；(7) 与公婆关系；(8) 对丈夫朋友的熟悉度；(9) 婆婆为难；(10) 与婆家亲戚关系。

　　(三) 社区参与

　　社区是居民日常生活的重要空间和组成部分，对于促进居民之间的交往、促进社会融合起着重要的作用。农村女性婚姻迁移者作为一个个单独个体迁移到异地他乡，她最终是要迁移并定居于某个社区，与迁入地社区居民互动，生活到邻里之中。人一生下来就带有地方属性和群体属性。农村女性婚姻迁移者消除因迁移而产生的距离感，与迁入地社区居民良好互动，积极参与社区活动，是加快社区融合进程的重要步骤和内容。农村女性婚姻迁移者在迁入地的社区参与状况和程度能够反映其融合到迁入地的程度。

农村女性婚姻迁移者的社区参与意愿、交往对象、参与频度、参与内容、参与行为、参与范围、参与模式、邻里关系、困难互助、社区活动参与等诸多方面都可以作为衡量迁移者的社区参与指标，社区参与需要农村婚姻迁移者个体和社区进行有效的互动才能顺利地实现。

基于上述思考，本书主要用以下设置的指标来测量农村女性婚姻迁移者的社区参与：（1）迁入地邻居为难；（2）主动参与休闲娱乐；（3）被邀请参与休闲娱乐；（4）重新建立朋友圈子；（5）迁入地邻居帮助；（6）寻求社区支持和帮助；（7）社区支持和帮助；（8）参加迁入地公共活动；（9）政府维护合法权益；（10）夫家限制交往及外出；（11）加入婚姻迁移女性组织。

三、文化融合

人是文化的产物，个体人一出生就是生活在某种特定文化中的人。对生活于文化中的人来说，文化体现在人的价值观念、生活习惯、生活方式与生活行为中。文化是不同地域、不同民族的人们在漫长的历史进程中适应社会实践的总结和积累，文化具有民族和地域差异性。生活于自己文化中的个体，如鱼得水。文化差异性会给来自不同文化的人们之间相互了解、理解与和睦相处、相互融合带来一定的困难。

当个体因为迁移而要离开自己原有的文化，必然会出现自己原来地域文化与迁入地文化的互动，当面对诸如语言、饮食、风俗习惯等来自文化方面的不同和差异时，往往会产生疑虑、震惊、不确定、不安、隔阂、不适应等状况，严重影响个体的正常生活。面对不同于自己原有的文化，是固守自己的原有文化，还是积极面对新文化，主动改变和调适，对迁移者迁移后的生活质量至关重要。而随着时间的推移，迁移者能否妥善处理原有文化与迁入地文化的差异，通过沟通与了解，将两种文化融合，是反映迁移者能否适应迁入地生活的重要标志。从某种意义上说，人口迁移也必然是一种文化迁移。对迁移者来说，文化融合是其迁移后社会融合的一个重要方面。

文化融合是指具有不同特质的文化通过相互间接触、碰撞、冲突、沟通进而相互吸收、结合、渗透、接纳并最终形成多种文化特质同时存在、相互影响且融为一体的过程和状况。文化融合是基于文化认同基础上的长期与缓慢的过程。随着社会历史的变迁和人们之间联系的密切，不同文化之间必然会出现融合的现象。

一般情况下，单向的文化融合，往往是作为迁移者的个体被迁入地的文化同化，最终单方面适应迁入地的文化。而多元的文化融合是以各方的平等为前提，应该是不同文化的相互结合、相互吸收，最终趋于你中有我、我中有你的交融，是不同方积极主动互相融合的行为和结果。当不同方能互相主动了解对方的文化并使之与自己的文化融合时，文化的融合也就达到较高境界。迁移过程中，不同人群的文化的相互了解、理解直至互相认同融合是一个长期的过程。

因居住与生活空间变化导致的语言不通、饮食不适应、风俗习惯不同是农村女性婚姻迁移者婚后必须面对的问题。婚姻迁移，将两个讲不同方言、有着不同饮食习惯和风俗习惯的有着自己文化独特性的异性社会成员结合到一起。如何在文化差异中，互相接触、了解、尊重、调适，最后达到文化融合是婚姻迁移夫妻双方及家庭成员，尤其是农村女性婚姻迁移者必然和必须面对的重要问题。在社会融合中，相比于经济融合与社区融合，文化融合是更深层次的融合。迁移的地域空间差异、迁移的距离不同、是国内还是跨国迁移、是统一文化模式内还是跨文化模式迁移都会影响迁移者的文化融合。

"文化"本身是一个抽象的概念，不易量化。从国内现有对迁移人口文化融合的研究成果来看，多数学者都主张将语言、风俗习惯作为文化融合的指标（李华、蒋华林，2002；蒋华，2007；宋子然，2008；张文宏，2008；段燕琴，2010；杨菊华，2010；邓晓梅，2011；宋兴烈，2011）。

借鉴相关研究成果，考虑到农村女性婚姻迁移者的特殊状况，本书主要从"语言"、"饮食"、"风俗习惯"等三个层面设置文化融合的二级指标，每个二级指标下面又设置若干具体测量指标（具体见表3-3）。

表3-3　农村女性婚姻迁移者文化融合指标体系

一级指标	二级指标（因子）	测量指标
文化融合	语言	(1) 学习迁入地方言；(2) 丈夫家人使用的交流语言；(3)当地人使用的交流语言；(4) 丈夫使用的交流语言；(5) 听懂迁入地方言；(6) 迁入地方言使用；(7) 口音改变。
	饮食	(1) 饮食是否习惯；(2) 饮食改变；(3) 夫家饮食照顾；(4) 做（吃到）家乡的饮食；(5) 夫家人对自己家乡饮食的接受；(6) 介绍家乡饮食。
	风俗习惯	(1) 入乡随俗；(2) 熟悉当地风俗习惯；(3) 认可当地风俗习惯；(4) 家乡风俗习惯被尊重。

（一）语言

语言是文化的重要组成部分，同时又是文化的写照，是文化传播、传承、交流的载体。每一种语言都承载着文化的独特内涵，风格不同的语言以独特的方式反映着人们的思想、习惯、思维、行为等的差异。我国地域辽阔，语言多样，即使同样是汉语，也方言种类繁多。"五里不同言，十里不同调"。虽然国家已在全国范围内推广普通话多年，但一个地区人们之间的交流尤其是广大农村地区的居民之间很少使用普通话，几乎用的都是地方方言，人们日常交流南腔北调。如此，当使用不同方言的人们因为流动、迁移、交往而不得不面对面交流的时候，语言的融合就显得尤为重要。从国家层面来看，语言融合在巩固国家统一、民族团结、促进交往等方面起到积极而重要的作用；从个体层面来看，语言融合能拉近人们之间的距离，增进彼此之间的交往，实现情感交流。

语言是迁移人口进入迁入地社会的重要基础和媒介。当人们之间的语言沟通不通畅时，有可能会产生误解和彼此的不认同。学者梁茂春认为，"一个人对他族的方言采取排斥或是包容、学习的态度在一定程度上可反映其对该族交往的基本态度"（2008）。迁移者只要想很好地在迁入地生活下去，作为个体，必须实现语言融合，当然这种融合从自觉程度来说，有可能是自愿融合，有可能是被动融合，更多是二者的结合。

对农村女性婚姻迁移者来说，语言是其文化融合的起点。语言的融合有利于其与家庭成员以及当地人之间相互增进感情，有利于融洽互动关系的建立。农村女性婚姻迁移者到迁入地后，面对异地的方言，再加上自身一时"乡音难改"，语言的适应、融合是她们文化融合中很艰难也很重要的过程。

基于上述思考，本书主要用以下设置的测量指标来衡量农村女性婚姻迁移者的语言融合：（1）学习迁入地方言；（2）丈夫家人使用的交流语言；（3）当地人使用的交流语言；（4）丈夫使用的交流语言；（5）听懂迁入地方言；（6）迁入地方言使用；（7）口音改变。

（二）饮食

我国的饮食文化源远流长，因为地域、物产、民族、文化、历史的种种影响而呈现多元化，不同地域的饮食习惯迥然不同。饮食是文化的重要组成部分，其包括人们对不同饮食材料、烹饪方法、烹饪风味以及辅材的偏好。不同地域的人们对自己家乡的饮食往往情有独钟、津津乐道、难以忘怀。改革开放以来，随着人口流动和交往的频繁以及人们对科学饮食的逐渐认同，我国不同地域的饮食文化也在相互渗透与融合。但不同地域、不同民族、不同人群的饮食习惯是人们长期以来形成的生活习惯，经过本土的世代传承，一时很难改变。对个体来说，即使改变也是无奈和痛苦的过程。我国不同地域的饮食习惯差异较大，特别是广大农村地区。

对农村女性婚姻迁移者来说，婚后是完全改变自己的饮食习惯，或是将自己家乡的饮食习惯与迁入地的饮食习惯兼而顾之，还是严格保持家乡的饮食习惯或以其为主，一定程度上能反映迁移者婚后在家庭中的地位，夫家人对之的关爱程度以及其自身的生活态度，这一切在她们的文化融合中起着重要的作用。

基于上述思考，本书主要用以下设置的测量指标来衡量农村女性婚姻迁移者的饮食融合：（1）饮食是否习惯；（2）饮食改变；（3）夫家饮食照顾；

（4）做（吃到）家乡的饮食；（5）夫家人对自己家乡饮食的接受；（6）介绍家乡饮食。

（三）风俗习惯

风俗习惯是人们的生活方式与风尚、伦理道德观念、风土人情、习性等方面的综合产物，是人类社会发展进程中长期积淀的特定的历史文化，是人们在相互作用的生活实践中形成的，是特定时期、特定社会或区域的人们共同遵守的行为模式或规范，其深刻地影响着每个人的日常生活。风俗习惯具有地域性、民族性、特殊性、差异性等特征。我国幅员辽阔，地域文化多样，不同的地域文化孕育了不同地域的风俗习惯，"五里不同风，十里不同俗"。作为文化的重要组成部分，不同的风俗习惯对应的是不同文化结构中诸多文化的特质和文化关系。

不同风俗习惯以世代相沿的方式得以保存下来，并以约定俗成的方式制约和规范人们的日常行为，时刻并深刻地影响着每个个体的生活，增强人们之间的相互了解、认同。风俗习惯在人们的文化融合过程中起着重要作用，能否尊重、遵从、逐渐适应迁入地的风俗习惯并妥善处理其与自己家乡的风俗习惯的不同是衡量迁移者社会融合的重要指标。

对农村女性婚姻迁移者来说，婚后迁移到夫家所在地生活，就意味着必然要生活于他乡的风俗习惯场境中，原有生活中习得并认同的风俗习惯与现有的风俗习惯必然有诸多差异。面对风俗习惯的差异，农村女性婚姻迁移者在逐渐了解熟悉迁入地风俗习惯的过程中，是慢慢接纳认同而入乡随俗还是依旧保持自己家乡的风俗习惯，还是将两者融合，必然会影响农村女性婚姻迁移者的文化融合。而农村女性婚姻迁移者家乡的风俗习惯是得到丈夫及其家人的尊重还是遭遇排斥，也必然影响农村女性婚姻迁移者的文化融合。

基于上述思考，本书设置的测量农村女性婚姻迁移者风俗习惯的具体测量指标如下：（1）入乡随俗；（2）熟悉当地风俗习惯；（3）认可当地风俗习惯；（4）家乡风俗习惯被尊重。

四、心理融合

对农村女性婚姻迁移者来说，远离亲人与原有的社会关系，来到完全陌生的地方，意味着与原生家庭、社区的断裂以及原有身份认同、归属的变动和逐渐消失。在婚姻迁移后的生命历程中，农村女性婚姻迁移者要面对并回答"我是哪里人"的问题，面临"异乡还是故乡"以及"再回故乡是异客"的尴尬和心酸。也就是说，农村女性婚姻迁移者要在迁移中、在变动中，在迁入地重新建构身份认同和归属并要面对身份认同和归属变迁带来的情感体验。这些都是农村女性婚姻迁移者心理融合的重要方面。

农村女性婚姻迁移者的心理融合是指其在迁入地的居留意愿与习惯、对自己家乡及迁入地的依恋程度、与本地人及家乡人之间的情感距离、对自己是谁和将属何处的身份认同的思考和确认，以及对迁入地生活环境和群体归属的认知及其相伴随的情感体验和行为模式的心理历程及其结果。心理融合是迁移者社会融合的最高层次，是真正融入迁入地的标志。对农村女性婚姻迁移者群体来说，理想的心理融合状态，是对迁入地的身份认同与归属以及正向情感体验的统一。

心理融合是深层次的融合，是判断社会融合的重要标志。"当社会个体或群体背景发生变化时，他们在原有文化背景中形成的心理状态就成为一种心理背景，而在新环境中出现的心理反应同心理背景协调，就是这个社会个体或群体对新文化背景的适应。否则，心理活动不协调，就无法适应新的环境"（李培林，1996）。真正的心理融合必然是建立在迁移人口对迁入地高度的心理认同之上的。假如农村女性婚姻迁移者身在迁入地心却不在，持有或者感觉到的是"身在异乡为异客"，不想或很难扎根于迁入地，与迁入地在心理上存在隔离，不能在心理上融合，则很难实现真正的社会融合。

研究者测量迁移人口"心理融合"的指标并不一样。赵丽丽使用心理感受和满意度等指标来衡量女性婚姻迁移者的心理适应（2008）；张文宏把社会、职业和住房的满意度作为衡量城市新移民心理融合的指标（2008）；任霞把居留意愿、身份认同、偏见与歧视的消除作为城市外来少数民族人口心理融合的主要指标（2009）；杨菊华从心理距离和身份认同方面测量流动人口的身份认同（2010）；崔岩认为外来人口的心理融入可以通过其对本地身份认同来进行测量（2012）；陆淑珍把身份认同、未来打算、添置房产意愿作为外来人口心理融合的主要指标（2012）。

参考国内学者研究迁移人口心理融合的指标，考虑到农村女性婚姻迁移者的实际状况，本研究主要从"居留意愿与习惯"、"身份认同与归属感"、"情感体验"三个方面设置测量农村女性婚姻迁移者心理融合的二级指标，每个二级指标下面又设置若干具体测量指标（具体见表3-4）。

表3-4　农村女性婚姻迁移者心理融合的指标体系

一级指标	二级指标（因子）	测量指标
心理融合	居留意愿与习惯	（1）喜欢迁入地；（2）永久居住意愿；（3）习惯居住在迁入地；（4）一走了之想法。
	身份认同与归属感	（1）是迁入地一员；（2）丈夫及其家人当外人看；（3）迁入地居民当外人看；（4）家的感觉；（5）丈夫及其家人的偏见与歧视；（6）迁入地居民的偏见与歧视；（7）无依无靠的孤单感；（8）安全感。
	情感体验	（1）适应迁入地；（2）思念故乡；（3）对父母内疚；（4）身心疲惫；（5）容易哭泣或想哭；（6）默默忍受委屈；（7）夫妻感情与婚姻迁移。

（一）居留意愿与习惯

居留意愿是农村女性婚姻迁移者在婚姻迁移之后对未来居住地的一种打算。婚后迁移到丈夫家乡，尽管暂时意味着农村女性婚姻迁移者会随夫定居在夫家所在地，但她们不一定愿意以后会永久居住在迁入地，她们还有可能面临是留在当地或是准备又一次迁移的选择，如举家迁移到娘家所在地或别的心仪地方居住。居留意愿是心理融合的重要方面。

居留习惯是农村女性婚姻迁移者对现在居住地的慢慢适应并习惯。如果农村女性婚姻迁移者愿意在迁入地定居，没有回原籍地或到别的地方定居打算，她希望扎根于迁入地，成为迁入地的居民，她对家乡的依恋就会慢慢减弱，对迁入地会慢慢产生较深的感情并慢慢适应与习惯居住在迁入地。

基于上述思考，本书设置的测量农村女性婚姻迁移者居留意愿与习惯的具体指标如下：(1) 喜欢迁入地；(2) 永久居住意愿；(3) 习惯居住在迁入地；(4) 一走了之想法。

(二) 身份认同与归属感

身份是指某种出身或社会地位的标识，身份认同与归属感揭示的是个体与群体之间的关系和归属问题。身份认同与归属可以在一定程度上反映迁移者的心理融合水平。美国著名的人本主义心理学家马斯洛提出的"需求层次理论"认为，"归属和爱的需要"是人的重要心理需要。归属和爱的需要如果得到了满足，人们才有可能"自我实现"；如果得不到满足，个人就会感到孤独和空虚，会导致心理失调和适应不良。

身份认同与归属感是指表达与他人相似或相异的身份的认知、确认和对某个群体的归属感以及相伴随行为模式。个体的身份认同与归属感是流动的，往往是一个动态的过程，是在过往和现实情境中不断变迁的。对于不同的迁移者，身份认同与归属感的内容往往是不同的。张文宏、雷开春与陆淑珍认为，迁移人口是否认同自己属于"本地人"这一社会身份可以被作为衡量其在居住地社会融入的重要标志 (2008、2011)。

我国从夫居传统使女性认为自己的最终归属是在夫家，最终成为夫家所在地的人，这一点在农村地区表现得尤为明显 (景晓芬，2013)。对女性来说，意味着她们要在婚后，重新建构身份认同与归属感。对农村女性婚姻迁移者来说，身份认同与归属感主要是指她们对迁入地的地域意义上的归属和群体意义上的归属，她们与迁入地居民没有对彼此的偏见和歧视，互相尊重、认同与接纳，她们能感受到作为迁入地的一员而被迁入地居民接受并与迁入地成为一体的一种情感，"心归之处就是家"。

基于上述思考，本书设置的测量农村女性婚姻迁移者身份认同与归属感的具体指标如下：(1) 是迁入地一员；(2) 丈夫及其家人当外人看；(3) 迁入地居民当外人看；(4) 家的感觉；(5) 丈夫及其家人的偏见与歧视；(6) 迁入地居民的偏见与歧视；(7) 无依无靠的孤单感；(8) 安全感。

（三）情感体验

独自远离父母和亲人朋友来到异地他乡，没有父母亲人在身边的日子，农村女性婚姻迁移者必然要面对如何处理远离家乡后对家乡的依恋，如何看待不能经常在父母身边的心酸和愧意，如何处理婚姻迁移可能带来的遗憾与委屈，如何应对身在异乡为异客的孤单感觉。

也就是说，农村女性婚姻迁移者在迁入地的心理融合必然伴随着迁移者对迁入地在情感上的体验、认同和投入。农村女性婚姻迁移者在身份认同与归属认知和确认中的情感体验可能是积极的，也可能是消极的；可能是正面的，也可能是负面的。假如农村女性婚姻迁移者的情感体验以消极、负面为主，那她的心理融合就是不成功的。

基于上述思考，本书设置的测量农村女性婚姻迁移者情感体验的具体指标如下：（1）适应迁入地；（2）思念故乡；（3）对父母内疚；（4）身心疲惫；（5）容易哭泣或想哭；（6）默默忍受委屈；（7）夫妻感情与婚姻迁移。

第四节　农村女性婚姻迁移者社会融合问卷的编制

本研究使用的测量农村女性婚姻迁移者社会融合的问卷是自行设计的问卷。问卷的设计基于农村女性婚姻迁移者社会融合的实际情况，同时参考国内外社会融合理论与测量指标成果。

一、农村女性婚姻迁移者社会融合问卷的结构

本研究的农村女性婚姻迁移者社会融合问卷的结构主要包括三部分，共计 100 多个问题（具体见表 3-5 和表 3-6）。

（一）个人背景资料

第一部分是个人背景资料，包含个人与家庭基本情况、婚姻基本状况、迁入地状况及其了解、婚姻迁移的认知与困难、娘家来往与朋友情况五类共涉及 34 个问题（具体见表 3-5）。

表 3–5 农村女性婚姻迁移者的背景资料

变量类型	测量问题
个人与家庭基本情况	(1) 年龄；(2) 教育程度；(3) 经常居住地；(4) 户籍是否迁移；(5) 是否有孩子及孩子数；(6) 目前是否工作；(7) 婚前工作时间；(8) 目前居住房子类型；(9) 是否与公婆同住。
婚姻基本状况	(1) 与丈夫认识方式；(2) 是否为爱情选择迁移；(3) 父母是否同意与支持婚姻迁移；(4) 公婆是否同意与支持外娶；(5) 婚龄。
迁入地状况及其了解	(1) 城乡类型；(2) 省内或省外迁移；(3) 迁移距离；(4) 迁入地经济状况；(5) 是否适应迁入地自然环境；(6) 婚前是否充分了解丈夫；(7) 婚前是否充分了解丈夫家庭；(8) 婚前是否了解迁入地。
婚姻迁移的认知与困难	(1) 为爱情迁移是否正常；(2) 期望是否有落差；(3) 是否后悔迁移；(4) 迁移是否有遗憾；(5) 为爱情是否仍会选择迁移；(6) 是否考虑到迁移困难；(7) 社会融合是否顺利；(8) 面对困难是否积极；(9) 婚姻满意状况。
娘家来往与朋友情况	(1) 回娘家情况；(2) 娘家人到迁入地情况；(3) 迁入地朋友状况。

(二) 社会融合量表

第二部分为社会融合量表，是问卷的核心部分。社会融合量表包含经济融合、社区融合、文化融合、心理融合4个分量表，共计75个问题。社会融合4个分量表的内容和具体问题依据本章第三节经济融合、社区融合、文化融合与心理融合的指标体系设置，具体见表3–6。

表 3–6 农村女性婚姻迁移者的社会融合量表

一级指标	二级指标（因子）	测量指标（具体问题）
经济融合	夫家经济条件	(1) 您满意夫家的居住条件；(2) 您满意夫家的经济条件；(3) 您在迁入地生活有保障；(4) 您不用担心回娘家的交通与人情往来等费用。
	工作与经济独立	(1) 婚后（怀孕、哺乳期除外）您丈夫及其家人支持您工作；(2) 您经济上独立。
	经济信任与平等	(1) 您丈夫在经济上信任您；(2) 您在经济上信任您丈夫；(3) 您丈夫的家人在经济上信任您；(4) 您与丈夫有平等经济支配权；(5) 您丈夫支持您给父母物质上的赡养。

一级指标	二级指标（因子）	测量指标（具体问题）
社区融合	与娘家关系	（1）您平均每星期至少与娘家通电话（视频）一次；（2）您对娘家一直是报喜不报忧；（3）您娘家在您有困难时会及时提供帮助；（4）您在您娘家有困难时会及时提供帮助；（5）您会参加娘家所有重要家族活动或即使去不了但会随礼；（6）迁移后您与娘家（含近亲）关系没有变得疏远；（7）迁移后您与以前朋友的关系没有变得疏远。
	与夫家关系	（1）您丈夫体谅您婚姻迁移困境并与您共同面对；（2）您初来时丈夫及其家人会陪您熟悉周边环境；（3）当您与丈夫有矛盾时，您公婆不会偏袒您丈夫；（4）当您与公婆有矛盾时，您丈夫不会偏袒他父母；（5）当您与邻里有矛盾时，丈夫及其家人会保护您；（6）您与丈夫感情好；（7）您与公婆关系融洽；（8）您对您丈夫的朋友熟悉；（9）您婆婆不会因为您远嫁而为难您；（10）您与婆家的亲戚关系良好。
	社区参与	（1）您丈夫及家人不会限制您与邻居交往以及外出；（2）迁入地邻居没有因为您远嫁而来而为难您；（3）您经常主动参与迁入地邻里的休闲娱乐活动（聊天、打牌、跳舞、一起购物等）；（4）迁入地邻里经常主动邀请您参与休闲娱乐活动（聊天、打牌、跳舞、一起购物等）；（5）在迁入地您积极重新建立自己的朋友圈子；（6）您日常生活遇到困难时，迁入地邻居会帮助您；（7）您的合法权益受到侵犯或遇到困难时，您会主动寻求迁入地社区（村委）、派出所支持和帮助；（8）您的合法权益受到侵犯或遇到困难时，迁入地社区（村委）、派出所会支持和帮助您；（9）您会参加迁入地社区（村委）组织的公共活动；（10）在迁入地您期望当地政府维护您的合法权益；（11）您愿意加入婚姻迁移女性自己成立的合法组织。
文化融合	语言	（1）您认为要学会迁入地的方言；（2）您丈夫的家人用方言与您交流；（3）当地人用方言与您交流；（4）娘家人认为您现在的口音变了；（5）您现在能听懂迁入地方言；（6）您现在能用迁入地方言与当地人交流；（7）您丈夫用家乡方言与您交流。
	饮食	（1）您认为在迁入地生活要习惯这里的饮食；（2）您在慢慢改变并习惯迁入地的饮食；（3）您夫家在您刚来时会照顾您的饮食习惯；（4）您在家会经常做（吃到）家乡的饮食；（5）您的丈夫及其家人能接受您家乡的饮食；（6）您会向邻居介绍您家乡的饮食。
	风俗习惯	（1）您认为迁移人口要入乡随俗；（2）您熟悉迁入地风俗习惯；（3）您认可迁入地的风俗习惯；（4）您丈夫及其家人尊重您家乡的风俗习惯。

一级指标	二级指标（因子）	测量指标（具体问题）
心理融合	居留意愿与习惯	（1）您喜欢迁入地；（2）您愿意在迁入地永久居住；（3）您现在已习惯居住在迁入地；（4）当您遇到挫折时，您没有一走了之的想法。
	身份认同与归属感	（1）您认为您是迁入地的一员；（2）您的丈夫及其家人没有把您当外人看；（3）您所在迁入地的居民没有把您当外人看；（4）您在迁入地有家的感觉；（5）您的丈夫及其家人对您没有偏见和歧视；（6）迁入地居民对您没有偏见和歧视；（7）您在迁入地没有无依无靠的孤单感；（8）您在迁入地生活有安全感。
	情感体验	（1）您认为既然婚姻迁移就要适应迁移地的生活；（2）您没有经常思念故乡；（3）您没有因为不能常在父母身边而内疚；（4）您没有觉得身心疲惫；（5）您没有经常容易哭泣或想哭；（6）您没有总是默默忍受婚姻迁移的委屈；（7）您认为夫妻两人感情好，婚姻迁移也没什么。

社会融合4个分量表的所有测量问题采用7级量表（1—7分）计分法，请被试者根据测试时的实际情况和感受作出唯一回答，从1（非常不符合）、2（很不符合）、3（较不符合）、4（无法判断）、5（较符合）、6（很符合）到7（非常符合）的评价中选择唯一的一个选项。1—7分的结果分别对应社会融合测量的非常不好（1）、很不好（2）、较不好（3）、一般（4）、较好（5）、很好（6）、非常好（7）。

（三）自选题

问卷的第三部分为一道"关于婚姻迁移，您最想说的话"的自选题，本题旨在了解农村女性婚姻迁移者对婚姻迁移的一般认知。本题并不要求调查对象一定要作答。

二、农村女性婚姻迁移者社会融合量表的信度分析

信度是指测验或量表工具所测得的结果的稳定性及一致性，量表的信度愈大，则其测量标准误差愈小。量表法中常用的检验信度的方法为 L. J. Cronbach 所创立的 α 系数。根据学者 DeVellis 的观点，任何测验或量表的信度系数如果在 0.80—0.90 之间则信度非常好；在 0.70—0.80 之间相当好；

在 0.65—0.70 之间是最小可接受值；如果低于 0.65 则应重新修订研究工具或重新编制量表。

　　本研究运用 SPSS 软件分析量表的信度，采用 L. J. Cronbach 的 α 系数对"农村女性婚姻迁移者社会融合量表"的 4 个分量表以及总量表的内在一致性信度进行检验。检验结果（见表 3–7）显示，经济融合量表的内在一致性系数为 0.783；社区融合量表的内在一致性系数为 0.918；文化融合量表的内在一致性系数为 0.866；心理融合量表的内在一致性系数为 0.933；社会融合总量表的内在一致性系数为 0.967。结果表明"农村女性婚姻迁移者的社会融合量表"具有良好的内在一致性信度。

表 3–7　农村女性婚姻迁移者的社会融合量表的信度检验

量表名称	Cronbach's Alpha	Cronbach's Alpha Based on Standardized Items	N of Items
经济融合量表	0.783	0.811	11
社区融合量表	0.918	0.918	28
文化融合量表	0.866	0.841	17
心理融合量表	0.933	0.931	19
社会融合总量表	0.967	0.966	75

第四章　农村女性婚姻迁移者
社会融合的实证研究

本章运用描述性统计、均值比较与 T 检验、方差分析、回归分析、相关分析、聚类分析等方法对调查获得的定量数据进行统计分析，旨在了解农村女性婚姻迁移者的基本情况，分析农村女性婚姻迁移者社会融合的基本状况，比较农村女性婚姻迁移者群体内部社会融合的差异，把握农村女性婚姻迁移者社会融合的动态发展，对影响农村女性婚姻迁移者社会融合的多因素进行回归分析并识别显著性因素，分析社会融合四个维度之间的相关性，探明农村女性婚姻迁移者社会融合的主要类型。

第一节　农村女性婚姻迁移者的基本情况

本部分是对农村女性婚姻迁移者背景资料中的个人与家庭基本情况、婚姻基本状况、迁入地状况及其了解、对婚姻迁移的认知与困难、娘家来往与朋友情况等共 34 个问题的现状描述，旨在了解农村女性婚姻迁移者的基本情况。

一、个人与家庭基本情况

（一）年龄

被调查的农村女性婚姻迁移者的年龄跨度从 20 岁到 49 岁不等（具体见

表 4-1）。

表 4-1　年龄（n＝960）

年龄	频数	百分比	有效百分比	累积百分比
20	4	0.42	0.42	0.42
21	14	1.46	1.46	1.88
22	12	1.25	1.25	3.13
23	31	3.23	3.23	6.35
24	49	5.10	5.10	11.46
25	62	6.46	6.46	17.92
26	75	7.81	7.81	25.73
27	34	3.54	3.54	29.27
28	25	2.60	2.60	31.88
29	51	5.31	5.31	37.19
30	84	8.75	8.75	45.94
31	89	9.27	9.27	55.21
32	37	3.85	3.85	59.06
33	53	5.52	5.52	64.58
34	14	1.46	1.46	66.04
36	22	2.29	2.29	68.33
37	17	1.77	1.77	70.10
38	53	5.52	5.52	75.63
39	55	5.73	5.73	81.35
40	7	0.73	0.73	82.08
41	37	3.85	3.85	85.94
42	6	0.63	0.63	86.56
43	34	3.54	3.54	90.10
44	29	3.02	3.02	93.13
45	6	0.63	0.63	93.75
46	31	3.23	3.23	96.98

年龄	频数	百分比	有效百分比	累积百分比
47	15	1.56	1.56	98.54
48	9	0.94	0.94	99.48
49	5	0.52	0.52	100.00
合计	960	100.00	100.00	

（二）教育程度

被调查的农村女性婚姻迁移者的教育程度见表4-2。其中，未读书或小学未毕业的为17人，占样本总数的1.77%；小学毕业的为190人，占样本总数的19.79%；初中程度的共计614人，占样本总数的63.96%；高中程度的为69人，占样本总数的7.19%；中专的共计52人，占样本总数的5.42%；大专及以上①为18人，占样本总数的1.87%。调查结果表明，被调查的研究对象的教育程度以初中为主，占样本总数的63.96%。

表4-2　教育程度（n=960）

类型	频数	百分比	有效百分比	累积百分比
未读书或小学未毕业	17	1.77	1.77	1.77
小学	190	19.79	19.79	21.56
初中	614	63.96	63.96	85.52
高中	69	7.19	7.19	92.71
中专	52	5.42	5.42	98.13
大专及以上	18	1.87	1.87	100.00
合计	960	100.00	100.00	

（三）经常居住地

结婚后的农村女性婚姻迁移者，有的经常居住在迁入地，有的经常居

① 本研究的18名有大专及以上学历的农村女性婚姻迁移者，是在务工经商期间或婚后通过自学考试或函授获得文凭的。其中，15名迁移到了城市，3名迁移到了农村。

住在迁入地之外。表4–3显示，在被调查的对象中，698人经常居住在迁入地，占样本总数的72.71%，这部分女性，有的在家照顾孩子和家庭，有的在迁入地务工经商，有的一边照顾孩子一边从事农业生产，有的一边照顾孩子一边务工经商；262人经常不在迁入地居住，占样本总数的27.29%，这部分女性在外务工经商或随在外务工经商的丈夫一起生活并把孩子带在身边照顾。

表4–3　经常居住地（n＝960）

类型	频数	百分比	有效百分比	累积百分比
在迁入地	698	72.71	72.71	72.71
在迁入地之外	262	27.29	27.29	100.00
合计	960	100.00	100.00	

（四）户籍是否迁移

表4–4显示，在被调查的农村女性婚姻迁移者中，婚后户籍迁移到丈夫家乡所在地的为756人，占样本总数的78.75%；户籍没有迁移的为204人，占样本总数的21.25%。调查结果表明，大多数农村女性婚姻迁移者婚后把户籍迁移到了丈夫家乡所在地。在调查中了解到，户籍没有迁移到丈夫家乡所在地的原因主要有，刚结婚不久暂时没有迁移、女方父母不同意迁移、自己暂时不考虑迁移。

表4–4　户籍是否迁移（n＝960）

类型	频数	百分比	有效百分比	累积百分比
是	756	78.75	78.75	78.75
否	204	21.25	21.25	100.00
合计	960	100.00	100.00	

（五）是否有孩子（包括已怀孕）与孩子数

表4–5显示，在被调查的农村女性婚姻迁移者中，有孩子的为886人，占样本总数的92.29%；暂时没有孩子的为74人，占样本总数的7.71%。表

4—6 显示，458 人有 1 个孩子，346 人有 2 个孩子，81 人有 3 个孩子，1 个人有 4 个孩子。

表 4–5　是否有孩子（n＝960）

类型	频数	百分比	有效百分比	累积百分比
有孩子	886	92.29	92.29	92.29
没有孩子	74	7.71	7.71	100.00
合计	960	100.00	100.00	

表 4–6　孩子数（n＝960）

类型	频数	百分比	有效百分比	累积百分比
0 个	74	7.71	7.71	7.71
1 个	458	47.71	47.71	55.42
2 个	346	36.04	36.04	91.46
3 个	81	8.44	8.44	99.90
4 个	1	0.10	0.10	100.00
合计	960	100.00	100.00	

（六）目前是否工作①

表 4–7 显示，在被调查的农村女性婚姻迁移者中，654 人目前在工作，占样本总数的 68.12%；306 人目前不在工作，主要在家照顾孩子，占样本总数的 31.88%。

表 4–7　目前是否工作（n＝960）

类型	频数	百分比	有效百分比	累积百分比
1	654	68.12	68.12	68.13
2	306	31.88	31.88	100.00
合计	960	100.00	100.00	

---

① 此处的工作是指一年的大部分时间在从事非农的职业。

（七）婚前工作时间

表4-8显示，被调查的农村女性婚姻迁移者，婚前工作时间从1年到10年不等。其中，以3—7年居多。

表4-8　婚前工作时间（n＝960）

类型	频数	百分比	有效百分比	累积百分比
1	9	0.90	0.90	0.90
2	21	2.20	2.20	3.10
3	91	9.50	9.50	12.60
4	120	12.50	12.50	25.10
5	271	28.20	28.20	53.30
6	273	28.40	28.40	81.80
7	140	14.60	14.60	96.40
8	14	1.50	1.50	97.80
9	5	0.50	0.50	98.30
10	16	1.70	1.70	100.00
合计	960	100.00	100.00	

（八）目前居住房子类型

被调查的农村女性婚姻迁移者目前在迁入地居住的房子类型状况见表4-9。其中，680人居住的房子是自建房（包括农村自建房与城镇自建房），占样本总数的70.83%；237人居住的是购买的商品房，占样本总数的24.69%；43人居住在借租房，占样本总数的4.48%。

表4-9　目前居住房子类型（n＝960）

类型	频数	百分比	有效百分比	累积百分比
自建房	680	70.83	70.83	70.83
商品房	237	24.69	24.69	95.52
借租房	43	4.48	4.48	100.00
合计	960	100.00	100.00	

（九）是否与公婆同住

表4–10显示，在被调查的农村女性婚姻迁移者中，与公婆同住的为440人，占样本总数的45.80%；不与公婆同住的为520人，占样本总数的54.20%。

表4–10　是否与公婆同住（n=960）

类型	频数	百分比	有效百分比	累积百分比
同住	440	45.80	45.80	45.80
非同住	520	54.20	54.20	100.00
合计	960	100.00	100.00	

二、婚姻基本状况

（一）与丈夫认识方式

表4–11显示，被调查的农村女性婚姻迁移者，关于"您与丈夫认识方式"的问题，选择自己认识的为771人，占样本总数的80.31%；通过同事、老乡或朋友等他人介绍认识的为156人，占样本总数的16.25%；通过网络认识的为28人，占样本总数的2.92%；通过其他方式认识的为5人，占样本总数的0.52%。调查结果表明，在外务工经商的农村未婚女性结识结婚对象的方式以自己认识为主。

表4–11　与丈夫认识方式（n=960）

类型	频数	百分比	有效百分比	累积百分比
自己认识	771	80.31	80.31	80.31
他人介绍	156	16.25	16.25	96.56
网络认识	28	2.92	2.92	99.48
其他方式认识	5	0.52	0.52	100.00
合计	960	100.00	100.00	

（二）是否为爱情选择迁移

表4-12显示，在被调查的农村女性婚姻迁移者中，关于"您为了爱情而选择迁移"的问题，选择为爱情而迁移的为938人，占样本总数的97.71%；选择不是为爱情迁移的为22人，只占样本总数的2.29%。本次调查数据也在一定程度上印证了，在改革开放后人口流动进程中出现的农村女性婚姻迁移者主要是为了追求美好的爱情和幸福的婚姻而选择远离家乡。

表4-12　是否为爱情选择迁移（n=960）

类型	频数	百分比	有效百分比	累积百分比
是	938	97.71	97.71	97.71
否	22	2.29	2.29	100.00
合计	960	100.00	100.00	

（三）父母是否同意与支持婚姻迁移

表4-13显示，在被调查的研究对象中，关于"您的父母同意（支持）您的婚姻迁移"的问题，313人选择父母同意（支持）婚姻迁移，占样本总数的32.60%；父母不同意（支持）婚姻迁移的为647人，占样本总数的67.40%。在本研究中，父母"不同意（支持）"是指父母一开始对女儿的婚姻迁移持反对态度，但父母从儿女婚姻自主的角度考虑，最终不情愿地作出让步或无奈地眼睁睁地看着女儿迁移他乡。调查结果表明，近70%的农村女性婚姻迁移者的父母并不支持女儿因为婚姻而迁移他乡。

表4-13　父母是否同意与支持婚姻迁移（n=960）

类型	频数	百分比	有效百分比	累积百分比
同意	313	32.60	32.60	32.60
不同意	647	67.40	67.40	100.00
合计	960	100.00	100.00	

（四）公婆是否同意与支持外娶

表4-14显示，在被调查的农村女性婚姻迁移者中，关于"您丈夫的父

母同意（支持）娶外地媳妇"问题，808 人选择男方父母同意与支持儿子娶外地媳妇，占样本总数的 84.17%；男方父母不同意、不支持儿子娶外地媳妇的为 152 人，占样本总数的 15.83%。在本研究中，男方父母不同意与不支持是指一开始持反对儿子娶外地媳妇的态度，但父母从儿女婚姻自主的角度考虑，最终无奈地作出让步或不情愿地看着儿子娶了外地媳妇。调查结果表明，近 85% 的男方父母同意儿子娶外地媳妇。

表4-14 公婆是否同意与支持外娶（n＝960）

类型	频数	百分比	有效百分比	累积百分比
同意	808	84.17	84.17	84.17
不同意	152	15.83	15.83	100.00
合计	960	100.00	100.00	

（五）婚龄

表 4-15 显示，在被调查的农村女性婚姻迁移者中，婚龄从 1 年之内到 24 年之内的不等。其中 1 年之内到 10 年之内的样本在 52—60 人之间，分别为 60 人、52 人、55 人、52 人、54 人、55 人、60 人、60 人、52 人、54 人；10 年以上至 16 年以内的样本在 32—42 人之间，分别为 42 人、40 人、36 人、35 人、32 人、36 人；16 年以上至 24 年之间的样本在 19—25 人之间，分别为 24 人、25 人、25 人、24 人、24 人、24 人、20 人、19 人。

表4-15 婚龄（n＝960）

类型	频数	百分比	有效百分比	累积百分比
0—1 年	60	6.25	6.25	6.25
1—2 年	52	5.42	5.42	11.67
2—3 年	55	5.73	5.73	17.40
3—4 年	52	5.42	5.42	22.81
4—5 年	54	5.63	5.63	28.44
5—6 年	55	5.73	5.73	34.17

类型	频数	百分比	有效百分比	累积百分比
6—7 年	60	6.25	6.25	40.42
7—8 年	60	6.25	6.25	46.67
8—9 年	52	5.42	5.42	52.08
9—10 年	54	5.63	5.63	57.71
10—11 年	42	4.38	4.38	62.08
11—12 年	40	4.17	4.17	66.25
12—13 年	36	3.75	3.75	70.00
13—14 年	35	3.65	3.65	73.65
14—15 年	32	3.33	3.33	76.98
15—16 年	36	3.75	3.75	80.73
16—17 年	24	2.50	2.50	83.23
17—18 年	25	2.60	2.60	85.83
18—19 年	25	2.60	2.60	88.44
19—20 年	24	2.50	2.50	90.94
20—21 年	24	2.50	2.50	93.44
21—22 年	24	2.50	2.50	95.94
22—23 年	20	2.08	2.08	98.02
23—24 年	19	1.96	1.96	100.00
合计	960	100.00	100.00	

三、迁入地状况及其了解

（一）婚姻迁移城乡类型

表4-16显示，在被调查的农村女性婚姻迁移者中，789人嫁给了具有农业户籍的男性，从农村迁移到农村，占样本总数的82.19%；171人嫁给了具有非农业户籍的男性，从农村迁移到了城市①，占样本总数的17.81%。

从目前我国户籍的农业和非农业二元结构类型看，选择婚姻迁移的农

① 在本研究中，迁移到城市的农村女性婚姻迁移者，不包括那些丈夫的户籍为农业户口，但在城镇购买了商品房并居住在城镇的。

村女性要么嫁给与自身一样具有农业户籍的农村人，要么嫁给一个具有非农业户籍的城里人。本研究结果显示，农村女性婚姻迁移者主要还是从农村迁移到农村。

表4-16 婚姻迁移城乡类型（n=960）

类型	频数	百分比	有效百分比	累积百分比
农村	789	82.19	82.19	82.19
城镇	171	17.81	17.81	100.00
合计	960	100.00	100.00	

（二）省内迁移或跨省迁移状况①

表4-17显示，在被调查的农村女性婚姻迁移者中，在本省内迁移的为586人，占样本总数的61.04%；迁移到外省的为374人，占样本总数的38.96%。

表4-17 省内迁移或跨省迁移状况（n=960）

类型	频数	百分比	有效百分比	累积百分比
本省	586	61.04	61.04	61.04
外省	374	38.96	38.96	100.00
合计	960	100.00	100.00	

（三）婚姻迁移距离

表4-18显示，在被调查的农村女性婚姻迁移者中，迁移距离从100公里到1500公里以上不等。其中，100—300公里的为124人，占样本总数的12.92%；300—500公里的为336人，占样本总数的35.00%；500—700公里的为166人，占样本总数的17.29%；700—900公里的为81人，占样本总数的8.44%；900—1100公里的为63人，占样本总数的6.56%；1100—1300公里的为70人，占样本总数的7.29%；1300—1500公里的为57人，占样

① 本研究中的"迁移到外省"，不包括相邻省份的近距离（100公里之内）迁移。

本总数的 5.94%；1500 公里以上的为 63 人，占样本总数的 6.56%。

表 4-18　婚姻迁移距离（n＝960）

类型	频数	百分比	有效百分比	累积百分比
100—300 公里	124	12.92	12.92	12.92
300—500 公里	336	35.00	35.00	47.92
500—700 公里	166	17.29	17.29	65.21
700—900 公里	81	8.44	8.44	73.65
900—1100 公里	63	6.56	6.56	80.21
1100—1300 公里	70	7.29	7.29	87.50
1300—1500 公里	57	5.94	5.94	93.44
1500 公里以上	63	6.56	6.56	100.00
合计	960	100.00	100.00	

（四）迁入地经济状况

表 4-19 显示，在被调查的农村女性婚姻迁移者中，307 名女性迁移到经济发展水平比自己家乡发达的地区，占样本总数的 31.98%；458 名女性迁移到经济发展水平与自己家乡没有明显区别的地区，占样本总数的 47.71%；195 名女性迁移到经济发展水平比自己家乡相对落后的地区，占样本总数的 20.31%。

由于自然环境状况、资源条件、人口差异、国家政策、历史发展等诸多因素影响，我国各地区经济发展水平存在很大差异。调查结果表明，只有不到三分之一的女性迁移到了经济比自己家乡发达的地区，这也在一定程度上反映了人口流动进程中的农村女性婚姻迁移主要原因是基于爱情的迁移，农村女性婚姻迁移的动机并不是以经济为主。这种婚姻迁移有别于我国人口大规模流动前的主要以经济动机为主的农村女性婚姻迁移，反映了农村女性婚姻迁移的新特征。

表4-19　迁入地经济状况（n＝960）

类型	频数	百分比	有效百分比	累积百分比
发达	307	31.98	31.98	31.98
相似	458	47.71	47.71	79.69
落后	195	20.31	20.31	100.00
合计	960	100.00	100.00	

（五）是否适应迁入地自然环境状况

表4-20显示，在被调查的农村女性婚姻迁移者中，对迁入地自然环境适应情况是：非常不适应的为0人；很不适应的为46人，占样本总数4.79%；有点不适应的为74人，占样本总数的7.71%；说不清的为16人，占样本总数的1.67%；有点适应的为290人，占样本总数的30.21%；很适应的为530人，占样本总数的55.20%；非常适应的4人，占样本总数的0.42%。

表4-20　目前适应迁入地自然环境状况（n＝960）

类型	频数	百分比	有效百分比	累积百分比
非常不适应	0	0.00	0.00	0.00
很不适应	46	4.79	4.79	4.79
有点不适应	74	7.71	7.71	12.50
说不清	16	1.67	1.67	14.17
有点适应	290	30.21	30.21	44.38
很适应	530	55.20	55.20	99.58
非常适应	4	0.42	0.42	100.00
合计	960	100.00	100.00	

（六）婚前是否充分了解丈夫

表4-21显示，在被调查的农村女性婚姻迁移者中，农村女性婚姻迁移者婚前充分了解丈夫的为825人，占样本总数的85.94%；对丈夫没有充分了解的为135人，占样本总数的14.06%。调查结果表明，85%以上的农村女性婚姻迁移者在结婚前对丈夫有充分的了解。

表 4-21 婚前是否充分了解丈夫 (n＝960)

类型	频数	百分比	有效百分比	累积百分比
是	825	85.94	85.94	85.94
否	135	14.06	14.06	100.00
合计	960	100.00	100.00	

（七）婚前是否充分了解丈夫的家庭

表 4-22 显示，在被调查的农村女性婚姻迁移者中，婚前充分了解丈夫的家庭的只有 73 人，占样本总数的 7.60%；对丈夫的家庭没有充分了解的为 887 人，占样本总数的 92.40%。结果表明，因为距离遥远，90% 以上的农村女性婚姻迁移者在婚前对丈夫的家庭的了解并不充分，这为婚后的社会融合埋下了隐患。

表 4-22 婚前是否充分了解丈夫的家庭 (n＝960)

类型	频数	百分比	有效百分比	累积百分比
是	73	7.60	7.60	7.60
否	887	92.40	92.40	100.00
合计	960	100.00	100.00	

（八）婚前是否充分了解迁入地

表 4-23 显示，在被调查的农村女性婚姻迁移者中，婚前充分了解迁入地的只有135 人，占样本总数的 14.06%；对迁入地没有充分了解的为825 人，占样本总数的 85.94%。调查结果表明，在婚姻迁移前，绝大多数农村女性婚姻迁移者对迁入地情况并不十分了解，这为婚后社会融合的顺利进行带来了挑战。

表 4-23　婚前是否充分了解迁入地（n=960）

类型	频数	百分比	有效百分比	累积百分比
是	135	14.06	14.06	14.06
否	825	85.94	85.94	100.00
合计	960	100.00	100.00	

四、婚姻迁移的认知与困难

（一）为爱情迁移是否正常

表 4-24 显示，在被调查的农村女性婚姻迁移者中，在回答"您觉得现在女性为了爱情而迁移很正常与普遍"时，100% 选择回答"是"。调查结果表明，在人口大规模流动的进程中，在对美好婚姻的追求中，农村青年女性已普遍把爱情作为缔结婚姻的首要条件。

表 4-24　为爱情迁移是否正常（n=960）

类型	频数	百分比	有效百分比	累积百分比
是	960	100.00	100.00	100.00
否	0	0.00	0.00	100.00
合计	960	100.00	100.00	

（二）期望是否有落差

表 4-25 显示，在被调查的农村女性婚姻迁移者中，结婚后迁移到夫家，认为夫家实际情况与期望有落差的为 461 人，占样本总数的 48.02%；期望没有落差的为 499 人，占样本总数的 51.98%。调查结果表明，近一半的农村女性婚姻迁移者表示夫家的实际情况与婚前的期望相比有落差。这也说明了农村女性婚姻迁移者婚前对丈夫的家庭了解并不全面与深入，为婚后的社会融合埋下了不良诱因。

表 4-25　期望是否有落差（n=960）

类型	频数	百分比	有效百分比	累积百分比
是	461	48.02	48.02	48.02
否	499	51.98	51.98	100.00
合计	960	100.00	100.00	

（三）是否后悔婚姻迁移

表 4-26 显示，在被调查的农村女性婚姻迁移者中，对"目前您是否后悔婚姻迁移"这一问题，564 人对婚姻迁移表示后悔，占样本总数的58.75%；204 人表示不后悔，占样本总数的 21.25%；192 人表示说不清，占样本总数的 20.00%。调查结果表明，近 60% 的农村女性婚姻迁移者对自己的婚姻迁移表示后悔。这在一定程度上表明，农村女性婚姻迁移者在婚前对迁移婚姻可能引致的问题没有充分考虑。

表 4-26　是否后悔婚姻迁移（n=960）

类型	频数	百分比	有效百分比	累积百分比
后悔	564	58.75	58.75	58.75
不后悔	204	21.25	21.25	80.00
说不清	192	20.00	20.00	100.00
合计	960	100.00	100.00	

（四）婚姻迁移是否有遗憾

表 4-27 显示，在被调查的农村女性婚姻迁移者中，对"目前您认为婚姻迁移是否有遗憾"这一问题，932 人对婚姻迁移表示有遗憾，占样本总数的 97.08%；表示没有遗憾的只有 22 人，占样本总数的 2.29%；6 人表示说不清，占样本总数的 0.63%。结果显示，90% 以上的农村女性婚姻迁移者认为婚姻迁移有遗憾。这表明，迁移婚姻的"迁移"效应必然给农村女性婚姻迁移者的婚后生活带来诸多不便，必然有不同程度的遗憾。

表 4-27　婚姻迁移是否有遗憾（n＝960）

类型	频数	百分比	有效百分比	累积百分比
是	932	97.08	97.08	97.08
否	22	2.29	2.29	99.38
说不清	6	0.63	0.63	100.00
合计	960	100.00	100.00	

（五）为爱情是否仍会选择婚姻迁移

表 4-28 显示，在被调查的农村女性婚姻迁移者中，当问及"如果重新选择，为爱情您是否仍会选择婚姻迁移"，167 人表示仍会选择，占样本总数的 17.40%；表示不会选择的有 528 人，占样本总数的 55.00%；265 人表示说不清，占样本总数的 27.60%。

表 4-28　为爱情是否仍会选择婚姻迁移（n＝960）

类型	频数	百分比	有效百分比	累积百分比
是	167	17.40	17.40	17.40
否	528	55.00	55.00	72.40
说不清	265	27.60	27.60	100.00
合计	960	100.00	100.00	

（六）是否考虑到婚姻迁移可能带来的困难

表 4-29 显示，在被调查的农村女性婚姻迁移者中，当问及"是否考虑到婚姻迁移可能带来的困难"，539 人表示考虑到了，占样本总数的 56.10%；421 人表示没有考虑到，占样本总数的 43.90%。

表 4-29　是否考虑到婚姻迁移可能带来的困难（n＝960）

类型	频数	百分比	有效百分比	累积百分比
是	539	56.10	56.10	56.10
否	421	43.90	43.90	100.00
合计	960	100.00	100.00	

（七）目前在迁入地的社会融合是否顺利

表4-30显示，在被调查的农村女性婚姻迁移者中，关于目前在迁入地的社会融合是否顺利状况：非常不顺利的为5人，占样本总数的0.52%；很不顺利的为91人，占样本总数的9.48%；有点不顺利的为427人，占样本总数的44.48%；说不清的为110人，占样本总数的11.46%；有点顺利的为205人，占样本总数的21.35%；很顺利的为122人，占样本总数的12.71%；非常顺利的为0人。结果表明，近55%的农村女性婚姻迁移者在迁入地的社会融合并不顺利。

表4-30　目前在迁入地的社会融合是否顺利（n=960）

类型	频数	百分比	有效百分比	累积百分比
非常不顺利	5	0.52	0.52	0.52
很不顺利	91	9.48	9.48	10.00
有点不顺利	427	44.48	44.48	54.48
说不清	110	11.46	11.46	65.94
有点顺利	205	21.35	21.35	87.29
很顺利	122	12.71	12.71	100.00
非常顺利	0	0.00	0.00	
合计	960	100.00	100.00	

（八）是否积极面对婚姻迁移后的困难

表4-31显示，在被调查的农村女性婚姻迁移者中，896人表示会积极面对婚姻迁移后的困难，占样本总数的93.30%；只有64人表示不能积极面对婚姻迁移后的困难，占样本总数的6.70%。结果表明，绝大多数的农村女性婚姻迁移者面对婚后的困难能积极面对。

表 4–31　是否积极面对婚姻迁移后的困难（n＝960）

类型	频数	百分比	有效百分比	累积百分比
是	896	93.30	93.30	93.30
否	64	6.70	6.70	100.00
合计	960	100.00	100.00	

（九）婚姻满意状况

表 4–32 显示，在被调查的农村女性婚姻迁移者中，对"总体来说，您对您的婚姻满意"的回答，表示说不清的为 96 人，占样本总数的 10.00%；有点不满意的为 11 人，占样本总数的 1.14%；有点满意的为 460 人，占样本总数的 47.92%；相当满意的为 383 人，占样本总数的 39.90%；极满意的为 10 人，占样本总数的 1.04%。

表 4–32　婚姻满意状况（n＝960）

类型	频数	百分比	有效百分比	累积百分比
极不满意	0	0.00	0.00	0.00
相当不满意	0	0.00	0.00	0.00
有点不满意	11	1.14	1.14	1.14
说不清	96	10.00	10.00	11.14
有点满意	460	47.92	47.92	59.06
相当满意	383	39.90	39.90	98.96
极满意	10	1.04	1.04	100.00
合计	960	100.00	100.00	

五、娘家来往与朋友情况

（一）回娘家情况

表 4–33 显示，在被调查的农村女性婚姻迁移者中，至少半年回娘家一次的有 323 人，占样本总数的 33.65%；至少一年回娘家一次的有 359 人，占样本总数的 37.40%；至少一年半回娘家一次的有 121 人，占样本总数的

12.60%；至少两年回娘家一次的有 109 人，占样本总数的 11.35%；两年以上回娘家一次的有 48 人，占样本总数的 5.00%。结果表明，因为距离遥远，农村女性婚姻迁移者婚后回娘家的次数很少。

表 4-33　回娘家情况（n＝960）

类型	频数	百分比	有效百分比	累积百分比
半年一次	323	33.65	33.65	33.65
一年一次	359	37.40	37.40	71.04
一年半一次	121	12.60	12.60	83.65
两年一次	109	11.35	11.35	95.00
两年以上	48	5.00	5.00	100.00
合计	960	100.00	100.00	

（二）娘家人到迁入地情况

表 4-34 显示，被调查的农村女性婚姻迁移者，其娘家人至少一年来一次迁入地的只有 147 人，占样本总数的 15.31%；813 人的娘家人不会每年都来迁入地，占样本总数的 84.69%。结果表明，娘家人较少去因婚姻迁移到异地的女儿家里。

表 4-34　娘家人到迁入地情况（n＝960）

类型	频数	百分比	有效百分比	累积百分比
是	147	15.31	15.31	15.31
否	813	84.69	84.69	100.00
合计	960	100.00	100.00	

（三）在迁入地是否有女性朋友

表 4-35 显示，565 人在迁入地有要好的女性朋友，占样本总数的 58.85%；395 人在迁入地没有要好的女性朋友，占样本总数的 41.15%。总体来看，一半以上的农村女性婚姻迁移者在迁入地重新建立了自己的朋友关系网络。

表 4-35　在迁入地是否有女性朋友（n＝960）

类型	频数	百分比	有效百分比	累积百分比
是	565	58.85	58.85	58.85
否	395	41.15	41.15	100.00
合计	960	100.00	100.00	

第二节　农村女性婚姻迁移者的经济融合

本节主要分析农村女性婚姻迁移者经济融合水平的均值以及不同分值的分布，比较农村女性婚姻迁移者群体内部经济融合的差异，了解农村女性婚姻迁移者经济融合的动态发展，识别影响农村女性婚姻迁移者经济融合的显著因素，探讨农村女性婚姻迁移者经济融合的主要类型。

一、农村女性婚姻迁移者经济融合均值及其不同分值分布

（一）农村女性婚姻迁移者经济融合均值

农村女性婚姻迁移者经济融合均值见表 4-36。农村女性婚姻迁移者经济融合的"您满意夫家的居住条件"、"您满意夫家的经济条件"、"您在迁入地生活有保障"、"婚后（怀孕、哺乳期除外）您丈夫及其家人支持您工作"、"您丈夫在经济上信任您"、"您在经济上信任您丈夫"、"您丈夫的家人在经济上信任您"、"您与丈夫有平等经济支配权"、"您不用担心回娘家的交通与人情往来等费用"、"您丈夫支持您给父母物质上的赡养"、"您经济上独立"等 11 个变量，均值分别为 4.66、4.08、4.33、5.08、5.63、5.63、4.85、5.46、3.78、4.93、4.09。

表4-36　农村女性婚姻迁移者经济融合均值（n＝960）

变量	均值	标准差
夫家的居住条件	4.66	1.203
夫家的经济条件	4.08	1.266
迁入地的生活保障	4.33	1.161
工作支持	5.08	1.422
丈夫的经济信任	5.63	0.868
对丈夫的经济信任	5.63	0.859
丈夫家人的经济信任	4.85	1.396
经济支配权	5.46	1.123
回娘家费用	3.78	1.436
对父母的赡养	4.93	1.255
经济独立	4.09	1.457
"夫家经济条件"因子	4.21	0.917
"经济信任与平等"因子	5.30	1.028
"工作与经济独立"因子	4.59	1.318
经济融合总均值	4.77	0.695

农村女性婚姻迁移者经济融合中的"夫家经济条件"因子的均值为4.21，在一般（4）水平之上，但没有达到较好（5）水平；"经济信任与平等"因子均值为5.30，在较好（5）水平之上，但没有达到很好（6）水平；"工作与经济独立"因子均值为4.59，在一般（4）水平之上，但没有达到较好（5）水平；经济融合总均值为4.77，在一般（4）水平之上，但没有达到较好（5）水平。

（二）农村女性婚姻迁移者经济融合均值的不同分值分布

农村女性婚姻迁移者经济融合均值的不同分值分布见表4-37。其中，农村女性婚姻迁移者经济融合总均值得分，在2—3之间的分别是2.64与2.82，共计11人；在3—4之间的分别是3.00、3.27、3.36、3.55、3.73、3.82、3.91，共计97人；在4—5之间的分别是4.00、4.09、4.18、4.27、4.36、4.45、4.55、4.64、4.73、4.82、4.91，共计460人；在5—6之间的分别是5.00、5.09、5.18、5.27、

5.36、5.45、5.55、5.64、5.73、5.82，共计 370 人；6—7 之间的分别是 6.18、6.36，共计 22 人。

表 4-37　农村女性婚姻迁移者经济融合均值的不同分值分布

分值	频数	百分比	有效百分比	累积百分比
2.64	6	0.63	0.63	0.63
2.82	5	0.52	0.52	1.15
3.00	5	0.52	0.52	1.67
3.27	9	0.94	0.94	2.60
3.36	9	0.94	0.94	3.54
3.55	8	0.83	0.83	4.38
3.73	28	2.92	2.92	7.29
3.82	22	2.29	2.29	9.58
3.91	16	1.67	1.67	11.25
4.00	20	2.08	2.08	13.33
4.09	50	5.21	5.21	18.54
4.18	52	5.42	5.42	23.96
4.27	48	5.00	5.00	28.96
4.36	8	0.83	0.83	29.79
4.45	25	2.60	2.60	32.40
4.55	73	7.60	7.60	40.00
4.64	16	1.67	1.67	41.67
4.73	60	6.25	6.25	47.92
4.82	79	8.23	8.23	56.15
4.91	29	3.02	3.02	59.17
5.00	30	3.13	3.13	62.29
5.09	66	6.88	6.88	69.17
5.18	54	5.63	5.63	74.79
5.27	12	1.25	1.25	76.04
5.36	6	0.63	0.63	76.67

分值	频数	百分比	有效百分比	累积百分比
5.45	19	1.97	1.97	78.64
5.55	93	9.69	9.68	88.33
5.64	24	2.50	2.50	90.83
5.73	61	6.35	6.35	97.19
5.82	5	0.52	0.52	97.71
6.18	12	1.25	1.25	98.96
6.36	10	1.04	1.04	100.00
合计	960	100.00	100.00	

数据显示，不同的农村女性婚姻迁移者经济融合总均值状况，1.15%的人处在很不好（2）与较不好（3）之间；10.10%的人处在较不好（3）与一般（4）之间；47.92%的人处在一般（4）与较好（5）之间；38.54%的人处在较好（5）与很好（6）之间；2.29%的人处在很好（6）与非常好（7）之间。结果表明，59.17%的农村女性婚姻迁移者的经济融合总均值在较好水平以下。

二、农村女性婚姻迁移者群体内部经济融合的差异比较

（一）农村女性婚姻迁移者经济融合的均值比较与独立样本 T 检验

本研究采用均值比较与独立样本 T 检验方法，对迁移到农村与城市、在本省内迁移与迁移到外省、在迁入地常住与在迁入地之外常住、目前在工作与目前不在工作的农村女性婚姻迁移者群体内部的经济融合的差异分别进行比较。

1. 迁移到农村与迁移到城市的农村女性婚姻迁移者经济融合的均值比较与独立样本 T 检验

表 4–38 显示，本研究中的 789 名迁移到农村与 171 名迁移到城市的农村女性婚姻迁移者，经济融合中的"经济信任与平等"、"夫家经济条件""工作与经济独立"三个因子均值分别为 5.33、4.14、4.52 与 5.16、4.55、4.92，均达到一般（4）水平。其中，二者的"经济信任与平等"因子均值均达到

较好（5）水平。

789 名迁移到农村与 171 名迁移到城市的农村女性婚姻迁移者经济融合的总均值分别为 4.75 与 4.89，均在一般（4）水平之上，但均未达到较好（5）水平。

独立样本 T 检验分析发现：二者经济融合三个因子的均值差异均具有显著性（p＜0.05），总均值差异具有显著性（p＜0.05）。

表4-38　城乡农村女性婚姻迁移者经济融合的均值比较与独立样本 T 检验（n＝960）

因变量	城乡	样本	均值	标准差	F	t	df	Sig.（双侧）	均值差
经济信任与平等	乡	789	5.33	0.915	0.477	2.23	958	0.026	0.172
	城	171	5.16	0.914					
夫家经济条件	乡	789	4.14	1.026	3.443	−4.825	958	0.000	−0.413
	城	171	4.55	0.966					
工作与经济独立	乡	789	4.52	1.335	12.408	−3.619	958	0.000	−0.40
	城	171	4.92	1.186					
经济融合总均值	乡	789	4.75	0.697	3.671	−2.476	958	0.013	−0.145
	城	171	4.89	0.677					

结果表明，迁移到农村的农村女性婚姻迁移者的"夫家经济条件"、"工作与经济独立"两个因子均值以及经济融合的总均值均低于迁移到城市的，二者差异具有显著性。分析其原因可能是，我国城乡经济发展存在巨大差异，农村地区的经济发展普遍落后于城市，城市家庭的经济条件普遍高于农村家庭的经济条件，城市也有更多的就业机会。

迁移到城市的农村女性婚姻迁移者的"经济信任与平等"因子均值低于迁移到农村的，二者差异具有显著性。究其原因可能是，我国长期以来形成的二元城乡结构以及着附在其上的社会身份和地位仍在发挥作用，迁移到城市的农村女性婚姻迁移者在社会身份和地位上处于先天劣势，对于城市的婆家来说，她们属于"他群"，本能地会遭到来自婆家的排斥（沈文捷，2007），表现在经济上，往往是来自夫家的经济防范以及在家庭经济权力分配上丈夫大于妻子（孙阳阳，2010）。

2.本省内迁移与迁移到外省的农村女性婚姻迁移者经济融合的均值比较与独立样本 T 检验

表 4–39 显示，本研究中的 586 名在本省内迁移与 374 名迁移到外省的农村女性婚姻迁移者，经济融合中的"经济信任与平等"、"夫家经济条件"、"工作与经济独立"三个因子均值分别为 5.33、4.20、4.49 与 5.25、4.22、4.74，三个因子均值均达到一般（4）水平。其中，"经济信任与平等"达到较好（5）水平。

586 名在本省内迁移与 374 名迁移到外省的农村女性婚姻迁移者经济融合总均值分别为 4.77 与 4.78，均在一般（4）水平之上，但均未达到较好（5）水平，二者经济融合总均值接近。

为进一步比较二者经济融合的差异，通过独立样本 T 检验分析发现：二者的"经济信任与平等"、"夫家经济条件"二个因子均值与总均值的差异均不具有显著性（p＞0.05）；二者的"工作与经济独立"因子均值差异有显著性（p＜0.05）。

表 4–39　本省内迁移与迁移到外省的农村女性婚姻迁移者经济
融合的均值比较与独立样本 T 检验（n＝960）

因变量	省内外	样本	均值	标准差	F	t	df	Sig.（双侧）	均值差
经济信任与平等	本省	586	5.33	0.926	3.202	1.206	958	0.228	0.073
	外省	374	5.25	0.901					
夫家经济条件	本省	586	4.20	1.059	7.312	−0.257	958	0.797	−0.018
	外省	374	4.22	0.978					
工作与经济独立	本省	586	4.49	1.356	11.531	−2.855	958	0.004	−0.248
	外省	374	4.74	1.243					
经济融合总均值	本省	586	4.77	0.676	0.912	−0.396	958	0.692	−0.018
	外省	374	4.78	0.726					

结果表明，迁移到外省的农村女性婚姻迁移者经济融合的"工作与经

济独立"因子的均值高于在本省内迁移的，二者差异具有显著性。分析其原因，可能是迁移到外省的农村女性婚姻迁移者，远离家乡，要想在迁入地立足，必须要有份工作，争取自身的经济独立，才有可能支付回娘家的不菲交通费用与人情往来，才有可能获得丈夫家人的认可与独立的经济地位。

3. 常年在迁入地居住与常年不在迁入地居住的农村女性婚姻迁移者经济融合的均值比较与独立样本 T 检验

表 4–40 显示，本研究中的 698 名常年在迁入地居住的农村女性婚姻迁移者与 262 名常年不在迁入地居住的农村女性婚姻迁移者，经济融合中的"经济信任与平等"、"夫家经济条件"、"工作与经济独立"三个因子的均值分别为 5.40、4.37、4.38 与 5.03、3.79、5.13。其中，二者的"经济信任与平等"因子的均值均达到较好（5）水平。

698 名常年在迁入地居住的农村女性婚姻迁移者与 262 名常年不在迁入地居住的农村女性婚姻迁移者的经济融合的总均值分别为 4.84 与 4.60，均在一般（4）水平之上，但均未达到较好（5）水平。

为了进一步比较二者差异，通过独立样本 T 检验分析发现：二者的三个因子的均值差异均具有显著性（p<0.05）；二者的经济融合总均值差异具有显著性（p<0.05）。

表 4–40　经常居住地不同的农村女性婚姻迁移者经济融合的
均值比较与独立样本 T 检验（n＝960）

因变量	经常居住地	样本	均值	标准差	F	t	df	Sig.（双侧）	均值差
经济信任与平等	迁入地	698	5.40	0.975	41.686	5.563	958	0.000	0.364
	非迁入地	262	5.03	0.674					
夫家经济条件	迁入地	698	4.37	1.014	3.485	8.064	958	0.000	0.581
	非迁入地	262	3.79	0.942					
工作与经济独立	迁入地	698	4.38	1.353	48.561	−8.142	958	0.000	−0.752
	非迁入地	262	5.13	1.043					
经济融合总均值	迁入地	698	4.84	0.707	4.860	4.817	958	0.000	0.240
	非迁入地	262	4.60	0.633					

结果表明，常年在迁入地居住的农村女性婚姻迁移者经济融合的"经济信任与平等"、"夫家经济条件"因子均值均高于常年不在迁入地居住的农村女性婚姻迁移者，二者差异具有显著性。从本研究获得的资料来看，分析其原因可能是，常年在迁入地居住的农村女性婚姻迁移者，一般在家安心照顾家庭或照顾家庭的同时从事一些农业抑或非农工作，丈夫或在外务工经商或在家乡务工经商，丈夫的收入多交由妻子掌管，平常家里的日常开支多由妻子做主，夫妻在经济上互相信任与平等。

常年在迁入地居住的农村女性婚姻迁移者经济融合的"工作与经济独立"因子均值低于常年不在迁入地居住的农村女性婚姻迁移者，二者差异具有显著性。从本研究获得的资料来看，分析其原因，可能是常年在迁入地居住的农村女性婚姻迁移者，更多是在照顾家庭或照顾家庭的同时从事一些非农职业，经济很难独立；不经常在迁入地居住的农村女性婚姻迁移者，多在外务工经商，经济能够独立。

4.目前在工作与目前不在工作的农村女性婚姻迁移者经济融合的均值比较与独立样本 T 检验

表 4-41 显示，本研究中的 654 名目前在工作的农村女性婚姻迁移者与 306 名目前不在工作的农村女性婚姻迁移者，经济融合的"经济信任与平等"、"夫家经济条件"、"工作与经济独立"三个因子均值分别为 5.16、4.09、5.19 与 5.58、4.46、3.29。其中，二者的"经济信任与平等"因子均值均达到较好（5）水平。

654 名目前在工作的农村女性婚姻迁移者与 306 名目前不在工作的农村女性婚姻迁移者的经济融合总均值分别为 4.78 与 4.76，均高于一般（4）水平，但均未达到较好（5）水平。

为进一步比较目前在工作与目前不在工作的农村女性婚姻迁移者经济融合的差异，通过独立样本 T 检验分析发现：二者的经济融合总均值差异不具有显著性（p＞0.05）；二者的三个因子均值差异均具有显著性（p＜0.05）。

表 4-41　目前工作与否的农村女性婚姻迁移者经济融合
均值比较与独立样本 T 检验（n＝960）

因变量	是否工作	样本	均值	标准差	F	t	df	Sig.（双侧）	均值差
经济信任与平等	是	654	5.16	0.748	115.103	−6.786	958	0.000	−0.421
	否	306	5.58	1.150					
夫家经济条件	是	654	4.09	0.940	15.409	−5.192	958	0.000	−0.365
	否	306	4.46	1.157					
工作与经济独立	是	654	5.19	0.922	69.752	28.001	958	0.000	1.897
	否	306	3.29	1.089					
经济融合总均值	是	654	4.78	0.619	43.854	0.434	958	0.664	0.021
	否	306	4.76	0.838					

结果表明，目前在工作的农村女性婚姻迁移者经济融合的"工作与经济独立"因子均值高于目前不在工作的农村女性婚姻迁移者，二者差异具有显著性。分析其原因，在工作的农村女性婚姻迁移者，经济上能够独立；不在工作的农村女性婚姻迁移者，在经济上主要依靠丈夫，无法独立。

目前在工作的农村女性婚姻迁移者经济融合中的"经济信任与平等"、"夫家经济条件"因子均值均低于目前不在工作的农村女性婚姻迁移者，二者差异均具有显著性。分析其原因，可能是家庭经济条件较好的农村女性婚姻迁移者一般留在家里照顾家庭，不外出工作；在工作的农村女性婚姻迁移者，经济上能够做到独立，但其丈夫与公婆可能会担心其收入会贴补娘家，往往会有防范心理，产生经济不信任。

（二）农村女性婚姻迁移者经济融合的方差分析

本研究采用方差分析方法，对迁移到不同经济发展水平地区与不同迁移距离的农村女性婚姻迁移者群体内部的经济融合的差异分别进行比较。

1. 迁移到不同经济发展水平地区的农村女性婚姻迁移者经济融合的方差分析

为了比较迁移到不同经济发展水平地区的农村女性婚姻迁移者的经济融合的差异，通过研究对象的家乡经济发展状况与迁入地经济发展状况的比较，把研究对象迁入地的经济发展水平状况分为三组：迁移到比自己家乡经济发达地区（简称：发达组）、迁移到与自己家乡经济相似地区（简称：相似组）、迁移到比自己家乡经济落后地区（简称：落后组）。三组的人数分别为307人、458人、195人。

（1）描述性统计

表4-42显示，发达组、相似组以及落后组的农村女性婚姻迁移者的经济融合中的"经济信任与平等"、"夫家经济条件"、"工作与经济独立"三个因子均值，分别为5.04、4.59、4.99与5.35、4.13、4.30以及5.58、3.80、4.63；经济融合总均值分别为4.87、4.71、4.76，均在一般（4）水平之上，但均未达到较好（5）水平。

表4-42 迁移到不同经济发展水平地区的农村女性婚姻迁移者经济融合的描述性统计（n=960）

因变量	经济状况	样本	均值	标准差	标准误	平均数的95%置信区间		最小值	最大值
						下界	上界		
经济信任与平等	发达组	307	5.04	0.878	0.050	4.94	5.14	3	7
	相似组	458	5.35	0.843	0.039	5.27	5.43	4	7
	落后组	195	5.58	1.036	0.074	5.43	5.73	4	7
	总和	960	5.30	0.917	0.030	5.24	5.36	3	7
夫家经济条件	发达组	307	4.59	0.821	0.047	4.50	4.68	3	6
	相似组	458	4.13	0.975	0.046	4.04	4.22	2	6
	落后组	195	3.80	1.227	0.088	3.63	3.97	2	6
	总和	960	4.21	1.028	0.033	4.14	4.27	2	6
工作与经济独立	发达组	307	4.99	1.053	0.060	4.87	5.11	2	7
	相似组	458	4.30	1.427	0.067	4.17	4.43	2	6
	落后组	195	4.63	1.263	0.090	4.45	4.81	2	7
	总和	960	4.59	1.318	0.043	4.50	4.67	2	7

因变量	经济状况	样本	均值	标准差	标准误	平均数的95%置信区间		最小值	最大值
						下界	上界		
经济融合总均值	发达组	307	4.87	0.754	0.043	4.78	4.95	3	6
	相似组	458	4.71	0.592	0.028	4.66	4.77	3	6
	落后组	195	4.76	0.804	0.058	4.65	4.87	3	6
	总和	960	4.77	0.695	0.022	4.73	4.82	3	6

（2）单因素方差分析

表 4–43 显示，就经济融合的三个因子均值与总均值而言，整体检验的 F 值 分 别 为 23.001（$p<0.05$）、41.265（$p<0.05$）、26.598（$p<0.05$）、4.539（$p<0.05$），均达到显著水平，表明发达组、相似组以及落后组的农村女性婚姻迁移者在经济融合的三个因子均值与总均值之间差异均具有显著性。至于是哪些配对组别间的差异具有显著性，须要进行事后比较方能得知。

表 4–43 迁移到不同经济发展水平地区的农村女性
婚姻迁移者经济融合的单因素方差分析

因变量	自变量	平方和	自由度	平均平方和	F 检验	显著性
经济信任与平等	组间	36.959	2	18.480	23.001	0.000
	组内	768.877	957	0.803		
	总和	805.837	959			
夫家经济条件	组间	80.410	2	40.205	41.265	0.000
	组内	932.421	957	0.974		
	总和	1012.831	959			
工作与经济独立	组间	87.775	2	43.887	26.598	0.000
	组内	1579.049	957	1.650		
	总和	1666.824	959			
经济融合总均值	组间	4.359	2	2.180	4.539	0.011
	组内	459.509	957	0.480		
	总和	463.868	959			

（3）多重比较

本研究采用 Scheffe 方法对发达组、相似组以及落后组的农村女性婚姻迁移者经济融合的三个因子均值及总均值差异进行事后比较，比较结果见表 4–44。

表 4–44　迁移到不同经济发展水平地区的农村女性婚姻
迁移者经济融合的多重比较（Scheffe）

因变量	（I）经济状况	（J）经济状况	平均差（I-J）	标准误	显著性	95% 置信区间		事后比较
						下界	上界	
经济信任与平等	发达组	相似	−0.308	0.066	0.000	−0.47	−0.15	落后组＞相似组＞发达组
		落后	−0.539	0.082	0.000	−0.74	−0.34	
	相似组	发达	0.308	0.066	0.000	0.15	0.47	
		落后	−0.231	0.077	0.011	−0.42	−0.04	
	落后组	发达	0.539	0.082	0.000	0.34	0.74	
		相似	0.231	0.077	0.011	0.04	0.42	
夫家经济条件	发达组	相似	0.462	0.073	0.000	0.28	0.64	发达组＞相似组＞落后组
		落后	0.791	0.090	0.000	0.57	1.01	
	相似组	发达	−0.462	0.073	0.000	−0.64	−0.28	
		落后	0.329	0.084	0.001	0.12	0.54	
	落后组	发达	−0.791	0.090	0.000	−1.01	−0.57	
		相似	−0.329	0.084	0.001	−0.54	−0.12	
工作与经济独立	发达组	相似	0.689	0.095	0.000	0.46	0.92	发达组＞落后组＞相似组
		落后	0.354	0.118	0.011	0.07	0.64	
	相似组	发达	−0.689	0.095	0.000	−0.92	−0.46	
		落后	−0.335	0.110	0.010	−0.60	−0.07	
	落后组	发达	−0.354	0.118	0.011	−0.64	−0.07	
		相似	0.335	0.110	0.010	0.07	0.60	

因变量	(I) 经济状况	(J) 经济状况	平均差 (I-J)	标准误	显著性	95% 置信区间		事后比较
						下界	上界	
经济融合总均值	发达组	相似	0.153	0.051	0.011	0.03	0.28	发达组>相似组>落后组
		落后	0.107	0.063	0.241	−0.05	0.26	
	相似组	发达	−0.153	0.051	0.011	−0.28	−0.03	
		落后	−0.046	0.059	0.737	−0.19	0.10	
	落后组	发达	−0.107	0.063	0.241	−0.26	0.05	
		相似	0.046	0.059	0.737	−0.10	0.19	

结果表明，迁移到比自己家乡经济发达地区（发达组）、迁移到与自己家乡经济相似地区（相似组）以及迁移到比自己家乡经济落后地区（落后组）的不同农村女性婚姻迁移者，"夫家经济条件"因子均值，落后组、相似组、发达组三组间差异均显著，发达组>相似组>落后组。分析其原因可能是，很大程度上，不同地区的家庭的经济条件往往受制于该地区经济发展状况。"工作与经济独立"因子均值，落后组、相似组、发达组三组间差异均显著，发达组>落后组>相似组。究其原因可能是，对农村女性婚姻迁移者来说，经济发达的地方，工作机会多；而经济落后的地方，她们要工作才能改变家庭的落后经济条件。"经济信任与平等"因子均值，落后组、相似组、发达组三组之间差异均显著，落后组>相似组>发达组。分析其原因可能是，对迁移到经济条件比自己家乡落后地区的农村女性婚姻迁移者来说，她们之所以选择迁移更多的是基于爱情而不是经济动机，她们的丈夫及其家人对其能远嫁而来，心存感动，夫妻在经济上能互相信任与平等，丈夫的家人对其也会充分信任。

2. 不同迁移距离的农村女性婚姻迁移者经济融合的方差分析

本研究中被调查的研究对象，迁移距离从 100 公里到 1500 公里以上不等。为了比较不同迁移距离的农村女性婚姻迁移者经济融合的差异，本研究把不同迁移距离分成 100—500 公里组、500—900 公里组与 900 公里以上组共 3 组。3 组人数分别为 460 人、247 人、253 人。

（1）描述性统计

表 4-45 显示，迁移距离 100—500 公里组、500—900 公里组与 900 公里以上组的农村女性婚姻迁移者经济融合的"经济信任与平等"、"夫家经济条件"、"工作与经济独立"三个因子的均值分别为 5.38、4.20、4.44 与 5.28、4.33、4.63 以及 5.17、4.10、4.81；经济融合总均值分别为 4.78、4.82、4.72，均高于一般（4）水平，但均未达到较好（5）水平。

表 4-45　不同迁移距离的农村女性婚姻迁移者经济融合的描述性统计（n=960）

因变量	迁移距离	样本	均值	标准差	标准误	平均数的 95% 置信区间		最小值	最大值
						下界	上界		
经济信任与平等	100—500 公里	460	5.38	0.902	0.042	5.29	5.46	3	7
	500—900 公里	247	5.28	0.906	0.058	5.17	5.40	3	7
	900 公里以上	253	5.17	0.941	0.059	5.05	5.29	3	7
	总和	960	5.30	0.917	0.030	5.24	5.36	3	7
夫家经济条件	100—500 公里	460	4.20	1.065	0.050	4.11	4.30	2	6
	500—900 公里	247	4.33	0.953	0.061	4.21	4.45	2	6
	900 公里以上	253	4.10	1.020	0.064	3.98	4.23	2	6
	总和	960	4.21	1.028	0.033	4.14	4.27	2	6
工作与经济独立	100—500 公里	460	4.44	1.337	0.062	4.32	4.56	2	7
	500—900 公里	247	4.63	1.519	0.097	4.44	4.82	2	7
	900 公里以上	253	4.81	1.007	0.063	4.69	4.93	2	7
	总和	960	4.59	1.318	0.043	4.50	4.67	2	7
经济融合总均值	100—500 公里	460	4.78	0.671	0.031	4.72	4.84	3	6
	500—900 公里	247	4.82	0.677	0.043	4.73	4.90	3	6
	900 公里以上	253	4.72	0.753	0.047	4.62	4.81	3	6
	总和	960	4.77	0.695	0.022	4.73	4.82	3	6

（2）单因素方差分析

表 4-46 显示，迁移距离 100—500 公里组、500—900 公里组与 900 公里以上组的农村女性婚姻迁移者经济融合总均值的整体检验的 F 值为

1.380（p＞0.05），差异不具有显著性；经济融合的三个因子均值，整体检验的 F 值分别为 4.193（p＜0.05）、3.050（p＜0.05）、6.743（p＜0.05）、4.539（p＜0.05），均达到显著水平，表示迁移距离 100—500 公里组、500—900 公里组与 900 公里以上组的农村女性婚姻迁移者的经济融合三个因子的均值差异均具有显著性。至于是哪些配对组别间的差异具有显著性，须要进行事后比较方能得知。

表 4-46　不同迁移距离的农村女性婚姻迁移者经济融合的单因素方差分析

因变量	自变量	平方和	自由度	平均平方和	F 检验	显著性
经济信任与平等	组间	7.000	2	3.500	4.193	0.015
	组内	798.837	957	0.835		
	总和	805.837	959			
夫家经济条件	组间	6.416	2	3.208	3.050	0.048
	组内	1006.415	957	1.052		
	总和	1012.831	959			
工作与经济独立	组间	23.161	2	11.581	6.743	0.001
	组内	1643.663	957	1.718		
	总和	1666.824	959			
经济融合总均值	组间	1.334	2	0.667	1.380	0.252
	组内	462.534	957	0.483		
	总和	463.868	959			

（3）多重比较

本研究采用 Scheffe 方法对迁移距离 100—500 公里组、500—900 公里组与 900 公里以上组的农村女性婚姻迁移者经济融合因子均值与总均值的差异进行事后比较，比较结果见表 4-47。

结果表明，经济融合中的"夫家经济条件"因子均值，500—900 公里组与 900 公里以上组差异显著，500—900 公里组＞900 公里以上组。"工作与经济独立"因子均值，100—500 公里组与 900 公里以上组差异显著，900公里以上组＞100—500 公里组。分析其原因可能是，迁移距离远的农村女性，远离家乡，要想在迁入地立足，必须要有份工作，获得自身的经济独立，才有可能赢得丈夫家人的认可和家庭地位，才能在想回娘家时可以支付交通等费用。"经济信任与平等"因子均值，100—500公里组与900公里以上组差异显著，100—500公里组＞900公里以上组。分析其原因可能是，在我国普遍不看好女性婚姻迁移的传统观念影响下，与嫁在本地的女性相比，人们对婚姻迁移女性能否适应与安心在迁入地长久生活持有怀疑，丈夫及其家人总是担心婚姻迁移女性随时可能会逃离迁入地，甚至诓骗了钱财后偷偷跑掉（张德乾、仰和芝，2009），与嫁在本地的女性相比，婚姻迁移女性一般不易获得丈夫及其家人的经济信任，尤其是现金管理（谭琳、苏珊·萧特、刘惠，2003），即使生了孩子后，夫家对婚姻迁移女性的信任会增加，但也很难能获得完全的经济信任与平等。

表4-47 不同迁移距离的农村女性婚姻迁移者经济融合的多重比较（Scheffe）

因变量	(I) 迁移距离	(J) 迁移距离	平均差 (I-J)	标准误	显著性	95% 置信区间		事后比较
						下界	上界	
经济信任与平等	100—500公里	500—900公里	0.092	0.072	0.444	−0.08	0.27	100—500公里组＞900公里以上组
		900公里以上	0.206	0.072	0.016	0.03	0.38	
	500—900公里	100—500公里	−0.092	0.072	0.444	−0.27	0.08	
		900公里以上	0.114	0.082	0.377	−0.09	0.31	
	900公里以上	100—500公里	−0.206	0.072	0.016	−0.38	−0.03	
		500—900公里	−0.114	0.082	0.377	−0.31	0.09	
夫家经济条件	100—500公里	500—900公里	−0.124	0.081	0.309	−0.32	0.07	500—900公里组＞900公里以上组
		900公里以上	0.102	0.080	0.445	−0.09	0.30	

因变量	（I）迁移距离	（J）迁移距离	平均差（I-J）	标准误	显著性	95% 置信区间		事后比较
						下界	上界	
夫家经济条件	500—900公里	100—500公里	0.124	0.081	0.309	−0.07	0.32	500—900公里组>900公里以上组
		900公里以上	0.226	0.092	0.048	0.00	0.45	
	900公里以上	100—500公里	−0.102	0.080	0.445	−0.30	0.09	
		500—900公里	−0.226	0.092	0.048	−0.45	0.00	
工作与经济独立	100—500公里	500—900公里	−0.192	0.103	0.177	−0.45	0.06	900公里以上组>100—500公里组
		900公里以上	−0.371	0.103	0.002	−0.62	−0.12	
	500—900公里	100—500公里	0.192	0.103	0.177	−0.06	0.45	
		900公里以上	−0.179	0.117	0.313	−0.47	0.11	
	900公里以上	100—500公里	0.371	0.103	0.002	0.12	0.62	
		500—900公里	0.179	0.117	0.313	−0.11	0.47	
经济融合总均值	100—500公里	500—900公里	−0.038	0.055	0.783	−0.17	0.10	三组均值差异均不显著
		900公里以上	0.063	0.054	0.508	−0.07	0.20	
	500—900公里	100—500公里	0.038	0.055	0.783	−0.10	0.17	
		900公里以上	0.102	0.062	0.263	−0.05	0.25	
	900公里以上	100—500公里	−0.063	0.054	0.508	−0.20	0.07	
		500—900公里	−0.102	0.062	0.263	−0.25	0.05	

三、农村女性婚姻迁移者经济融合的动态发展分析

本研究中，农村女性婚姻迁移者的婚龄从 1 年之内到 24 年不等，把不同婚龄的农村女性婚姻迁移者分别合并为 2 年以内组、2—7 年组、7—10 年组、10—15 年组、15 年以上组共计 5 个组别的婚龄组（不同婚龄组人数分别为 112 人、276 人、166 人、185 人、221 人），采用方差分析方法比较不同婚龄组经济融合的差异，旨在揭示农村女性婚姻迁移者经济融合的动态发展过程。

（一）描述性统计

表 4-48 显示，不同婚龄组的农村女性婚姻迁移者经济融合的三个因子均值分别为：2 年以内组（4.87、3.27、4.51）、2—7 年组（4.85、3.93、4.90）、7—10 年组（4.87、3.89、5.04）、10—15 年组（5.44、4.33、4.80）、15 年以上组（6.27、5.17、3.72）。

表 4-48 农村女性婚姻迁移者经济融合动态发展的描述性统计（n＝960）

因变量	婚龄	样本	均值	标准差	标准误	平均数 95% 置信区间		最小值	最大值
						下界	上界		
经济信任与平等	2 年以内	112	4.87	1.249	0.118	4.63	5.10	3	7
	2—7 年	276	4.85	0.727	0.044	4.77	4.94	3	7
	7—10 年	166	4.87	0.545	0.042	4.78	4.95	3	6
	10—15 年	185	5.44	0.379	0.028	5.39	5.50	4	6
	15 年以上	221	6.27	0.643	0.043	6.19	6.36	5	7
	总和	960	5.30	0.917	0.030	5.24	5.36	3	7
夫家经济状况	2 年以内	112	3.27	0.901	0.085	3.10	3.44	2	5
	2—7 年	276	3.93	1.018	0.061	3.81	4.05	2	6
	7—10 年	166	3.89	0.653	0.051	3.79	3.99	3	5
	10—15 年	185	4.33	0.803	0.059	4.21	4.45	3	6
	15 年以上	221	5.17	0.692	0.047	5.08	5.26	3	6
	总和	960	4.21	1.028	0.033	4.14	4.27	2	6

因变量	婚龄	样本	均值	标准差	标准误	平均数95%置信区间		最小值	最大值
						下界	上界		
工作与经济独立	2年以内	112	4.51	1.186	0.112	4.29	4.74	2	6
	2—7年	276	4.90	1.127	0.068	4.77	5.03	2	7
	7—10年	166	5.04	1.115	0.087	4.87	5.21	2	6
	10—15年	185	4.80	1.218	0.090	4.62	4.97	3	7
	15年以上	221	3.72	1.424	0.096	3.53	3.91	2	7
	总和	960	4.59	1.318	0.043	4.50	4.67	2	7
经济融合总均值	2年之内	112	4.22	0.714	0.067	4.09	4.36	3	5
	2—7年	276	4.53	0.656	0.040	4.45	4.61	3	6
	7—10年	166	4.54	0.495	0.038	4.47	4.62	3	5
	10—15年	185	4.92	0.541	0.040	4.84	5.00	4	6
	15年以上	221	5.41	0.437	0.029	5.35	5.47	4	6
	总和	960	4.77	0.695	0.022	4.73	4.82	3	6

2年以内组、2—7年组、7—10年组、10—15年组与15年以上组的农村女性婚姻迁移者经济融合总均值分别为4.22、4.53、4.54、4.92、5.41。数据显示，不同婚龄组的农村女性婚姻迁移者经济融合总均值均达到一般（4）水平，且呈逐步增长趋势。

（二）单因素方差分析

表4—49显示，不同婚龄组的农村女性婚姻迁移者经济融合的三个因子及总均值的整体检验的F值分别为157.996（$p < 0.05$）、122.429（$p < 0.05$）、39.492（$p < 0.05$）与117.115（$p < 0.05$），均达到显著水平，表示2年以内组、2—7年组、7—10年组、10—15年组与15年以上组的不同婚龄组的农村女性婚姻迁移者经济融合的三个因子均值及总均值的差异均具有显著性。至于是哪些配对组别间的差异具有显著性，须要进行事后比较方能得知。

表 4–49 农村女性婚姻迁移者经济融合动态发展的单因素方差分析

因变量	自变量	平方和	自由度	平均平方和	F 检验	显著性
经济信任与平等	组间	320.909	4	80.227	157.996	0.000
	组内	484.928	955	0.508		
	总和	805.837	959			
夫家经济状况	组间	343.320	4	85.830	122.429	0.000
	组内	669.511	955	0.701		
	总和	1012.831	959			
工作与经济独立	组间	236.578	4	59.144	39.492	0.000
	组内	1430.246	955	1.498		
	总和	1666.824	959			
经济融合总均值	组间	152.658	4	38.165	117.115	0.000
	组内	311.209	955	0.326		
	总和	463.868	959			

（三）多重比较

本研究采用 Scheffe 方法对 2 年以内组、2—7 年组、7—10 年组、10—15 年组与 15 年以上组的农村女性婚姻迁移者经济融合的三个因子均值以及经济融合总均值的动态发展的差异进行事后比较，比较结果见表 4–50。

不同婚龄组差异事后比较的结果显示，"经济信任与平等"因子，15 年以上组与 2 年以内组、2—7 年组、7—10 年组、10—15 年组等 4 婚龄组之间差异均有显著性，10—15 年组与 2 年以内组、2—7 年组、7—10 年组、15 年以上组这 4 婚龄组之间差异均有显著性；15 年以上组＞10—15 年组＞7—10 年组＝2 年以内组＞2—7 年组。结果表明，总的来说，农村女性婚姻迁移者的"经济信任与平等"因子水平随着婚龄增长而增长，但 2—7 年组低于 2 年以内组且水平最低，分析其原因可能是，2—7 年的婚龄组，往往正是生育孩子的阶段，妻子往往因为孕育和照顾孩子不得不选择放弃工作，再加上养育孩子的经济负担，夫妻间经济信任与平等难免会产生一些问题。

表 4-50　农村女性婚姻迁移者经济融合动态发展的多重比较（Scheffe）

因变量	（I）婚龄	（J）婚龄	平均差异（I-J）	标准误	显著性	95% 置信区间		事后比较
						下界	上界	
经济信任与平等	2 年以内	2—7 年	0.012	0.080	1.000	−0.23	0.26	15 年 以 上组>10—15 年 组>7—10 年 组=2 年以内组>2—7 年组
		7—10 年	0.000	0.087	1.000	−0.27	0.27	
		10—15 年	−0.578	0.085	0.000	−0.84	−0.31	
		15 年以上	−1.408	0.083	0.000	−1.66	−1.15	
	2—7 年	2 年以内	−0.012	0.080	1.000	−0.26	0.23	
		7—10 年	−0.013	0.070	1.000	−0.23	0.20	
		10—15 年	−0.591	0.068	0.000	−0.80	−0.38	
		15 年以上	−1.421	0.064	0.000	−1.62	−1.22	
	7—10 年	2 年以内	0.000	0.087	1.000	−0.27	0.27	
		2—7 年	0.013	0.070	1.000	−0.20	0.23	
		10—15 年	−0.578	0.076	0.000	−0.81	−0.34	
		15 年以上	−1.408	0.073	0.000	−1.63	−1.18	
	10—15 年	2 年以内	0.578	0.085	0.000	0.31	0.84	
		2—7 年	0.591	0.068	0.000	0.38	0.80	
		7—10 年	0.578	0.076	0.000	0.34	0.81	
		15 年以上	−0.830	0.071	0.000	−1.05	−0.61	
	15 年以上	2 年以内	1.408	0.083	0.000	1.15	1.66	
		2—7 年	1.421	0.064	0.000	1.22	1.62	
		7—10 年	1.408	0.073	0.000	1.18	1.63	
		10—15 年	0.830	0.071	0.000	0.61	1.05	
夫家经济条件	2 年以内	2—7 年	−0.661	0.094	0.000	−0.95	−0.37	15 年以上组>10—15 年组>2—7 年组>7—10 年组>2 年以内组
		7—10 年	−0.618	0.102	0.000	−0.93	−0.30	
		10—15 年	−1.057	0.100	0.000	−1.37	−0.75	
		15 年以上	−1.898	0.097	0.000	−2.20	−1.60	

因变量	(I) 婚龄	(J) 婚龄	平均差异(I-J)	标准误	显著性	95% 置信区间 下界	上界	事后比较
夫家经济条件	2—7 年	2 年以内	0.661	0.094	0.000	0.37	0.95	15 年以上组>10—15 年组>2—7 年组>7—10 年组>2 年以内组
		7—10 年	0.043	0.082	0.992	−0.21	0.30	
		10—15 年	−0.397	0.080	0.000	−0.64	−0.15	
		15 年以上	−1.238	0.076	0.000	−1.47	−1.00	
	7—10 年	2 年以内	0.618	0.102	0.000	0.30	0.93	
		2—7 年	−0.043	0.082	0.992	−0.30	0.21	
		10—15 年	−0.440	0.090	0.000	−0.72	−0.16	
		15 年以上	−1.281	0.086	0.000	−1.55	−1.02	
	10—15 年	2 年以内	1.057	0.100	0.000	0.75	1.37	
		2—7 年	0.397	0.080	0.000	0.15	0.64	
		7—10 年	0.440	0.090	0.000	0.16	0.72	
		15 年以上	−0.841	0.083	0.000	−1.10	−0.58	
	15 年以上	2 年以内	1.898	0.097	0.000	1.60	2.20	
		2—7 年	1.238	0.076	0.000	1.00	1.47	
		7—10 年	1.281	0.086	0.000	1.02	1.55	
		10—15 年	0.841	0.083	0.000	0.58	1.10	
工作与经济独立	2 年以内	2—7 年	−0.387	0.137	0.094	−0.81	0.04	7—10 年组>2—7 年组>10—15 年组>2 年以内组>15 年以上组
		7—10 年	−0.523	0.150	0.016	−0.98	−0.06	
		10—15 年	−0.284	0.147	0.441	−0.74	0.17	
		15 年以上	0.796	0.142	0.000	0.36	1.23	
	2—7 年	2 年以内	0.387	0.137	0.094	−0.04	0.81	
		7—10 年	−0.136	0.120	0.865	−0.51	0.24	
		10—15 年	0.103	0.116	0.940	−0.26	0.46	
		15 年以上	1.183	0.110	0.000	0.84	1.52	
	7—10 年	2 年以内	0.523	0.150	0.016	0.06	0.98	
		2—7 年	0.136	0.120	0.865	−0.24	0.51	
		10—15 年	0.239	0.131	0.504	−0.16	0.64	
		15 年以上	1.319	0.126	0.000	0.93	1.71	

因变量	（I）婚龄	（J）婚龄	平均差异（I-J）	标准误	显著性	95% 置信区间		事后比较
						下界	上界	
工作与经济独立	10—15 年	2 年以内	0.284	0.147	0.441	−0.17	0.74	7—10 年组>2—7 年组>10—15 年组>2 年以内组>15 年以上组
		2—7 年	−0.103	0.116	0.940	−0.46	0.26	
		7—10 年	−0.239	0.131	0.504	−0.64	0.16	
		15 年以上	1.080	0.122	0.000	0.70	1.46	
	15 年以上	2 年以内	−0.796	0.142	0.000	−1.23	−0.36	
		2—7 年	−1.183	0.110	0.000	−1.52	−0.84	
		7—10 年	−1.319	0.126	0.000	−1.71	−0.93	
		10—15 年	−1.080	0.122	0.000	−1.46	−0.70	
经济融合总均值	2 年以内	2—7 年	−0.305	0.064	0.000	−0.50	−0.11	15 年以上组>10—15 年组>7—10 年组>2—7 年组>2 年以内组
		7—10 年	−0.320	0.070	0.000	−0.54	−0.10	
		10—15 年	−0.699	0.068	0.000	−0.91	−0.49	
		15 年以上	−1.186	0.066	0.000	−1.39	−0.98	
	2—7 年	2 年以内	0.305	0.064	0.000	0.11	0.50	
		7—10 年	−0.015	0.056	0.999	−0.19	0.16	
		10—15 年	−0.394	0.054	0.000	−0.56	−0.23	
		15 年以上	−0.881	0.052	0.000	−1.04	−0.72	
	7—10 年	2 年以内	0.320	0.070	0.000	0.10	0.54	
		2—7 年	0.015	0.056	0.999	−0.16	0.19	
		10—15 年	−0.379	0.061	0.000	−0.57	−0.19	
		15 年以上	−0.866	0.059	0.000	−1.05	−0.68	
	10—15 年	2 年以内	0.699	0.068	0.000	0.49	0.91	
		2—7 年	0.394	0.054	0.000	0.23	0.56	
		7—10 年	0.379	0.061	0.000	0.19	0.57	
		15 年以上	−0.487	0.057	0.000	−0.66	−0.31	
	15 年以上	2 年以内	1.186	0.066	0.000	0.98	1.39	
		2—7 年	0.881	0.052	0.000	0.72	1.04	
		7—10 年	0.866	0.059	0.000	0.68	1.05	
		10—15 年	0.487	0.057	0.000	0.31	0.66	

不同婚龄组差异事后比较的结果显示,"夫家经济条件"因子,15 年以上组与 2 年以内组、2—7 年组、7—10 年组、10—15 年组这 4 婚龄组之间差异均有显著性,10—15 年组与 2 年以内组、2—7 年组、7—10 年组、15 年以上组这 4 婚龄组之间差异均有显著性,2 年以内组与 2—7 年组、7—10 年组 2 婚龄组之间差异均有显著性;15 年以上组>10—15 年组>2—7 年组>7—10 年组>2 年以内组。产生以上结果的原因不难理解,随着婚龄的增长,夫妻双方的共同努力,家庭的经济条件会愈来愈好,夫妻之间经济上互相信任,经济地位平等。

不同婚龄组差异事后比较的结果显示,"工作与经济独立"因子,15 年以上组与 2 年以内组、2—7 年组、7—10 年组、10—15 年组这 4 婚龄组之间差异均有显著性,7—10 年组>2—7 年组>10—15 年组>2 年以内组>15 年以上组;7—10 年组与 2 年以内组差异具有显著性,7—10 年组>2 年以内组。分析其原因可能是,2 年以内组的农村女性婚姻迁移者多处在怀孕与生孩子的阶段,没有办法工作,也就谈不上经济独立;而 15 年以上组的农村女性婚姻迁移者,随着年龄的增长,多不再外出工作,因此她们的经济独立状况也在下降。

不同婚龄组差异事后比较的结果显示,15 年以上组与 2 年以内组、2—7 年组、7—10 年组、10—15 年组这 4 婚龄组之间差异均有显著性,10—15 年组与 2 年以内组、2—7 年组、7—10 年组、15 年以上组这 4 婚龄组之间差异均有显著性,2 年以内组与 2—7 年组、7—10 年组 2 婚龄组之间差异均有显著性;经济融合总均值,15 年以上组>10—15 年组>7—10 年组>2—7 年组>2 年以内组。究其原因是,随着婚龄的增长,只要婚姻关系能继续维系,经济融合的水平会逐步提升。

结果表明,不同婚龄组的农村女性婚姻迁移者经济融合的总体状况随着婚龄的增长呈逐步提升的趋势。"经济信任与平等"因子,7 年之内婚龄组随着婚龄的增长呈逐步下降的趋势,7 年以上随着婚龄的增长呈逐步提升的趋势;"夫家经济条件"因子,7 年之内婚龄组随着婚龄的增长呈逐步提升的趋势,7—10 年随着婚龄的增长呈逐步下降的趋势,10 年以上婚龄组随着婚龄的增长呈逐步提升的趋势;"工作与经济独立"因子,10 年是分界线,10 年之前随着婚龄的增长呈逐步提高趋势,10 年之后随着婚龄的增长呈逐步下降趋势。

四、影响农村女性婚姻迁移者经济融合的多因素回归分析

表 4-51　影响农村女性婚姻迁移者经济融合的多因素回归分析

自变量	非标准化系数		标准化系数	t	Sig.
	B	Std. Error	Beta		
个人与家庭基本情况					
教育程度	0.023	0.016	0.028	1.402	0.161
户籍是否迁移	0.034	0.044	0.018	1.274	0.199
是否有孩子	−0.166	0.055	−0.064	−3.009	0.003
目前是否工作	−0.287	0.032	−0.193	−9.112	0.000
经常居住地	0.051	0.033	0.032	1.537	0.125
是否与公婆同住	−0.076	0.031	−0.054	−2.438	0.015
房子类型	−0.074	0.026	−0.060	−2.852	0.004
婚姻基本状况					
与丈夫认识方式	0.053	0.026	0.039	2.040	0.052
是否为爱情选择迁移	−0.128	0.082	−0.028	−1.556	0.120
父母是否同意远嫁	−0.022	0.031	−0.015	−0.700	0.484
公婆是否同意外娶	−0.138	0.037	−0.073	−3.718	0.000
婚龄	0.006	0.004	0.054	1.647	0.100
迁入地状况与了解					
城乡	0.050	0.039	0.027	1.285	0.199
省内或省外迁移	0.082	0.048	0.057	1.686	0.092
迁移距离	−0.008	0.028	−0.010	−0.284	0.776
迁入地经济状况	−0.060	0.020	−0.062	−3.037	0.002
是否适应迁入地自然环境	0.034	0.017	0.056	2.067	0.059
是否了解丈夫	−0.100	0.039	−0.050	−2.544	0.011

自变量	非标准化系数		标准化系数	t	Sig.
	B	Std. Error	Beta		
是否了解迁入地	0.036	0.042	0.018	0.853	0.394
是否了解丈夫家庭	−0.047	0.055	−0.018	−0.850	0.395
婚姻迁移的认知与困难					
期望是否有落差	0.085	0.030	0.061	1.790	0.505
是否后悔迁移	0.007	0.016	0.008	0.454	0.650
迁移是否有遗憾	0.218	0.061	0.068	1.587	0.507
是否考虑到迁移困难	−0.081	0.029	−0.058	−2.821	0.005
社会融合是否困难	0.376	0.017	0.676	22.708	0.600
面对困难是否积极	−0.210	0.059	−0.075	−3.583	0.000
娘家来往与朋友情况					
回娘家情况	0.034	0.015	0.057	2.300	0.022
娘家人来婆家情况	−0.008	0.040	−0.004	−0.207	0.836
迁入地是否有朋友	−0.118	0.033	−0.084	−3.626	0.601

为探寻影响农村女性婚姻迁移者经济融合的因素，本研究选取农村女性婚姻迁移者背景资料中的 29 个变量作为自变量。对 29 个变量进行归类，形成个人与家庭基本情况（包含教育程度、户籍是否迁移、是否有孩子、目前是否工作、经常居住地、是否与公婆同住、房子类型）、婚姻基本状况（包含与丈夫认识方式、是否为爱情选择迁移、父母是否同意远嫁、公婆是否同意外娶、婚龄）、迁入地状况与了解（包含城乡、省内或省外迁移、迁移距离、迁入地经济状况、是否适应迁入地自然环境、是否了解丈夫、是否了解迁入地、是否了解丈夫家庭）、婚姻迁移的认知与困难（包含期望是否有落差、是否后悔迁移、迁移是否有遗憾、是否考虑到迁移困难、社会融合是否困难、面对困难是否积极）、娘家来往与朋友情况（包含回娘家情况、娘家人来婆家情况、迁入地是否有朋友）共 5 类。以 29 个变量作为自变量，以经济融合总均值为因变量，对影响农村女性婚姻迁移者经济融合的因素进行回归分析。回归分析的结果见表 4–51。

（一）个人与家庭基本情况对经济融合影响的回归分析

表4-51显示，是否有孩子、目前是否工作、房子类型、是否与公婆同住等因素对农村女性婚姻迁移者的经济融合有显著影响（p<0.05）。

是否有孩子是影响农村女性婚姻迁移者经济融合的显著性因素，究其原因是，孩子的孕育与养育需要一定的物质保证，需要一定的经济开销，而孕育与养育孩子的同时还必然会影响农村女性婚姻迁移者的工作机会和工作时间，这些都会影响农村女性婚姻迁移者及其家庭的经济状况，从而影响其经济融合。

目前是否工作是影响农村女性婚姻迁移者经济融合的显著因素，究其原因是，有一份相对稳定的工作，才能有经济上的独立和经济地位，才能不断改善生活条件，才能不断改善自身和家庭的生活条件，才能有条件和有信心适应新生活。沈文捷（2007）、谭琳（2003）、赵丽丽（2008）和吴妨（2006）等人的研究也认为，是否工作对女性婚姻迁移者的经济融合有显著性影响。

房子类型是影响农村女性婚姻迁移者经济融合的显著因素，究其原因，房子类型直接影响农村女性婚姻迁移者对居住条件的满意程度，婚后有属于自己心仪和满意的住所，农村女性婚姻迁移者才能无后顾之忧，才能有条件和有信心适应新的生活，并慢慢融入到迁入地。

是否与公婆同住是影响农村女性婚姻迁移者经济融合的显著因素。究其原因，可能是对农村女性婚姻迁移者来说，与公婆同住，可能会与公婆在家庭现金管理、日常花销开支、日常消费方式、彼此经济信任等方面产生矛盾，从而影响经济融合。刘芝艳（2009）、邓晓梅（2011）、仰和芝（2007）与赵丽丽（2008）等人的研究也证实了与公婆同住更容易引起家庭各种经济纷争。

（二）婚姻基本状况对经济融合影响的回归分析

表4-51显示，公婆是否同意外娶对农村女性婚姻迁移者的经济融合有显著性影响（p<0.05）。

公婆是否同意外娶是影响农村女性婚姻迁移者经济融合的显著因素，究其原因可能是，农村女性婚姻迁移者丈夫的父母最初不同意儿子娶外地女性的主要原因之一就是担心外地媳妇不可靠，虽然儿子没有听从劝阻最终娶了外地媳妇，但公婆的这种担忧并没有完全改变，表现在婚后是公婆对外地媳妇的经济提防与不信任，这必然会影响农村女性婚姻迁移者的经济融合程度。仰和芝（2007）、谭琳（2003）与赵丽丽（2008）等人的研究也认为，公婆对外地媳妇在经济上不同程度的不信任是影响女性婚姻迁移者婚后经济生活质量的重要因素。

（三）迁入地状况与了解对经济融合影响的回归分析

表4-51显示，迁入地经济状况、是否了解丈夫等因素对农村女性婚姻迁移者的经济融合有显著性影响（p<0.05）。

迁入地经济状况是影响农村女性婚姻迁移者经济融合的显著因素，究其原因可能是，农村女性婚姻迁移者夫家的经济条件以及其自身迁移后的工作与收入状况往往受制于所在地区经济发展状况，而不同的家庭经济条件，丈夫及其家人与农村女性婚姻迁移者在处理经济上的关系时也会有差异。

婚前是否了解丈夫是影响农村女性婚姻迁移者经济融合的显著性因素，究其原因可能是，如果农村女性婚姻迁移者婚前对丈夫有充分了解，知道丈夫的人品、性格、经济能力，据此，她们往往能初步判断双方婚后在经济上能否做到彼此互相信任与平等，从而可能避免婚后的很多经济矛盾，有助于她们婚后的经济融合。游正林（1992）、仰和芝（2007）、邓智平（2004）与赵丽丽（2008）等人的研究也认为，婚前对丈夫了解程度是影响女性婚姻迁移者婚后生活质量的重要因素。

（四）婚姻迁移的认知与困难对经济融合影响的回归分析

表4-51显示，是否考虑到迁移困难、面对困难是否积极等因素对农村女性婚姻迁移者的经济融合有显著性影响（p<0.05）。

婚前是否考虑到迁移困难是影响农村女性婚姻迁移者经济融合的显著因素，究其原因可能是，农村女性婚姻迁移者婚前如考虑到了婚后可能有的经济困难，做好了应对的思想准备，面对婚后出现的经济等困难，多能理性对待，想着如何去努力克服而不是怨天尤人。而婚姻迁移后的经济困难，只有靠农村女性婚姻迁移者的积极面对，才有可能慢慢克服，从而最终实现经济融合。

是否积极面对婚姻迁移的困难是影响农村女性婚姻迁移者经济融合的显著因素，其原因显而易见，在农村女性婚姻迁移者的经济融合进程中，困难愈多，融合的难度当然就会愈大；而婚姻迁移后的经济困难，只有靠农村女性婚姻迁移者的积极面对，才有可能慢慢克服。

（五）娘家来往与朋友情况对经济融合影响的回归分析

表 4–51 显示，回娘家情况对农村女性婚姻迁移者的经济融合有显著性影响（$p < 0.05$）。

回娘家情况是影响农村女性婚姻迁移者经济融合的显著因素，究其原因可能是，对农村女性婚姻迁移者来说，回娘家路途遥远，不仅自己会担忧、心疼不菲的交通与人情往来费用，丈夫、公婆还可能会对其过高的回娘家费用表示不满，甚至为此与农村女性婚姻迁移者产生经济上的矛盾，影响彼此经济上的信任。

五、农村女性婚姻迁移者经济融合的聚类分析

为了探明不同农村女性婚姻迁移者经济融合的类型及其内部差异性，本研究采用 K-Means 聚类分析，对农村女性婚姻迁移者经济融合的三个因子进行分类，并将其分成 5 个类别，初始聚类中心点由 SPSS 自行确定。聚类分析的结果见表 4–52、表 4–53、表 4–54。

（一）经济融合三个因子的聚类中心点

表 4–52 显示的是经济融合的"经济信任与平等"、"夫家经济条件"、"工作与经济独立"三个因子的聚类分析的聚类中心点。数据显示，当把研究对象分为 5 个类别时，可以得出经济融合三个因子差异较为明显的五组类别，同一类别的三个因子的聚类中心点也并不完全一致。从不同因子的聚类中心点的相对一致性与均衡性来看，五组类别的经济融合水平从低到高依次是：第Ⅱ类别、第Ⅲ类别、第Ⅰ类别、第Ⅳ类别、第Ⅴ类别。

第Ⅱ类别的"经济信任与平等"、"夫家经济条件"、"工作与经济独立"三个因子的聚类中心点分别为 4.55、3.32、2.90。结果表明，经济融合的三

个因子并不均衡，其中"夫家经济条件"、"工作与经济独立"均在一般（4）水平之下，此类别的农村女性婚姻迁移者经济融合水平有待大力改善。

第Ⅲ类别的"经济信任与平等"、"夫家经济条件"、"工作与经济独立"三个因子的聚类中心点分别为6.53、5.36、2.85。结果表明，经济融合的三个因子很不均衡，"工作与经济独立"表现很不理想，有待大力提升。

第Ⅰ类别的"经济信任与平等"、"夫家经济条件"、"工作与经济独立"三个因子的聚类中心点分别为5.10、3.25、5.53。结果表明，此类别农村女性婚姻迁移者群体经济融合的三个方面并不均衡，其中"经济信任与平等"、"工作与经济独立"均达到较好（5）水平，但"夫家经济条件"在一般（4）水平之下，夫家经济条件有待大力改善。

第Ⅳ类别的"经济信任与平等"、"夫家经济条件"、"工作与经济独立"三个因子的聚类中心点分别为4.53、4.33、4.97。结果表明，此类别农村女性婚姻迁移者群体经济融合的三个方面比较均衡，均在一般（4）水平之上，总体比较一致，但均没有达到较好水平，均有待改善。

第Ⅴ类别的"经济信任与平等"、"夫家经济条件"、"工作与经济独立"三个因子的聚类中心点分别为5.73、5.03、5.41。结果表明，此类别农村女性婚姻迁移者群体经济融合的三个方面比较均衡，均达到了较好水平。

表4-52　经济融合三个因子的聚类中心点

因子	Cluster				
	Ⅰ	Ⅱ	Ⅲ	Ⅳ	Ⅴ
经济信任与平等	5.10	4.55	6.53	4.53	5.73
夫家经济条件	3.25	3.32	5.36	4.33	5.03
工作与经济独立	5.53	2.90	2.85	4.97	5.41

（二）经济融合三个因子单因素方差分析

表4-53显示的是单因素方差分析的结果，各数据项的含义依次为组间均方、组间自由度、组内均方、组内自由度。数据显示，经济融合的"经济信任与平等"、"夫家经济条件"、"工作与经济独立"三个因子的聚类中心点

差异均具有显著性（p＜0.05），即各因子的均值在5类中的差异均是显著的。

表4-53　经济融合三个因子单因素方差分析

因子	Cluster		Error		F	Sig.
	Mean Square	df	Mean Square	df		
经济信任与平等	116.940	4	0.354	955	330.332	0.000
夫家经济条件	179.186	4	0.310	955	577.948	0.000
工作与经济独立	320.518	4	0.403	955	795.561	0.000

（三）经济融合三个因子不同类别的样本数

表4-54显示，5个类别的样本数（总样本960人），从少到多依次是：第Ⅱ类有137人，占比14.27%；第Ⅲ类有157人，占比16.35%；第Ⅳ类有173人，占比18.02%；第Ⅴ类有222人，占比23.12%；第Ⅰ类有271人，占比28.24%。其中第Ⅰ类人数最多，第Ⅱ类人数最少。

表4-54　经济融合三个因子不同类别的样本数

Cluster	Ⅰ	271
	Ⅱ	137
	Ⅲ	157
	Ⅳ	173
	Ⅴ	222
有效样本		960

结果表明，不同类型的农村女性婚姻迁移者经济融合中的"经济信任与平等"、"夫家经济条件"、"工作与经济独立"三个因子分为五组类别时，差异呈显著性。其中，23.12%的人的经济融合的三个因子均达到较好水平，相对均衡；18.02%的人的经济融合的三个因子均达到一般水平，相对均衡；16.35%的人的经济融合的三个因子非常不均衡，其中，"工作与经济独立"因子介于很不好与较不好之间，"夫家经济条件"达到较好水平，"经济信任与平等"因子达到很好水平；28.23%的人经济融合的三个因子相对不均衡，

其中，"夫家经济条件"因子未达到一般水平，"经济信任与平等"与"工作与经济独立"均达到较好水平；14.28%的人经济融合三个因子很不均衡且整体水平较低，其中，"经济信任与平等"因子达到一般水平，"夫家经济条件"因子介于较不好与一般水平之间，"工作与经济独立"介于很不好与较不好之间。

第三节　农村女性婚姻迁移者的社区融合

本节主要分析农村女性婚姻迁移者社区融合水平的均值及其不同分值的分布，比较农村女性婚姻迁移者群体内部社区融合的差异，了解农村女性婚姻迁移者社区融合的动态发展，识别影响农村女性婚姻迁移者社区融合的显著因素，探讨农村女性婚姻迁移者群体社区融合的主要类型。

一、农村女性婚姻迁移者社区融合水平的均值及其不同分值的分布

（一）农村女性婚姻迁移者社区融合水平的均值

被调查的农村女性婚姻迁移者的社区融合水平均值结果见表4-55。结果显示，被调查的农村女性婚姻迁移者的社区融合中的"您平均每星期至少与娘家通电话（其他联系方式）一次"、"您对娘家一直是报喜不报忧"、"您娘家在您有困难时会及时提供帮助"、"您在娘家有困难时会及时提供帮助"、"您会参加娘家所有重要家族活动或即使去不了但会随礼"、"婚姻迁移后您与娘家关系没有变得疏远"、"婚姻迁移后您与以前朋友的关系没有变得疏远"、"您丈夫及家人不会限制您与邻居交往以及外出"、"您丈夫体谅您婚姻迁移困境并与您共同面对"、"您初来时丈夫及其家人会陪您熟悉周边环境"、"当您与丈夫有矛盾时，您公婆不会偏袒您丈夫"、"当您与公婆有矛盾时，您丈夫不会偏袒他父母"、"当您与邻里有矛盾时，丈夫及其家人会保护您"、"您与丈夫感情好"、"您与公婆关系融洽"、"您对您丈夫的朋友熟悉"、"您婆婆不会因为您婚姻迁移而为难您"、"您与婆家的亲戚关系良好"、"迁入地

邻居没有因为您迁移而来而为难您"、"您经常主动参与迁入地邻里的休闲娱乐活动"、"迁入地邻里经常主动邀请您参与休闲娱乐活动"、"在迁入地您积极重新建立自己的朋友圈子"、"您日常生活遇到困难时，迁入地邻居会帮助您"、"您的合法权益受到侵犯或遇到困难时，您会主动寻求迁入地社区支持与帮助"、"您的合法权益受到侵犯或遇到困难时，迁入地社区会支持和帮助您"、"您会参加迁入地社区组织的公共活动"、"在迁入地您期望当地政府维护您的合法权益"、"您愿意加入婚姻迁移女性自己成立的合法组织"等 28 个变量，均值分别为 3.79、6.22、3.82、4.09、3.18、3.79、2.00、5.08、5.55、4.90、4.53、5.06、5.37、5.75、4.48、3.48、4.52、4.15、5.13、3.29、3.34、4.36、4.45、4.18、3.25、3.09、6.16、5.65。

表 4-55　农村女性婚姻迁移者社区融合均值（n＝960）

变量	均值	标准差
与娘家联系	3.79	1.479
与娘家联系内容	6.22	0.711
娘家的帮助	3.82	1.274
对娘家的帮助	4.09	1.234
参加娘家家族活动	3.18	1.127
与娘家关系	3.79	1.163
与以前朋友关系	2.00	1.314
限制交往及外出	5.08	1.231
丈夫体谅支持	5.55	0.810
帮助熟悉周边环境	4.90	0.933
公婆偏袒丈夫	4.53	1.276
丈夫偏袒其父母	5.06	1.242
丈夫及其家人的保护	5.37	0.723
与丈夫感情	5.75	0.762
与公婆关系	4.48	1.190
对丈夫朋友的熟悉度	3.48	1.536

变量	均值	标准差
婆婆为难	4.52	1.200
与婆家亲戚关系	4.15	1.314
迁入地邻居为难	5.13	0.878
主动参与休闲娱乐	3.29	1.615
被邀请参与休闲娱乐	3.34	1.575
重新建立朋友圈子	4.36	1.448
迁入地邻居帮助	4.45	1.015
寻求社区支持和帮助	4.18	1.318
社区支持和帮助	3.25	1.468
参加迁入地公共活动	3.09	1.468
政府维护合法权益	6.16	0.889
加入婚姻迁移组织	5.65	1.018
"与娘家关系"因子	3.84	0.652
"与夫家关系"因子	4.78	0.750
"社区参与"因子	4.36	0.884
社区融合总均值	4.38	0.674

数据显示,农村女性婚姻迁移者社区融合中的"与娘家关系"因子均值为3.84,没有达到一般(4)水平,表明农村女性婚姻迁移者婚后与娘家的关系普遍趋于疏远;"与夫家关系"因子均值为4.78,在一般(4)水平之上,但没有达到较好(5)水平;"社区参与"因子均值为4.36,在一般(4)水平之上,但没有达到较好(5)水平;社区融合总均值为4.38,在一般(4)水平之上,但没有达到较好(5)水平。结果表明,农村女性婚姻迁移者社区融合的三个因子与总体水平均没有达到较好水平。

(二)农村女性婚姻迁移者社区融合水平的不同分值分布

表4—56显示,农村女性婚姻迁移者的社区融合水平的均值得分,在3—4之间的分别是3.04、3.07、3.18、3.25、3.29、3.32、3.36、3.39、3.43、3.46、3.50、3.54、3.57、3.61、3.64、3.68、3.71、3.75、3.79、3.82、3.86、3.89、3.93、3.96,共计300人;在4—5之间的分别是4.00、4.04、4.07、4.11、4.14、4.18、

4.21、4.25、4.29、4.32、4.36、4.39、4.43、4.50、4.54、4.61、4.64、4.68、4.75、4.86、4.93、4.96，共计 451 人；在 5—6 之间的分别是 5.00、5.07、5.11、5.21、5.25、5.36、5.39、5.46、5.54、5.57、5.86，共计 209 人。

表 4-56　农村女性婚姻迁移者社区融合的不同分值分布（n=960）

分值	频数	百分比	有效百分比	累积百分比
3.04	5	0.52	0.52	0.52
3.07	5	0.52	0.52	1.04
3.18	6	0.63	0.63	1.67
3.25	4	0.42	0.42	2.08
3.29	5	0.52	0.52	2.60
3.32	15	1.56	1.56	4.17
3.36	14	1.46	1.46	5.63
3.39	8	0.83	0.83	6.46
3.43	4	0.42	0.42	6.88
3.46	14	1.46	1.46	8.33
3.50	10	1.04	1.04	9.38
3.54	33	3.44	3.44	12.81
3.57	5	0.52	0.52	13.33
3.61	18	1.88	1.88	15.21
3.64	20	2.08	2.08	17.29
3.68	9	0.94	0.94	18.23
3.71	5	0.52	0.52	18.75
3.75	13	1.35	1.35	20.10
3.79	5	0.52	0.52	20.63
3.82	39	4.06	4.06	24.69
3.86	23	2.40	2.40	27.08
3.89	15	1.56	1.56	28.65
3.93	10	1.04	1.04	29.69
3.96	15	1.56	1.56	31.25

分值	频数	百分比	有效百分比	累积百分比
4.00	6	0.63	0.63	31.88
4.04	23	2.40	2.40	34.27
4.07	22	2.29	2.29	36.56
4.11	31	3.23	3.23	39.79
4.14	10	1.04	1.04	40.83
4.18	10	1.04	1.04	41.88
4.21	21	2.19	2.19	44.06
4.25	39	4.06	4.06	48.13
4.29	5	0.52	0.52	48.65
4.32	28	2.92	2.92	51.56
4.36	30	3.13	3.13	54.69
4.39	25	2.60	2.60	57.29
4.43	6	0.63	0.63	57.92
4.50	6	0.63	0.63	58.54
4.54	47	4.90	4.90	63.44
4.61	10	1.04	1.04	64.48
4.64	36	3.75	3.75	68.23
4.68	41	4.27	4.27	72.50
4.75	11	1.15	1.15	73.65
4.86	13	1.35	1.35	75.00
4.93	27	2.81	2.81	77.81
4.96	4	0.42	0.42	78.23
5.00	8	0.83	0.83	79.06
5.07	6	0.63	0.63	79.69
5.11	10	1.04	1.04	80.73
5.21	11	1.15	1.15	81.88
5.25	29	3.02	3.02	84.90
5.36	27	2.81	2.81	87.71
5.39	24	2.50	2.50	90.21

分值	频数	百分比	有效百分比	累积百分比
5.46	50	5.21	5.21	95.42
5.54	16	1.67	1.67	97.08
5.57	22	2.29	2.29	99.38
5.86	6	0.62	0.62	100
合计	960	100.00	100.00	

结果表明，不同的农村女性婚姻迁移者的社区融合水平的均值状况：31.25%的人处在较不好（3）与一般（4）之间；46.98%的人处在一般（4）与较好（5）之间；21.77%的人处在较好（5）与很好（6）之间。总体来看，78.23%的农村女性婚姻迁移者的社区融合没有达到较好（5）水平。

二、农村女性婚姻迁移者社区融合的差异比较

（一）农村女性婚姻迁移者社区融合的均值比较与独立样本 T 检验

本研究采用均值比较与独立样本 T 检验方法，对迁移到农村地区与城市、在本省内迁移与迁移到外省、在迁入地常住与在迁入地之外常住、目前在工作与目前不在工作的农村女性婚姻迁移者群体社区融合的内部差异分别进行比较。

1.迁移到农村与迁移到城市的农村女性婚姻迁移者社区融合的均值比较与独立样本 T 检验

表 4–57 显示，本研究中的 789 名迁移到农村与 171 名迁移到城市的农村女性婚姻迁移者，社区融合中的"与娘家关系"、"与夫家关系"、"社区参与"三个因子均值分别为 3.84、4.79、4.37 与 3.86、4.72、4.34。其中，"与娘家关系"因子均值没有达到一般（4）水平。社区融合的总均值分别为 4.39 与 4.36，均在一般（4）水平之上，但均未达到较好（5）水平。

嫁到农村的农村女性婚姻迁移者社区融合总均值略高于嫁到城市的农村女性婚姻迁移者社区融合的总均值。为进一步比较迁移到农村与迁移到城市的农村女性婚姻迁移者社区融合的差异，通过独立样本 T 检验分析发现：二者的三个因子均值差异均不具有显著性（p＞0.05）；总均值差异不具有显

著性（p＞0.05）。

表 4–57　城乡农村女性婚姻迁移者社区融合的均值比较与独立样本 T 检验

变量	城乡	样本	均值	标准差	F	t	df	Sig.（双侧）	均值差
与娘家关系	乡	789	3.84	0.647	0.128	−0.513	958	0.608	−0.028
	城	171	3.86	0.674					
与夫家关系	乡	789	4.79	0.729	7.786	1.182	958	0.237	0.075
	城	171	4.72	0.837					
社区参与	乡	789	4.37	0.903	13.251	0.379	958	0.705	0.028
	城	171	4.34	0.794					
社区融合总均值	乡	789	4.39	0.672	0.325	0.54	958	0.589	0.031
	城	171	4.36	0.686					

2. 本省内迁移与迁移到外省的农村女性婚姻迁移者社区融合的均值比较与独立样本 T 检验

表 4–58 显示，本研究中的 586 名本省内迁移与 374 名迁移到外省的农村女性婚姻迁移者，社区融合中的"与娘家关系"、"与夫家关系"、"社区参与"三个因子均值分别为 3.85、4.79、4.34 与 3.82、4.76、4.40。其中，二者的"与娘家关系"因子均值均低于一般（4）水平。

586 名本省内迁移与 374 名迁移到外省的农村女性婚姻迁移者社区融合的总均值分别为 4.38 与 4.38，均在一般（4）水平之上，但均未达到较好（5）水平；二者的社区融合总均值相等（保留两位小数点）。

独立样本 T 检验分析发现：本省内迁移与迁移到外省的农村女性婚姻迁移者的"与娘家关系"、"与夫家关系"、"社区参与"三个因子均值差异均不具有显著性（p＞0.05）；二者的社区融合总均值差异不具有显著性（p＞0.05）。

表 4-58　本省内迁移与迁移到外省的农村女性婚姻迁移者
社区融合的均值比较与独立样本 T 检验

变量	省内外	样本	均值	标准差	F	t	df	Sig.（双侧）	均值差
与娘家关系	本省	586	3.85	0.600	18.052	0.692	958	0.489	0.030
	外省	374	3.82	0.726					
与夫家关系	本省	586	4.79	0.721	8.890	0.703	958	0.482	0.035
	外省	374	4.76	0.793					
社区参与	本省	586	4.34	0.923	11.515	−0.926	958	0.355	−0.054
	外省	374	4.40	0.821					
社区融合总均值	本省	586	4.38	0.684	6.803	−0.030	958	0.976	−0.001
	外省	374	4.38	0.660					

3. 常年在迁入地居住与常年不在迁入地居住的农村女性婚姻迁移者社区融合的均值比较与独立样本 T 检验

表 4-59 显示，本研究中的 698 名常年在迁入地居住的农村女性婚姻迁移者与 262 名常年不在迁入地居住的农村女性婚姻迁移者，社区融合中的"与娘家关系"、"与夫家关系"、"社区参与"三个因子的均值分别为 3.87、4.88、4.50 与 3.76、4.53、3.99。其中，二者的"与娘家关系"因子均值低于一般（4）水平。

698 名常年在迁入地居住的农村女性婚姻迁移者与 262 名常年不在迁入地居住的农村女性婚姻迁移者的社区融合总均值分别为 4.48 与 4.12，均在一般（4）水平之上，但均未达到较好（5）水平。

常年在迁入地居住的农村女性婚姻迁移者社区融合水平高于常年不在迁入地居住的。独立样本 T 检验分析发现：二者的三个因子均值差异均具有显著性（$p < 0.05$）；二者的社区融合总均值差异具有显著性（$p < 0.05$）。

表4-59　经常居住地不同的农村女性婚姻迁移者社区融合的均值比较与独立样本T检验

变量	经常居住地	样本	均值	标准差	F	t	df	Sig.（双侧）	均值差
与娘家关系	迁入地	698	3.87	0.662	3.177	2.255	958	0.024	0.106
	非迁入地	262	3.76	0.619					
与夫家关系	迁入地	698	4.88	0.744	1.724	6.581	958	0.000	0.350
	非迁入地	262	4.53	0.706					
社区参与	迁入地	698	4.50	0.858	1.302	8.255	958	0.000	0.511
	非迁入地	262	3.99	0.846					
社区融合总均值	迁入地	698	4.48	0.674	6.771	7.411	958	0.000	0.352
	非迁入地	262	4.12	0.605					

结果表明，常年在迁入地居住的农村女性婚姻迁移者社区融合的三个因子均值与社区融合的总均值均高于常年不在迁入地居住的农村女性婚姻迁移者，差异均具有显著性。分析其原因是，常年在迁入地居住的农村女性婚姻迁移者，有更多的时间与娘家保持联系，日常生活中必然每天要与丈夫家人互动，也必然要经常面对社区居民并与其互动。

4.目前在工作与目前不在工作的农村女性婚姻迁移者社区融合的均值比较与独立样本T检验

表4-60显示，本研究中的654名目前在工作的农村女性婚姻迁移者与306名目前不在工作的农村女性婚姻迁移者，社区融合中的"与娘家关系"、"与夫家关系"、"社区参与"的三个因子均值分别为3.78、4.68、4.20与3.97、4.99、4.71。其中，二者的"与娘家关系"因子均值均没有达到一般（4）水平。

654名在工作的农村女性婚姻迁移者与306名不在工作的农村女性婚姻迁移者的社区融合总均值分别为4.27与4.63，均达到一般（4）水平，但均未达到较好（5）水平。

目前在工作的农村女性婚姻迁移者社区融合总均值低于目前不在工作的农村女性婚姻迁移者社区融合的总均值。为进一步比较二者的差异，通过

独立样本 T 检验分析发现：二者的社区融合三个因子均值差异均具有显著性
（p＜0.05）；二者的社区融合总均值差异具有显著性（p＜0.05）。

表 4–60　目前工作与否的农村女性婚姻迁移者社区融合的均值比较与独立样本 T 检验

变量	是否工作	样本	均值	标准差	F	t	df	Sig.（双侧）	均值差
与娘家关系	是	654	3.78	0.654	0.220	−4.123	958	0.000	−0.185
	否	306	3.97	0.630					
与夫家关系	是	654	4.68	0.718	2.852	−6.121	958	0.000	−0.312
	否	306	4.99	0.772					
社区参与	是	654	4.20	0.742	83.875	−8.733	958	0.000	−0.515
	否	306	4.71	1.048					
社区融合总均值	是	654	4.27	0.582	69.708	−7.951	958	0.000	−0.360
	否	306	4.63	0.785					

结果表明，目前在工作的农村女性婚姻迁移者的社区融合中的"与娘
家关系"、"与夫家关系"、"社区参与"三个因子均值与社区融合总均值均低
于不在工作的农村女性婚姻迁移者，差异均具有显著性。其原因不难理解，
在工作的农村女性婚姻迁移者，有的在迁入地之外工作，常年在迁入地之外
居住，较少有机会与丈夫家人及其亲戚以及迁入地的社区居民面对面互动；
有的尽管在迁入地工作，常年居住在迁入地，但因为在工作，相对不在工作
的农村女性婚姻迁移者，她们也较少有时间和精力与娘家人、丈夫家人及其
亲戚以及迁入地的社区居民经常互动。

（二）农村女性婚姻迁移者社区融合均值的方差分析

本研究采用方差分析方法，对迁移到不同经济发展地区与不同迁移距
离的农村女性婚姻迁移者群体的社区融合的内部差异分别进行比较。

1. 不同经济发展水平地区的农村女性婚姻迁移者社区融合的方差分析

为了比较迁移到不同经济发展水平地区的农村女性婚姻迁移者社区融
合的差异，依据研究对象的家乡经济发展水平状况与迁入地经济发展水平
状况的比较，把研究对象迁入地的经济状况分为三组：迁移到比自己家乡

经济发达地区（发达组）、迁移到与自己家乡经济相似地区（相似组）、迁移到比自己家乡经济落后地区（落后组）。三组的人数分别为307人、458人、195人。

（1）描述性统计

表4-61显示，发达组、相似组、落后组的农村女性婚姻迁移者社区融合中的"与娘家关系"、"与夫家关系"、"社区参与"三个因子，均值分别为3.84、4.71、4.24与3.85、4.79、4.44以及3.81、4.86、4.38，三组的"与娘家关系"因子均值均未达到一般（4）水平；社区融合总均值分别为4.31、4.42、4.41，均在一般（4）水平之上，但均未达到较好（5）水平。发达组的农村女性婚姻迁移者社区融合总均值最低；相似组的农村女性婚姻迁移者社区融合总均值最高；落后组的农村女性婚姻迁移者社区融合总均值居于三组之间。

表4-61　不同经济发展水平地区的农村女性婚姻迁移者社区融合的描述性统计（n＝960）

因变量	经济状况	样本	均值	标准差	标准误	平均数的95%置信区间		最小值	最大值
						下界	上界		
与娘家关系	发达组	307	3.84	0.725	0.041	3.76	3.92	2	5
	相似组	458	3.85	0.616	0.029	3.80	3.91	2	5
	落后组	195	3.81	0.612	0.044	3.72	3.89	3	5
	总和	960	3.84	0.652	0.021	3.80	3.88	2	5
与夫家关系	发达组	307	4.71	0.734	0.042	4.63	4.79	3	6
	相似组	458	4.79	0.723	0.034	4.73	4.86	3	6
	落后组	195	4.86	0.826	0.059	4.74	4.98	3	6
	总和	960	4.78	0.750	0.024	4.73	4.83	3	6
社区参与	发达组	307	4.24	0.669	0.038	4.17	4.32	3	6
	相似组	458	4.44	0.959	0.045	4.35	4.53	3	6
	落后组	195	4.38	0.977	0.070	4.24	4.52	2	6
	总和	960	4.36	0.884	0.029	4.31	4.42	2	6

因变量	经济状况	样本	均值	标准差	标准误	平均数的95%置信区间		最小值	最大值
						下界	上界		
社区融合总均值	发达组	307	4.31	0.634	0.036	4.24	4.38	3	6
	相似组	458	4.42	0.685	0.032	4.36	4.48	3	6
	落后组	195	4.41	0.704	0.050	4.31	4.51	3	6
	总和	960	4.38	0.674	0.022	4.34	4.42	3	6

（2）单因素方差分析

表 4-62 显示，社区融合中的"与娘家关系"、"与夫家关系"二个因子均值与总均值，整体检验的 F 值分别为 0.332（p＞0.05）、2.553（p＞0.05）、2.658（p＞0.05），均未达到显著水平。社区融合的"社区参与"因子的 F 值为 4.642（p＜0.05），达到显著水平，表示发达组、相似组、落后组的农村女性婚姻迁移者社区融合的"社区参与"因子之间差异均具有显著性，至于是哪些配对组别间的差异具有显著性，须要进行事后比较方能得知。

表 4-62　不同经济发展水平地区的农村女性婚姻迁移者社区融合的单因素方差分析

因变量	自变量	平方和	自由度	平均平方和	F 检验	显著性
与娘家关系	组间	0.282	2	0.141	0.332	0.718
	组内	407.272	957	0.426		
	总和	407.554	959			
与夫家关系	组间	2.840	2	1.420	2.533	0.080
	组内	536.360	957	0.560		
	总和	539.200	959			
社区参与	组间	7.206	2	3.603	4.642	0.010
	组内	742.817	957	0.776		
	总和	750.023	959			
社区融合总均值	组间	2.410	2	1.205	2.658	0.071
	组内	433.852	957	0.453		
	总和	436.262	959			

（3）多重比较

本研究采用 Scheffe 方法对发达组、相似组、落后组的农村女性婚姻迁移者社区融合的三个因子均值及总均值差异进行事后比较，比较结果见表4–63。

结果显示，发达组、相似组、落后组的农村女性婚姻迁移者社区融合的"社区参与"因子均值，发达组与相似组的差异显著，相似组＞发达组。分析其原因可能是，经济发达的地方，人们更多的时间与精力用在工作和挣钱方面，人与人之间的关系更多趋于经济理性，人们关注更多的是个人的独立与私人空间，倾向于保持人际交往的适度距离（沈文捷，2007），相互间日常互动少，也较少一起参与社区的公共活动。

表4–63　不同经济发展水平地区的农村女性婚姻迁移者社区融合的多重比较（Scheffe）

因变量	（I）经济状况	（J）经济状况	平均差（I-J）	标准误	显著性	95% 置信区间		事后比较
						下界	上界	
与娘家关系	发达组	相似	−0.011	0.048	0.974	−0.13	0.11	三组间均值差异均不显著
		落后	0.034	0.060	0.849	−0.11	0.18	
	相似组	发达	0.011	0.048	0.974	−0.11	0.13	
		落后	0.045	0.056	0.719	−0.09	0.18	
	落后组	发达	−0.034	0.060	0.849	−0.18	0.11	
		相似	−0.045	0.056	0.719	−0.18	0.09	
与夫家关系	发达组	相似	−0.085	0.055	0.309	−0.22	0.05	三组间均值差异均不显著
		落后	−0.150	0.069	0.093	−0.32	0.02	
	相似组	发达	0.085	0.055	0.309	−0.05	0.22	
		落后	−0.065	0.064	0.597	−0.22	0.09	
	落后组	发达	0.150	0.069	0.093	−0.02	0.32	
		相似	0.065	0.064	0.597	−0.09	0.22	

因变量	(I) 经济状况	(J) 经济状况	平均差 (I-J)	标准误	显著性	95% 置信区间		事后比较
						下界	上界	
社区参与	发达组	相似	-0.197	0.065	0.010	-0.36	-0.04	相似组＞发达组
		落后	-0.137	0.081	0.236	-0.33	0.06	
	相似组	发达	0.197	0.065	0.010	0.04	0.36	
		落后	0.060	0.075	0.728	-0.12	0.24	
	落后组	发达	0.137	0.081	0.236	-0.06	0.33	
		相似	-0.060	0.075	0.728	-0.24	0.12	
社区融合总均值	发达组	相似	-0.111	0.050	0.085	-0.23	0.01	三组间均值差异均不显著
		落后	-0.099	0.062	0.277	-0.25	0.05	
	相似组	发达	0.111	0.050	0.085	-0.01	0.23	
		落后	0.012	0.058	0.980	-0.13	0.15	
	落后组	发达	0.099	0.062	0.277	-0.05	0.25	
		相似	-0.012	0.058	0.980	-0.15	0.13	

2. 不同迁移距离的农村女性婚姻迁移者社区融合的方差分析

在被调查的研究对象中，迁移距离从100公里到1500公里以上不等。为了分析不同迁移距离的农村女性婚姻迁移者社区融合的差异，本研究把不同迁移距离分成100—500公里组、500—900公里组与900公里以上组共3组。3组人数分别为460人、247人、253人。

（1）描述性统计

表4-64显示，迁移距离100—500公里组、500—900公里组与900公里以上组的农村女性婚姻迁移者社区融合中的"与娘家关系"、"与夫家关系"、"社区参与"三个因子均值分别为3.88、4.84、4.37与3.83、4.67、4.36以及3.78、4.78、4.35。三组的"与娘家关系"因子均值均低于一般（4）水平。

迁移距离100—500公里组、500—900公里组与900公里以上组的农村女性婚姻迁移者社区融合总均值分别为4.41、4.34、4.37，均在一般（4）水平之上，但均未达到较好（5）水平。

表 4-64 不同迁移距离的农村女性婚姻迁移者社区融合的描述性统计

因变量	迁移距离	样本	均值	标准差	标准误	平均数的95%置信区间		最小值	最大值
						下界	上界		
与娘家关系	100—500 公里	460	3.88	0.612	0.029	3.820	3.933	2	5
	500—900 公里	247	3.83	0.596	0.038	3.758	3.907	3	5
	900 公里以上	253	3.78	0.763	0.048	3.689	3.878	2	5
	总和	960	3.84	0.652	0.021	3.799	3.882	2	5
与夫家关系	100—500 公里	460	4.84	0.728	0.034	4.772	4.905	3	6
	500—900 公里	247	4.67	0.729	0.046	4.575	4.758	3	6
	900 公里以上	253	4.78	0.797	0.050	4.684	4.882	3	6
	总和	960	4.78	0.750	0.024	4.732	4.827	3	6
社区参与	100—500 公里	460	4.37	0.913	0.043	4.282	4.449	3	6
	500—900 公里	247	4.36	0.914	0.058	4.250	4.479	3	6
	900 公里以上	253	4.35	0.802	0.050	4.255	4.454	2	6
	总和	960	4.36	0.884	0.029	4.306	4.418	2	6
社区融合总均值	100—500 公里	460	4.41	0.690	0.032	4.349	4.475	3	6
	500—900 公里	247	4.34	0.673	0.043	4.255	4.424	3	6
	900 公里以上	253	4.37	0.648	0.041	4.285	4.445	3	6
	总和	960	4.38	0.674	0.022	4.338	4.424	3	6

(2) 单因素方差分析

表 4-65 显示，迁移距离 100—500 公里组、500—900 公里组与 900 公里以上组的农村女性婚姻迁移者社区融合中的"与娘家关系""社区参与"二个因子均值与总均值，整体检验的 F 值分别为 1.678 ($p > 0.05$)、0.015 ($p > 0.05$)、1.042 ($p > 0.05$)，均未达到显著水平。社区融合的"与夫家关系"因子的 F 值为 4.264 ($p < 0.05$)，达到显著水平，表明迁移距离 100—500 公里组、500—900 公里组与 900 公里以上组的农村女性婚姻迁移者社区融合

的"社区参与"因子均值差异具有显著性。至于是哪些配对组别间的差异具有显著性，须要进行事后比较方能得知。

表4-65　不同迁移距离的农村女性婚姻迁移者社区融合的单因素方差分析

因变量	自变量	平方和	自由度	平均平方和	F检验	显著性
与娘家关系	组间	1.425	2	0.712	1.678	0.187
	组内	406.130	957	0.424		
	总和	407.554	959			
与夫家关系	组间	4.763	2	2.381	4.264	0.014
	组内	534.437	957	0.558		
	总和	539.200	959			
社区参与	组间	0.023	2	0.011	0.015	0.985
	组内	750.000	957	0.784		
	总和	750.023	959			
社区融合总均值	组间	0.948	2	0.474	1.042	0.353
	组内	435.314	957	0.455		
	总和	436.262	959			

（3）多重比较

本研究采用 Scheffe 方法对 460 名迁移距离为 100—500 公里、247 名迁移距离为 500—900 公里、253 名迁移距离为 900 公里以上的农村女性婚姻迁移者的社区融合的因子均值与总均值的差异进行事后比较，比较结果见表4-66。

结果表明，迁移距离 100—500 公里组、500—900 公里组与 900 公里以上组的农村女性婚姻迁移者社区融合中的"与娘家关系"、"社区参与"因子均值与总均值差异均不具有显著性。"与夫家关系"因子均值，100—500 公里组与 500—900 公里组差异显著，100—500 公里组＞500—900 公里组。

表4-66 不同迁移距离的农村女性婚姻迁移者社区融合的多重比较（Scheffe）

因变量	(I) 迁移距离	(J) 迁移距离	平均差 (I-J)	标准误	显著性	95% 置信区间		事后比较
						下界	上界	
与娘家关系	100—500 公里	500—900 公里	0.044	0.051	0.692	−0.08	0.17	三组间均值差异均不显著
		900 公里以上	0.093	0.051	0.192	−0.03	0.22	
	500—900 公里	100—500 公里	−0.044	0.051	0.692	−0.17	0.08	
		900 公里以上	0.049	0.058	0.707	−0.09	0.19	
	900 公里以上	100—500 公里	−0.093	0.051	0.192	−0.22	0.03	
		500—900 公里	−0.049	0.058	0.707	−0.19	0.09	
与夫家关系	100—500 公里	500—900 公里	0.172	0.059	0.014	0.03	0.32	100—500 公里组＞500—900 公里组
		900 公里以上	0.055	0.058	0.638	−0.09	0.20	
	500—900 公里	100—500 公里	−0.172	0.059	0.014	−0.32	−0.03	
		900 公里以上	−0.117	0.067	0.219	−0.28	0.05	
	900 公里以上	100—500 公里	−0.055	0.058	0.638	−0.20	0.09	
		500—900 公里	0.117	0.067	0.219	−0.05	0.28	
社区参与	100—500 公里	500—900 公里	0.001	0.070	1.000	−0.17	0.17	三组间均值差异均不显著
		900 公里以上	0.012	0.069	0.986	−0.16	0.18	
	500—900 公里	100—500 公里	−0.001	0.070	1.000	−0.17	0.17	
		900 公里以上	0.010	0.079	0.992	−0.18	0.20	
	900 公里以上	100—500 公里	−0.012	0.069	0.986	−0.18	0.16	
		500—900 公里	−0.010	0.079	0.992	−0.20	0.18	
社区融合总均值	100—500 公里	500—900 公里	0.073	0.053	0.390	−0.06	0.20	三组间均值差异均不显著
		900 公里以上	0.048	0.053	0.667	−0.08	0.18	
	500—900 公里	100—500 公里	−0.073	0.053	0.390	−0.20	0.06	
		900 公里以上	−0.026	0.060	0.914	−0.17	0.12	
	900 公里以上	100—500 公里	−0.048	0.053	0.667	−0.18	0.08	
		500—900 公里	0.026	0.060	0.914	−0.12	0.17	

三、农村女性婚姻迁移者社区融合的动态发展分析

本研究中，农村女性婚姻迁移者的婚龄从 1 年之内到 24 年不等，把不

同婚龄的农村女性婚姻迁移者分别合并为 2 年以内组、2—7 年组、7—10 年组、10—15 年组、15 年以上组共计 5 个组别的婚龄组（不同婚龄组人数分别为 112 人、276 人、166 人、185 人、221 人），采用方差分析方法比较不同婚龄组社区融合的发展差异，旨在揭示农村女性婚姻迁移者社区融合的动态发展过程。

（一）描述性统计

表 4-67　农村女性婚姻迁移者社区融合动态发展的描述性统计（n＝960）

因变量	婚龄	样本	均值	标准差	标准误	平均数 95% 置信区间		最小值	最大值
						下界	上界		
与娘家关系	2 年以内	112	3.44	0.598	0.056	3.33	3.55	3	5
	2—7 年	276	3.83	0.600	0.036	3.76	3.90	2	5
	7—10 年	166	3.43	0.348	0.027	3.38	3.49	3	4
	10—15 年	185	3.86	0.751	0.055	3.75	3.97	3	5
	15 年以上	221	4.35	0.436	0.029	4.29	4.41	3	5
	总和	960	3.84	0.652	0.021	3.80	3.88	2	5
与夫家关系	2 年以内	112	4.19	1.021	0.097	4.00	4.38	3	6
	2—7 年	276	4.51	0.722	0.043	4.42	4.60	3	6
	7—10 年	166	4.52	0.573	0.044	4.43	4.61	3	6
	10—15 年	185	5.05	0.438	0.032	4.99	5.11	4	6
	15 年以上	221	5.38	0.349	0.023	5.34	5.43	4	6
	总和	960	4.78	0.750	0.024	4.73	4.83	3	6
社区参与	2 年以内	112	3.81	0.494	0.047	3.72	3.91	3	5
	2—7 年	276	4.13	0.982	0.059	4.01	4.24	2	6
	7—10 年	166	3.88	0.487	0.038	3.81	3.96	3	5
	10—15 年	185	4.41	0.663	0.049	4.32	4.51	3	6
	15 年以上	221	5.25	0.585	0.039	5.17	5.33	4	6
	总和	960	4.36	0.884	0.029	4.31	4.42	2	6

因变量	婚龄	样本	均值	标准差	标准误	平均数95%置信区间		最小值	最大值
						下界	上界		
社区融合总均值	2年以内	112	3.86	0.501	0.047	3.76	3.95	3	5
	2—7年	276	4.19	0.716	0.043	4.10	4.27	3	6
	7—10年	166	4.00	0.354	0.027	3.94	4.05	3	5
	10—15年	185	4.50	0.492	0.036	4.43	4.57	4	5
	15年以上	221	5.07	0.359	0.024	5.03	5.12	4	6
	总和	960	4.38	0.674	0.022	4.34	4.42	3	6

表4-67显示，不同婚龄组的农村女性婚姻迁移者社区融合中的"与娘家关系"、"与夫家关系"、"社区参与"三个因子均值分别为：2年以内组（3.44、4.19、3.81）、2—7年组（3.83、4.51、4.13）、7—10年组（3.43、4.52、3.88）、10—15年组（3.86、5.05、4.41）、15年以上组（4.35、5.38、5.25）。

数据显示，2年以内组、2—7年组、7—10年组、10—15年组和15年以上组的农村女性婚姻迁移者的社区融合总均值分别为3.86、4.19、4.00、4.50、5.07。2年以内婚龄组的社区融合总均值为3.86，未达到一般（4）水平，也是所有婚龄组之中最低的；15年以上婚龄组的社区融合总均值为5.07，达到较好（5）水平，为所有婚龄组之中最高。结果表明，农村女性婚姻迁移者迁移初期社区融合处在刚开始阶段，融合水平低，随着时间的推移，社区融合水平不断提升。

（二）单因素方差分析

表4-68显示，社区融合三个因子均值及总均值的整体检验的F值分别为80.984（p＜0.05）、104.381（p＜0.05）、128.391（p＜0.05）与158.669（p＜0.05），均达到显著水平，表示婚龄为2年以内组、2—7年组、7—10年组、10—15年组和15年以上组的不同婚龄组的农村女性婚姻迁移者的社区融合三个因子均值及总均值的差异均具有显著性。至于是哪些配对组别间的差异具有显著性，须要进行事后比较方能得知。

表 4-68　农村女性婚姻迁移者社区融合动态发展的单因素方差分析

因变量	自变量	平方和	自由度	平均平方和	F 检验	显著性
与娘家关系	组间	103.227	4	25.807	80.984	0.000
	组内	304.327	955	0.319		
	总和	407.554	959			
与夫家关系	组间	164.025	4	41.006	104.381	0.000
	组内	375.174	955	0.393		
	总和	539.200	959			
社区参与	组间	262.286	4	65.572	128.391	0.000
	组内	487.737	955	0.511		
	总和	750.023	959			
社区融合总均值	组间	174.177	4	43.544	158.669	0.000
	组内	262.085	955	0.274		
	总和	436.262	959			

（三）多重比较

本研究采用 Scheffe 方法对 2 年以内组、2—7 年组、7—10 年组、10—15 年组和 15 年以上组的农村女性婚姻迁移者社区融合的三个因子均值以及社区融合总均值的动态发展差异进行事后比较，比较结果见表 4-69。

表 4-69　农村女性婚姻迁移者社区融合动态发展的多重比较（Scheffe）

因变量	（I）婚龄	（J）婚龄	平均差异（I-J）	标准误	显著性	95% 置信区间 下界	95% 置信区间 上界	事后比较
与娘家关系	2 年以内	2—7 年	−0.388	0.063	0.000	−0.58	−0.19	15 年以上组>10—15 年组>2—7 年>2 年以内组>7—10 年组
		7—10 年	0.007	0.069	1.000	−0.21	0.22	
		10—15 年	−0.425	0.068	0.000	−0.63	−0.22	
		15 年以上	−0.911	0.065	0.000	−1.11	−0.71	

因变量	（I）婚龄	（J）婚龄	平均差异（I-J）	标准误	显著性	95% 置信区间		事后比较
						下界	上界	
与娘家关系	2—7 年	2 年以内	0.388	0.063	0.000	0.19	0.58	15 年 以 上 组 >10—15 年组 >2—7 年 >2 年 以 内 组 > 7—10 年组
		7—10 年	0.395	0.055	0.000	0.22	0.57	
		10—15 年	−0.037	0.054	0.976	−0.20	0.13	
		15 年以上	−0.523	0.051	0.000	−0.68	−0.37	
	7—10 年	2 年以内	−0.007	0.069	1.000	−0.22	0.21	
		2—7 年	−0.395	0.055	0.000	−0.57	−0.22	
		10—15 年	−0.431	0.060	0.000	−0.62	−0.25	
		15 年以上	−0.918	0.058	0.000	−1.10	−0.74	
	10—15 年	2 年以内	0.425	0.068	0.000	0.22	0.63	
		2—7 年	0.037	0.054	0.976	−0.13	0.20	
		7—10 年	0.431	0.060	0.000	0.25	0.62	
		15 年以上	−0.486	0.056	0.000	−0.66	−0.31	
	15 年以上	2 年以内	0.911	0.065	0.000	0.71	1.11	
		2—7 年	0.523	0.051	0.000	0.37	0.68	
		7—10 年	0.918	0.058	0.000	0.74	1.10	
		10—15 年	0.486	0.056	0.000	0.31	0.66	
与夫家关系	2 年以内	2—7 年	−0.319	0.070	0.000	−0.54	−0.10	15 年 以 上 组 >10—15 年组 >7—10 年 组 >2—7 年组 >2 年以内组
		7—10 年	−0.330	0.077	0.001	−0.57	−0.09	
		10—15 年	−0.858	0.075	0.000	−1.09	−0.63	
		15 年以上	−1.193	0.073	0.000	−1.42	−0.97	
	2—7 年	2 年以内	0.319	0.070	0.000	0.10	0.54	
		7—10 年	−0.011	0.062	1.000	−0.20	0.18	
		10—15 年	−0.539	0.060	0.000	−0.72	−0.36	
		15 年以上	−0.874	0.057	0.000	−1.05	−0.70	
	7—10 年	2 年以内	0.330	0.077	0.001	0.09	0.57	
		2—7 年	0.011	0.062	1.000	−0.18	0.20	
		10—15 年	−0.528	0.067	0.000	−0.73	−0.32	
		15 年以上	−0.863	0.064	0.000	−1.06	−0.66	

因变量	（I）婚龄	（J）婚龄	平均差异（I-J）	标准误	显著性	95% 置信区间		事后比较
						下界	上界	
与夫家关系	10—15年	2年以内	0.858	0.075	0.000	0.63	1.09	15年以上组>10—15年组>7—10年组>2—7年组>2年以内组
		2—7年	0.539	0.060	0.000	0.36	0.72	
		7—10年	0.528	0.067	0.000	0.32	0.73	
		15年以上	−0.335	0.062	0.000	−0.53	−0.14	
	15年以上	2年以内	1.193	0.073	0.000	0.97	1.42	
		2—7年	0.874	0.057	0.000	0.70	1.05	
		7—10年	0.863	0.064	0.000	0.66	1.06	
		10—15年	0.335	0.062	0.000	0.14	0.53	
社区参与	2年以内	2—7年	−0.313	0.080	0.004	−0.56	−0.07	15年以上组>10—15年组>2—7年组>7—10年年组>2年以内组
		7—10年	−0.067	0.087	0.964	−0.34	0.20	
		10—15年	−0.597	0.086	0.000	−0.86	−0.33	
		15年以上	−1.437	0.083	0.000	−1.69	−1.18	
	2—7年	2年以内	0.313	0.080	0.004	0.07	0.56	
		7—10年	0.246	0.070	0.016	0.03	0.46	
		10—15年	−0.284	0.068	0.002	−0.49	−0.07	
		15年以上	−1.124	0.065	0.000	−1.32	−0.92	
	7—10年	2年以内	0.067	0.087	0.964	−0.20	0.34	
		2—7年	−0.246	0.070	0.016	−0.46	−0.03	
		10—15年	−0.530	0.076	0.000	−0.77	−0.29	
		15年以上	−1.369	0.073	0.000	−1.60	−1.14	
	10—15年	2年以内	0.597	0.086	0.000	0.33	0.86	
		2—7年	0.284	0.068	0.002	0.07	0.49	
		7—10年	0.530	0.076	0.000	0.29	0.77	
		15年以上	−0.839	0.071	0.000	−1.06	−0.62	
	15年以上	2年以内	1.437	0.083	0.000	1.18	1.69	
		2—7年	1.124	0.065	0.000	0.92	1.32	
		7—10年	1.369	0.073	0.000	1.14	1.60	
		10—15年	0.839	0.071	0.000	0.62	1.06	

因变量	(I) 婚龄	(J) 婚龄	平均差异(I-J)	标准误	显著性	95% 置信区间		事后比较
						下界	上界	
社区融合总均值	2 年以内	2—7 年	−0.334	0.059	0.000	−0.51	−0.15	15 年 以 上 组 >10—15 年 组 >2—7 年 组 >7—10 年 年组 >2 年以 内组
		7—10 年	−0.143	0.064	0.293	−0.34	0.06	
		10—15 年	−0.647	0.063	0.000	−0.84	−0.45	
		15 年以上	−1.218	0.061	0.000	−1.41	−1.03	
	2—7 年	2 年以内	0.334	0.059	0.000	0.15	0.51	
		7—10 年	0.191	0.051	0.008	0.03	0.35	
		10—15 年	−0.313	0.050	0.000	−0.47	−0.16	
		15 年以上	−0.884	0.047	0.000	−1.03	−0.74	
	7—10 年	2 年以内	0.143	0.064	0.293	−0.06	0.34	
		2—7 年	−0.191	0.051	0.008	−0.35	−0.03	
		10—15 年	−0.504	0.056	0.000	−0.68	−0.33	
		15 年以上	−1.076	0.054	0.000	−1.24	−0.91	
	10—15 年	2 年以内	0.647	0.063	0.000	0.45	0.84	
		2—7 年	0.313	0.050	0.000	0.16	0.47	
		7—10 年	0.504	0.056	0.000	0.33	0.68	
		15 年以上	−0.571	0.052	0.000	−0.73	−0.41	
	15 年以上	2 年以内	1.218	0.061	0.000	1.03	1.41	
		2—7 年	0.884	0.047	0.000	0.74	1.03	
		7—10 年	1.076	0.054	0.000	0.91	1.24	
		10—15 年	0.571	0.052	0.000	0.41	0.73	

从不同婚龄组差异事后比较的结果看，社区融合中的"与娘家关系"因子均值，15 年以上组与 2 年以内组、2—7 年组、7—10 年组、10—15 年组等 4 婚龄组之间差异均具有显著性，10—15 年组与 2 年以内组、7—10 年组、15 年以上组等 3 婚龄组之间差异均具有显著性，7—10 年组与 2—7 年组之间差异具有显著性，2 年以内组与 2—7 年组之间差异具有显著性；15 年以上组 >10—15 年组 >2—7 年 >2 年以内组 >7—10 年组。"与夫家关系"因子均值，15 年以上组与 2 年以内组、2—7 年组、7—10 年组、10—15 年

组等 4 婚龄组之间差异均有显著性，10—15 年组与 2 年以内组、2—7 年组、7—10 年组、15 年以上组等 4 婚龄组之间差异均具有显著性，2 年以内组与 2—7 年组、7—10 年组 2 婚龄组之间差异具有显著性；15 年以上组＞10—15 年组＞7—10 年组＞2—7 年组＞2 年以内组。"社区参与"因子，15 年以上组与 2 年以内组、2—7 年组、7—10 年组、10—15 年组等 4 婚龄组之间差异均具有显著性，10—15 年组与 2 年以内组、2—7 年组、7—10 年组、15 年以上组等 4 婚龄组之间差异均具有显著性，7—10 年组与 2—7 年组之间差异具有显著性，2—7 年组与 2 年以内组之间差异具有显著性；15 年以上组＞10—15 年组＞2—7 年组＞7—10 年组＞2 年以内组。社区融合总均值，15 年以上组与 2 年以内组、2—7 年组、7—10 年组、10—15 年组等 4 婚龄组之间差异均具有显著性，10—15 年组与 2 年以内组、2—7 年组、7—10 年组、15 年以上组等 4 婚龄组之间差异均具有显著性，7—10 年组与 2—7 年组之间差异具有显著性，2—7 年组与 2 年以内组之间差异具有显著性；15 年以上组＞10—15 年组＞2—7 年组＞7—10 年组＞2 年以内组。分析其原因是，随着婚龄的增长，农村女性婚姻迁移者在迁移地生活时间的逐步延长，逐渐融入婆家的生活，生活空间得以慢慢延伸，社会关系和网络得到不断扩展，社区互动的范围也逐步向外延伸，社区互动和交往的频度和内容日渐加强而且多样，与社区居民的交往不断增强，社区融合的程度逐渐提升。

结果表明，不同婚龄组的农村女性婚姻迁移者社区融合的总体状况，7 年之内婚龄组随着婚龄的增长呈逐步提升的趋势，7—10 年婚龄组随着婚龄的增长呈逐步下降的趋势，10 年以上婚龄组随着婚龄的增长呈逐步提升的趋势。"与娘家关系"因子，7 年之内婚龄组随着婚龄的增长呈逐步提升的趋势，7—10 年婚龄组随着婚龄的增长呈逐步下降的趋势，10 年以上婚龄组随着婚龄的增长呈逐步提升的趋势；"与夫家关系"因子，不同婚龄组随着婚龄的增长呈逐步提升的趋势；"社区参与"因子，7 年之内婚龄组随着婚龄的增长呈逐步提升的趋势，7—10 年婚龄组随着婚龄的增长呈逐步下降的趋势，10 年以后婚龄组随着婚龄的增长呈逐步提升的趋势。

四、影响农村女性婚姻迁移者社区融合的多因素回归分析

为识别影响农村女性婚姻迁移者社区融合的因素，本研究选取农村女性婚姻迁移者背景资料中的 29 个变量作为自变量。对 29 个变量进行归类，形成个人与家庭基本情况（包含：教育程度、户籍是否迁移、是否有孩子、目前是否工作、经常居住地、是否与公婆同住、房子类型）、婚姻基本状况（包含：与丈夫认识方式、是否为爱情选择迁移、父母是否同意远嫁、公婆是否同意外娶、婚龄）、迁入地状况与了解（包含：城乡、省内或省外迁移、迁移距离、迁入地经济状况、是否适应迁入地自然环境、是否了解丈夫、是否了解迁入地、是否了解丈夫家庭）、婚姻迁移的认知与困难（包含：期望是否有落差、是否后悔迁移、迁移是否有遗憾、是否考虑到迁移困难、社会融合是否困难、面对困难是否积极）、娘家来往与朋友情况（包含：回娘家情况、娘家人来婆家情况、迁入地是否有朋友）共 5 类。以 29 个变量作为自变量，以农村女性婚姻迁移者社区融合总均值作为因变量，对影响农村女性婚姻迁移者社区融合的因素进行回归分析。回归分析的结果见表 4-70。

表 4-70　影响农村女性婚姻迁移者社区融合的多因素回归分析

自变量	非标准化系数		标准化系数	t	Sig.
	B	Std. Error	Beta		
个人与家庭基本情况					
教育程度	0.007	0.013	0.009	0.557	0.578
户籍是否迁移	0.022	0.033	0.013	0.662	0.508
是否有孩子	−0.025	0.045	−0.010	−0.558	0.577
目前是否工作	0.156	0.026	0.108	6.021	0.000
经常居住地	0.027	0.027	0.018	0.997	0.319
是否与公婆同住	−0.011	0.026	−0.008	−0.411	0.681
房子类型	0.055	0.021	0.045	2.567	0.010
婚姻基本状况					
与丈夫认识方式	0.086	0.021	0.066	0.018	0.601
是否为爱情选择迁移	−0.308	0.068	−0.068	−1.548	0.510

自变量	非标准化系数		标准化系数	t	Sig.
	B	Std. Error	Beta		
父母是否同意远嫁	−0.023	0.026	−0.016	−0.884	0.377
公婆是否同意外娶	−0.087	0.031	−0.047	−2.836	0.005
婚龄	0.022	0.003	0.208	7.535	0.000
迁入地状况与了解					
城乡	−0.097	0.032	−0.055	−3.053	0.002
省内或省外迁移	0.008	0.040	0.006	0.207	0.836
迁移距离	0.025	0.023	0.030	1.068	0.286
迁入地经济状况	−0.006	0.016	−0.006	−0.364	0.716
是否适应迁入地自然环境	0.035	0.014	0.058	2.545	0.011
是否了解丈夫	−0.079	0.032	−0.041	−2.446	0.055
是否了解迁入地	0.037	0.034	0.019	1.081	0.280
是否了解丈夫家庭	−0.236	0.045	−0.093	−5.216	0.000
婚姻迁移的认知与困难					
期望是否有落差	0.010	0.025	0.007	0.382	0.702
是否后悔迁移	−0.016	0.013	−0.019	−1.239	0.216
迁移是否有遗憾	0.382	0.050	0.122	7.630	0.000
是否考虑到迁移困难	−0.058	0.024	−0.043	−2.466	0.014
社会融合是否困难	0.310	0.014	0.574	22.729	0.000
面对困难是否积极	0.010	0.025	0.007	0.382	0.027
娘家来往与朋友情况					
回娘家情况	0.055	0.012	0.094	4.439	0.000
娘家人来婆家情况	0.080	0.033	0.043	2.439	0.015
迁入地是否有朋友	−0.119	0.027	−0.087	−4.445	0.000

（一）个人与家庭基本情况对社区融合影响的回归分析

表4-70显示，目前是否工作、房子类型等因素对农村女性婚姻迁移者社区融合的总体状况有显著性影响（p＜0.05）。

是否工作是影响农村女性婚姻迁移者社区融合的显著因素，究其原因可能是，在工作与不在工作的农村女性婚姻迁移者，她们日常生活中交往的人群、交往的内容、交往的频度与程度、建立的社会关系的范围都会有差异，这必然影响她们的社区融合。这在赵丽丽（2008）关于迁移到城市的农村女性婚姻迁移者的社区适应的研究中也得到验证。

居住的房子类型（在本研究中，房子的类型指自建房、购买的商品房、租借住房）是影响农村女性婚姻迁移者社区融合的显著因素，究其原因可能是，农村女性婚姻迁移者居住在不同类型的房子中，不同居住区居民互动的方式、内容、范围和关系不一样，农村女性婚姻迁移者的心理感受也不一样，社区融合自然而然就有差异。

（二）婚姻基本状况对社区融合影响的回归分析

表 4–70 显示，公婆是否同意外娶、婚龄等因素对农村女性婚姻迁移者社区融合的总体状况有显著性影响（$p < 0.05$）。

公婆是否同意外娶是影响农村女性婚姻迁移者社区融合的显著因素，分析其原因可能是，对农村女性婚姻迁移者来说，丈夫父母如最初不同意儿子娶外地女性，可能会让其对公婆心存芥蒂，而公婆也可能因为儿子没有听从劝告娶了外地女性而把不满发泄到媳妇身上，不论上述哪种情况都会影响农村女性婚姻迁移者婚后与公婆良好关系的建立。

婚龄是影响农村女性婚姻迁移者社区融合的显著因素，分析其原因是，随着婚龄的增长，农村女性婚姻迁移者与丈夫家人及其亲属的关系逐渐深入，社区参与日益频繁与深入，在迁入地的社会关系和网络得到不断扩展，逐步建立起自己的新的社会关系网络。邓晓梅（2012）、仰和芝（2007）、顾青（2010）的研究结果均表明，随着婚龄增长，农村女性婚姻迁移者的社区融合程度越深。

（三）迁入地状况与了解对社区融合影响的回归分析

表 4–70 显示，城乡、是否适应迁入地自然环境、是否了解丈夫家庭等因素对农村女性婚姻迁移者的社区融合有显著性影响（$p < 0.05$）。

迁移到农村还是城市是影响农村女性婚姻迁移者社区融合的显著因素，分析其原因可能是，我国城乡居民的日常交往、人际关系有诸多不一样之处，这意味着迁移到农村与迁移到城市的农村女性婚姻迁移者面对的社区融合的内容、进程、问题与应对方式必然会有差异。

是否适应迁入地自然环境是影响农村女性婚姻迁移者社区融合的显著因素，分析其原因可能是，到异地他乡，首先要面临的是迁入地的自然环境，农村女性婚姻迁移者假如水土不服，会影响其对迁入地及其居住社区的认同与归属，从而影响其社区参与。

是否了解丈夫家庭是影响农村女性婚姻迁移者社区融合的显著因素，分析其原因可能是，婚后初到迁入地生活，人生地不熟，丈夫的家庭是农村女性婚姻迁移者主要的生活空间，婚前对丈夫的家庭有充分的了解，有助于婚后融洽的家庭关系的建立与来自丈夫家庭的社会支持网络的建立，有利于社区融合。邓晓梅（2012）与游正林（1992）的研究也证实，婚前对丈夫的家庭有充分的了解是农村女性婚姻迁移者婚后家庭融合的良好基础。

（四）婚姻迁移的认知与困难对社区融合影响的回归分析

表4-70显示，迁移是否有遗憾、是否考虑到迁移困难、社会融合是否困难、面对困难是否积极等因素对农村女性婚姻迁移者社区融合有显著性影响（$p < 0.05$）。

是否认为婚姻迁移有遗憾是影响农村女性婚姻迁移者社区融合的显著因素，分析其原因可能是，对农村女性婚姻迁移者来说，远离家乡与亲朋好友不能不说是因迁移婚姻带来的重大的人生遗憾，如果婚后不能正确认识并适当处理好这种遗憾，必然会影响与娘家的关系，影响新的家庭关系与新的社区关系的建立。

是否考虑到迁移困难是影响农村女性婚姻迁移者社区融合的显著因素，分析其原因可能是，婚前如考虑到了婚姻迁移可能会带来的困难，表明农村女性婚姻迁移者至少有了应对困难的思想准备，面对婚后的社区融合出现的诸多不顺利，其往往不会怨天尤人，能沉着应对，从而能积极克服困难，最终达成良好的社区融合。邓智平（2004）的研究也表明，婚前没有或者较少考虑婚姻迁移的困难，面对婚后的种种困难往往措手不及，农村女性婚姻迁移者可能会逃婚。

是否考虑到婚姻迁移困难是影响农村女性婚姻迁移者社区融合的显著因素，其原因显而易见，婚姻迁移后，农村女性婚姻迁移者面对的困难愈多，社区融合的难度就会愈大。

是否积极面对婚姻迁移困难是影响农村女性婚姻迁移者社区融合的显著因素，分析其原因是，女性婚姻迁移者跨越千山万水，远离亲人朋友和原来熟悉的人群与社区环境，远离原有社会关系网，面对尚陌生的新家庭、完全陌生的社区环境和新的社会关系，只有积极面对，才有可能慢慢融入到新家庭与社区中去，才能对新的社区逐渐产生归属感。仰和芝（2007）、谭琳（2003）等人的研究均证实了农村女性婚姻迁移者是否积极面对婚姻迁移困难是影响其婚姻迁移后生活质量的重要因素。

（五）娘家来往与朋友情况对社区融合影响的回归分析

表4-70显示，回娘家情况、娘家人来婆家情况、迁入地是否有朋友等因素对农村女性婚姻迁移者的社区融合的总体状况有显著性影响（p＜0.05）。

娘家来往与朋友情况均是影响农村女性婚姻迁移者社区融合的显著因素，分析其原因可能是，为爱情付出的婚姻迁移女性，因为婚姻迁移，农村女性婚姻迁移者与娘家、与故乡一切的一切都变得与婚前不一样。如果农村女性婚姻迁移者太依恋、依赖娘家，婚后很多时间待在娘家，可能会阻碍她婚后的融合。而娘家能否及时在经济、情感方面给予支持并鼓励其积极融入婆家生活也会影响她们婚后在迁入地的融合。逐渐远离原有的来自故乡的社会关系，农村女性婚姻迁移者在迁入地能否建立新的社会关系特别是能否结交到信得过和聊得来并能给予必要和及时的日常生活帮助的女性朋友圈子对其社区融合就显得尤为珍贵和重要。

五、农村女性婚姻迁移者社区融合的聚类分析

为了探明不同农村女性婚姻迁移者社区融合类型及其内部差异性，本研究采用 K-Means 聚类分析，对不同农村女性婚姻迁移者的社区融合的三个因子进行分类，并将其分成 5 个类别，初始类中心点由 SPSS 自行确定。

聚类分析的结果如表 4–71、表 4–72、表 4–73 所示。

（一）社区融合三个因子的聚类中心点

表 4–71 显示的是社区融合的"与娘家关系"、"与夫家关系"、"社区参与"三个因子的聚类分析的聚类中心点。数据显示，当把研究对象分为 5 类时，可以得出社区融合的三个因子的差异较为明显的 5 组，不同类别的三个因子的聚类中心点并不完全一致。从不同维度均值的聚类中心点的相对一致性来看，5 组从低到高依次是：第 Ⅰ 类别、第 Ⅴ 类别、第 Ⅲ 类别、第 Ⅳ 类别、第 Ⅱ 类别。

表 4–71　社区融合三个因子的聚类中心点

因子	Cluster				
	Ⅰ	Ⅱ	Ⅲ	Ⅳ	Ⅴ
与娘家关系	3.36	4.69	3.27	4.26	3.77
与夫家关系	3.67	5.66	4.94	4.97	4.58
社区参与	3.47	5.61	4.36	4.70	3.45

第 Ⅰ 类别的"与娘家关系"、"与夫家关系"、"社区参与"三个因子的聚类中心点分别为 3.36、3.67、3.47，三个因子的聚类中心点相对均衡。结果表明，此类别的农村女性婚姻迁移者社区融合三个因子的聚类中心点均没有达到一般（4）水平，总体表现均不理想，此类别的社区融合水平有待全面大力提升。

第 Ⅴ 类别的"与娘家关系"、"与夫家关系"、"社区参与"三个因子的聚类中心点分别为 3.77、4.58、3.45，三个因子的聚类中心点有差异。结果表明，社区融合的三个因子并不均衡，其中，"与夫家关系"达到一般（4）水平，有待提升；"与娘家关系"与"社区参与"二个因子均没有达到一般（4）水平，表现均很不理想，有待大力提升。

第 Ⅲ 类别的"与娘家关系"、"与夫家关系"、"社区参与"三个因子的聚类中心点分别为 3.27、4.94、4.36，三个因子的聚类中心点并不一致。结果表明，此类别的农村女性婚姻迁移者"与娘家关系"因子没有达到一般（4）

水平,有待大力改善;"与夫家关系"、"社区参与"二个因子均没有达到较好(5)水平,有待提升。

第Ⅳ类别的"与娘家关系"、"与夫家关系"、"社区参与"三个因子的聚类中心点分别为 4.26、4.97、4.70,三个因子的聚类中心点相对均衡。结果表明,此类别的农村女性婚姻迁移者三个因子的聚类中心点均达到一般(4)水平,但均未达到较好(5)水平,均有待提升。

第Ⅱ类别的"与娘家关系"、"与夫家关系"、"社区参与"三个因子的聚类中心点分别为 4.69、5.66、5.61,三个因子的聚类中心点并不一致,但均在一般(4)水平之上。结果表明,此类别的农村女性婚姻迁移者"与夫家关系"、"社区参与"两个因子均达到较好(5)水平;"与娘家关系"没有达到较好(5)水平,有待提升。

(二)单因素方差分析

表 4–72 显示的是单因素方差分析的结果,各数据项的含义依次为组间均方、组间自由度、组内均方、组内自由度。数据显示,社区融合的"与娘家关系"、"与夫家关系"、"社区参与"三个因子的聚类中心点均具有显著性($p<0.05$),即各因子的均值在 5 类中的差异均显著。

表 4–72　社区融合三个因子的单因素方差分析

因子	Cluster		Error		F	Sig.
	Mean Square	df	Mean Square	df		
与娘家关系	75.403	4	0.111	955	679.707	0.000
与夫家关系	103.871	4	0.130	955	801.801	0.000
社区参与	152.520	4	0.147	955	1040.815	0.000

(三)社区融合三个因子不同类别的样本数

表 4–73 显示,5 个类别的样本数(总样本 960 人),从少到多依次是:第 V 类有 145 人,占比例 15.10%;第Ⅳ类有 172 人,占比例 17.92%;第Ⅰ类有 197 人,占比例 20.52%;第Ⅱ类有 201 人,占比例 20.94%;第Ⅲ类有 245 人,占比例 25.52%。其中,第Ⅲ类人数最多,第 V 类人数最少。

表 4-73　社区融合三个因子不同类别的样本数

Cluster	I	197
	II	201
	III	245
	IV	172
	V	145
Valid		960
Missing		0

　　结果表明，不同类型的农村女性婚姻迁移者社区融合的"与娘家关系"、"与夫家关系"、"社区参与"三个因子分为五组类别时，差异呈显著性。其中，20.94% 的人的社区融合的三个因子均达到一般水平，相对均衡，其中，"与夫家关系"与"社区参与"因子均达到较好水平，"与娘家关系"因子达到一般水平；17.92% 的人的社区融合的三个因子均达到一般水平，相对均衡；25.52% 的人的社区融合的三个因子相对不均衡，其中，"与夫家关系"与"社区参与"因子均达到一般水平，"与娘家关系"因子未达到一般水平；15.10% 的人的社区融合的三个因子相对不均衡且整体水平低，其中，"与夫家关系"因子均达到一般水平，"社区参与"与"与娘家关系"因子均未达到一般水平；20.52% 的人的社区融合的三个因子整体水平较低，均未达到一般水平。总体来说，不同类型的农村女性婚姻迁移者群体的社区融合水平均有待提升。

第四节　农村女性婚姻迁移者的文化融合

　　本节主要分析农村女性婚姻迁移者文化融合的均值及其不同分值的分布，比较农村女性婚姻迁移者群体内部文化融合的差异，揭示农村女性婚姻迁移者文化融合的动态发展过程，识别影响农村女性婚姻迁移者文化融合的显著因素，探讨农村女性婚姻迁移者文化融合的主要类型。

一、农村女性婚姻迁移者文化融合均值及其不同分值的分布

（一）农村女性婚姻迁移者文化融合的均值

表4-74显示，本研究的农村女性婚姻迁移者文化融合中的"您认为要学会迁入地方言"、"您现在能听懂迁入地方言"、"您现在能用迁入地方言与当地人交流"、"您丈夫用家乡方言与您交流"、"您丈夫的家人用方言与您交流"、"当地人用方言与您交流"、"娘家人认为您现在的口音变了"、"您认为在迁入地生活要习惯这里的饮食"、"您在慢慢改变并习惯迁入地的饮食"、"您夫家在您刚来时会照顾您的饮食习惯"、"您在家会经常做（吃到）家乡的饮食"、"您的丈夫及其家人能接受您家乡的饮食"、"您会向邻居介绍您家乡的饮食"、"您认为迁移人口要入乡随俗"、"您熟悉迁入地的风俗习惯"、"您认可迁入地的风俗习惯"、"您丈夫及其家人尊重您家乡的风俗习惯"等17个变量，均值分别为5.46、5.32、4.14、4.66、6.66、6.89、4.24、5.11、5.21、4.24、3.90、3.73、2.93、5.29、3.82、3.78、4.50。

表 4-74　农村女性婚姻迁移者文化融合均值（n＝960）

变量	均值	标准差
学会迁入地方言	5.46	0.670
听懂迁入地方言	5.32	1.002
使用迁入地方言	4.14	1.529
丈夫使用语言	4.66	1.437
丈夫家人使用语言	6.66	0.726
当地人使用语言	6.89	0.319
口音改变	4.24	1.048
饮食习惯	5.11	0.927
饮食改变	5.21	0.905
饮食照顾	4.24	1.292
做（吃到）家乡饮食	3.90	1.467
夫家人饮食接受	3.73	1.126
介绍家乡饮食	2.93	1.352

变量	均值	标准差
入乡随俗	5.29	0.674
风俗习惯熟悉	3.82	1.585
风俗习惯认可	3.78	1.040
风俗习惯被尊重	4.50	1.259
"语言"因子	5.34	0.640
"饮食"因子	4.19	0.798
"风俗习惯"因子	4.35	0.894
文化融合总均值	4.70	0.639

农村女性婚姻迁移者文化融合的"语言"因子均值为 5.34，达到较好（5）水平；"饮食"因子均值为 4.19，高于一般（4）水平，未达到较好（5）水平；"风俗习惯"因子均值为 4.35，高于一般（4）水平，未达到较好（5）水平；文化融合总均值为 4.70，高于一般（4）水平，未达到较好（5）水平。

（二）农村女性婚姻迁移者文化融合均值的不同分值分布

表 4—75 显示，本研究的农村女性婚姻迁移者的文化融合均值不同分值的分布为：在 3—4 之间的分别是 3.18、3.29、3.35、3.41、3.53、3.65、3.76、3.82、3.88、3.94，共计 109 人；在 4—5 之间的分别是 4.00、4.06、4.12、4.18、4.24、4.29、4.35、4.41、4.47、4.59、4.65、4.71、4.76、4.88，共计 432 人；在 5—6 之间的分别是 5.00、5.06、5.18、5.24、5.29、5.35、5.41、5.59，共计 409 人；6—7 之间的是 6.12，共计 10 人。

表 4-75　农村女性婚姻迁移者文化融合均值的不同分值分布（n＝960）

分值	频数	百分比	有效百分比	累积百分比
3.18	5	0.52	0.52	0.52
3.29	5	0.52	0.52	1.04
3.35	10	1.04	1.04	2.08
3.41	15	1.56	1.56	3.64

分值	频数	百分比	有效百分比	累积百分比
3.53	14	1.46	1.46	5.10
3.65	4	0.42	0.42	5.52
3.76	12	1.25	1.25	6.77
3.82	13	1.35	1.35	8.12
3.88	13	1.35	1.35	9.47
3.94	18	1.88	1.88	11.35
4.00	26	2.71	2.71	14.06
4.06	23	2.40	2.40	16.46
4.12	53	5.52	5.52	21.98
4.18	31	3.23	3.23	25.21
4.24	26	2.71	2.71	27.92
4.29	73	7.60	7.60	35.52
4.35	28	2.92	2.92	38.44
4.41	22	2.29	2.29	40.73
4.47	72	7.50	7.50	48.23
4.59	13	1.35	1.35	49.58
4.65	4	0.42	0.42	50.00
4.71	31	3.23	3.23	53.23
4.76	12	1.25	1.25	54.48
4.88	18	1.88	1.88	56.36
5.00	5	0.52	0.52	56.88
5.06	90	9.38	9.38	66.26
5.18	12	1.25	1.25	67.51
5.24	61	6.35	6.35	73.86
5.29	17	1.77	1.77	75.63
5.35	59	6.15	6.15	81.78
5.41	92	9.58	9.58	91.36
5.59	73	7.60	7.60	98.96

分值	频数	百分比	有效百分比	累积百分比
6.12	10	1.04	1.04	100.00
合计	960	100.00	100.00	

数据显示，农村女性婚姻迁移者的文化融合均值状况：11.35%的人处在较不好（3）与一般（4）之间；45.00%的人处在一般（4）与较好（5）之间；42.60%的人处在较好（5）与很好（6）之间；1.04%的人处在很好（6）与非常好（7）之间。结果表明，56.35%的农村女性婚姻迁移者的文化融合总均值未达到较好（5）水平。

二、农村女性婚姻迁移者群体内部文化融合的差异比较

（一）农村女性婚姻迁移者群体文化融合的均值比较与独立样本 T 检验

本研究采用均值比较与独立样本 T 检验方法，对迁移到农村地区与城市、在本省内迁移与迁移到外省、在迁入地常住与在迁入地之外常住、目前在工作与目前不在工作的农村女性婚姻迁移者群体文化融合的内部差异分别进行比较。

1. 迁移到农村与迁移到城市的农村女性婚姻迁移者文化融合的均值比较与独立样本 T 检验

表 4–76 显示，本研究的 789 名迁移到农村与 171 名迁移到城市的农村女性婚姻迁移者文化融合中的"语言"、"饮食"、"风俗习惯"三个因子均值分别为 5.33、4.19、4.37 与 5.39、4.16、4.25，三个因子均值均达到一般（4）水平，其中，二者的"语言"因子均达到较好（5）水平。文化融合总均值分别为 4.70 与 4.69，均高于一般（4）水平，但均未达到较好（5）水平。

迁移到农村的农村女性婚姻迁移者文化融合总均值略高于迁移到城市的农村女性婚姻迁移者文化融合总均值。为进一步比较二者之间文化融合的差异，通过独立样本 T 检验分析发现：二者的三个因子均值与总均值差异均不具有显著性（p＞0.05）。

表 4-76　城乡农村女性婚姻迁移者文化融合的均值比较与独立样本 T 检验

变量	城乡	样本	均值	标准差	F	t	df	Sig.（双侧）	均值差
语言	乡	789	5.33	0.662	17.183	−1.111	958	0.267	−0.06
	城	171	5.39	0.523					
饮食	乡	789	4.19	0.767	22.849	0.495	958	0.621	0.033
	城	171	4.16	0.928					
风俗习惯	乡	789	4.37	0.914	8.205	1.569	958	0.117	0.118
	城	171	4.25	0.792					
文化融合总均值	乡	789	4.70	0.641	0.019	0.277	958	0.782	0.015
	城	171	4.69	0.632					

2. 本省内迁移与迁移到外省的农村女性婚姻迁移者文化融合的均值比较与独立样本 T 检验

表 4-77 显示，586 名本省内迁移与 374 名迁移到外省的农村女性婚姻迁移者，文化融合中的"语言"、"饮食"、"风俗习惯"三个因子的均值分别为 5.39、4.24、4.43 与 5.25、4.11、4.22，三个因子均值均达到一般（4）水平，其中，"语言"因子均值达到较好（5）水平。文化融合的总均值分别为 4.76 与 4.60，均高于一般（4）水平，但均未达到较好（5）水平。

为进一步比较本省内迁移与迁移到外省的农村女性婚姻迁移者之间文化融合的差异，通过独立样本 T 检验分析发现：二者的"语言"、"饮食"、"风俗习惯"三个因子的均值差异均具有显著性（p＜0.05）；文化融合总均值差异具有显著性（p＜0.05）。

表 4-77　本省内迁移与迁移到外省的农村女性婚姻迁移者
文化融合中均值比较与独立样本 T 检验

变量	省内外	样本	均值	标准差	F	t	df	Sig.（双侧）	均值差
语言	本省	586	5.39	0.564	36.711	3.437	958	0.001	0.145
	外省	374	5.25	0.735					

变量	省内外	样本	均值	标准差	F	t	df	Sig.（双侧）	均值差
饮食	本省	586	4.24	0.771	0.134	2.431	958	0.015	0.128
	外省	374	4.11	0.833					
风俗习惯	本省	586	4.43	0.943	22.573	3.643	958	0.000	0.214
	外省	374	4.22	0.797					
文化融合总均值	本省	586	4.76	0.651	16.374	3.694	958	0.000	0.155
	外省	374	4.60	0.608					

结果表明，本省内迁移的农村女性婚姻迁移者文化融合中的"语言"、"饮食"、"风俗习惯"三个因子均值与总均值均高于迁移到外省的农村女性婚姻迁移者，差异均具有显著性。分析其原因可能是，区域与距离发生变化，语言、饮食与风俗习惯就会随之发生变化，迁移跨越的区域距离愈远，语言、饮食与风俗习惯与家乡的差异就会愈大，融合起来就会愈困难。

3.常年在迁入地居住与常年不在迁入地居住的农村女性婚姻迁移者文化融合的均值比较与独立样本 T 检验

表 4–78 显示，本研究的 698 名常年在迁入地居住的农村女性婚姻迁移者与 262 名常年不在迁入地居住的农村女性婚姻迁移者，文化融合中的"语言"、"饮食"、"风俗习惯"三个因子均值分别为 5.40、4.24、4.53 与 5.17、4.06、3.86。其中，二者的"语言"因子均值均达到较好（5）水平。698 名常年在迁入地居住的农村女性婚姻迁移者与 262 名常年不在迁入地居住的农村女性婚姻迁移者的文化融合总均值分别为 4.78 与 4.47，均高于一般（4）水平，但均未达到较好（5）水平。

为进一步比较常年在迁入地居住与常年不在迁入地居住的农村女性婚姻迁移者文化融合的差异，通过独立样本 T 检验分析发现：二者的三个因子均值差异均具有显著性（$p < 0.05$）；二者的文化融合总均值差异具有显著性（$p < 0.05$）。

表 4-78　经常居住地不同的农村女性婚姻迁移者文化融合的均值比较与独立样本 T 检验

变量	经常居住地	样本	均值	标准差	F	t	df	Sig.（双侧）	均值差
语言	迁入地	698	5.40	0.653	5.551	4.977	958	0.000	0.228
	非迁入地	262	5.17	0.572					
饮食	迁入地	698	4.24	0.765	2.510	3.116	958	0.002	0.179
	非迁入地	262	4.06	0.866					
风俗习惯	迁入地	698	4.53	0.900	28.923	11.106	958	0.000	0.678
	非迁入地	262	3.86	0.663					
文化融合总均值	迁入地	698	4.78	0.626	6.581	7.008	958	0.000	0.317
	非迁入地	262	4.47	0.616					

结果表明，常年在迁入地居住的农村女性婚姻迁移者文化融合的"语言"、"饮食"、"风俗习惯"三个因子均值与文化融合总均值均高于常年不在迁入地居住的农村女性婚姻迁移者，差异具有显著性。其原因显而易见，常年在迁入地居住，必然要经常与迁入地居民打交道，能更快熟悉迁入地的语言与风俗习惯，适应与习惯迁入地的饮食。

4.目前在工作与目前不在工作的农村女性婚姻迁移者文化融合的均值比较与独立样本 T 检验

表 4-79 显示，本研究的 654 名目前在工作的农村女性婚姻迁移者与 306 名目前不在工作的农村女性婚姻迁移者，文化融合中的"语言"、"饮食"、"风俗习惯"三个因子均值分别为 5.34、4.12、4.20 与 5.33、4.33、4.67。其中，二者的"语言"因子均值均达到较好（5）水平。文化融合总均值分别为 4.64 与 4.82，均高于一般（4）水平，但均未达到较好（5）水平。目前在工作的农村女性婚姻迁移者的文化融合总均值低于目前不在工作的农村女性婚姻迁移者的文化融合总均值。

为进一步比较目前在工作的农村女性婚姻迁移者与目前不在工作的农村女性婚姻迁移者的文化融合差异，通过独立样本 T 检验分析发现：二者的"语言"因子的均值差异不具有显著性（p＞0.05）；"饮食"、"风俗习惯"二个因子的均值差异均具有显著性（p＜0.05）；文化融合总均值差异具有显著性（p＜0.05）。

表 4-79　目前工作与否的农村女性婚姻迁移者文化融合的均值比较与独立样本 T 检验

变量	是否工作	样本	均值	标准差	F	t	df	Sig.（双侧）	均值差
语言	是	654	5.34	0.629	0.038	0.207	958	0.836	0.009
	否	306	5.33	0.664					
饮食	是	654	4.12	0.835	29.391	−3.767	958	0.000	−0.207
	否	306	4.33	0.692					
风俗习惯	是	654	4.20	0.788	58.704	−7.722	958	0.000	−0.464
	否	306	4.67	1.020					
文化融合总均值	是	654	4.64	0.625	7.472	−4.064	958	0.000	−0.178
	否	306	4.82	0.653					

结果表明，目前在工作的农村女性婚姻迁移者的文化融合中的"饮食"、"风俗习惯"二个因子的均值与文化融合总均值均低于目前不在工作的农村女性婚姻迁移者，二者差异均具有显著性。分析其原因可能是，相对于在工作的农村女性婚姻迁移者，不在工作的农村女性婚姻迁移者有更多的时间与精力熟悉迁入地的饮食与风俗习惯，因而能更快习惯迁入地的饮食与风俗习惯。

（二）农村女性婚姻迁移者群体文化融合的方差分析

本研究采用方差分析方法，对迁移到不同经济发展水平地区与不同迁移距离的农村女性婚姻迁移者群体的文化融合的内部差异分别进行比较。

1. 不同经济发展水平地区的农村女性婚姻迁移者文化融合的方差分析

为比较迁移到不同经济发展水平地区农村女性婚姻迁移者文化融合的差异，依据研究对象自己家乡经济发展水平状况与迁入地经济发展水平状况的比较，把研究对象迁入地的经济状况分为三组：迁移到比自己家乡经济发达地区（发达组）、迁移到与自己家乡经济相似地区（相似组）、迁移到比自己家乡经济落后地区（落后组）。三组人数分别为 307 人、458 人、195 人。

（1）描述性统计

表4-80显示，发达组、相似组、落后组的农村女性婚姻迁移者，文化融合中的"语言"、"饮食"、"风俗习惯"三个因子均值分别为5.26、4.14、4.24与5.36、4.32、4.39以及5.40、3.96、4.43。三组的"语言"因子均值均达到较好（5）水平。发达组、相似组、落后组的农村女性婚姻迁移者文化融合总均值分别为4.62、4.77、4.66，均高于一般（4）水平，但均未达到较好（5）水平。结果表明，迁移到不同经济发展水平地区的农村女性婚姻迁移者文化融合水平普遍不高。

表4-80　不同经济发展水平地区的农村女性婚姻迁移者
文化融合的描述性统计（n=960）

因变量	经济状况	样本	均值	标准差	标准误	平均数的95%置信区间		最小值	最大值
						下界	上界		
语言	发达组	307	5.26	0.639	0.036	5.184	5.328	4	6
	相似组	458	5.36	0.558	0.026	5.312	5.414	4	6
	落后组	195	5.40	0.794	0.057	5.286	5.510	4	7
	总和	960	5.34	0.640	0.021	5.295	5.376	4	7
饮食	发达组	307	4.14	0.853	0.049	4.043	4.235	2	6
	相似组	458	4.32	0.722	0.034	4.253	4.386	3	6
	落后组	195	3.96	0.818	0.059	3.842	4.073	3	6
	总和	960	4.19	0.798	0.026	4.138	4.239	2	6
风俗习惯	发达组	307	4.24	0.786	0.045	4.152	4.328	3	6
	相似组	458	4.39	0.865	0.040	4.308	4.467	3	6
	落后组	195	4.43	1.091	0.078	4.274	4.582	2	6
	总和	960	4.35	0.894	0.029	4.292	4.405	2	6
文化融合总均值	发达组	307	4.62	0.651	0.037	4.550	4.696	3	6
	相似组	458	4.77	0.592	0.028	4.711	4.820	3	6
	落后组	195	4.66	0.710	0.051	4.561	4.762	3	6
	总和	960	4.70	0.639	0.021	4.658	4.739	3	6

（2）单因素方差分析

表4–81显示，文化融合中的"语言"、"饮食"、"风俗习惯"三个因子均值与总均值的F值分别为3.744（p<0.05）、15.416（p<0.05）、3.479（p<0.05）、5.030（p<0.05），均达到显著水平，表明发达组、相似组、落后组的农村女性婚姻迁移者的上述三个因子均值与总均值差异均具有显著性。至于是哪些配对组别间的差异具有显著性，须要进行事后比较方能得知。

表4–81　不同经济发展水平地区的农村女性婚姻迁移者文化融合的单因素方差分析

因变量	自变量	平方和	自由度	平均平方和	F 检验	显著性
语言	组间	3.048	2	1.524	3.744	0.024
	组内	389.660	957	0.407		
	总和	392.708	959			
饮食	组间	19.040	2	9.520	15.416	0.000
	组内	590.960	957	0.618		
	总和	610.000	959			
风俗习惯	组间	5.536	2	2.768	3.479	0.031
	组内	761.550	957	0.796		
	总和	767.086	959			
文化融合总均值	组间	4.072	2	2.036	5.030	0.007
	组内	387.426	957	0.405		
	总和	391.498	959			

（3）多重比较

本研究采用 Scheffe 方法对发达组、相似组、落后组的农村女性婚姻迁移者文化融合的三个因子均值及总均值差异进行事后比较，比较结果见表4–82。

表 4-82　不同经济发展水平地区的农村女性婚姻迁移者文化融合的多重比较（Scheffe）

因变量	(I) 经济状况	(J) 经济状况	平均差异（I-J）	标准误	显著性	95% 置信区间		事后比较
						下界	上界	
语言	发达组	相似	−0.107	0.047	0.075	−0.22	0.01	三组间均值差异均不显著
		落后	−0.142	0.058	0.053	−0.29	0.00	
	相似组	发达	0.107	0.047	0.075	−0.01	0.22	
		落后	−0.035	0.055	0.817	−0.17	0.10	
	落后组	发达	0.142	0.058	0.053	0.00	0.29	
		相似	0.035	0.055	0.817	−0.10	0.17	
饮食	发达组	相似	−0.181	0.058	0.008	−0.32	−0.04	相似组>发达组>落后组
		落后	0.182	0.072	0.042	0.01	0.36	
	相似组	发达	0.181	0.058	0.008	0.04	0.32	
		落后	0.362	0.067	0.000	0.20	0.53	
	落后组	发达	−0.182	0.072	0.042	−0.36	−0.01	
		相似	−0.362	0.067	0.000	−0.53	−0.20	
风俗习惯	发达组	相似	−0.147	0.066	0.082	−0.31	0.01	三组间均值差异均不显著
		落后	−0.188	0.082	0.071	−0.39	0.01	
	相似组	发达	0.147	0.066	0.082	−0.01	0.31	
		落后	−0.041	0.076	0.868	−0.23	0.15	
	落后组	发达	0.188	0.082	0.071	−0.01	0.39	
		相似	0.041	0.076	0.868	−0.15	0.23	
文化融合总均值	发达组	相似	−0.142	0.047	0.010	−0.26	−0.03	相似组>发达组
		落后	−0.039	0.058	0.804	−0.18	0.10	
	相似组	发达	0.111	0.050	0.010	−0.01	0.23	
		落后	0.012	0.058	0.162	−0.13	0.15	
	落后组	发达	0.099	0.062	0.804	−0.05	0.25	
		相似	−0.012	0.058	0.162	−0.15	0.13	

结果显示，文化融合的"饮食"因子均值，发达组、相似组、落后组三组间均值差异均显著，相似组＞发达组＞落后组。文化融合总均值，发达组与相似组均值差异显著，相似组＞发达组。分析其原因可能是，农村女性婚姻迁移者迁移到经济发展水平与自己家乡相似的地方，在经济条件和生活水平与自己家乡差不多的地方生活，夫家人与迁入地的居民对之较少有居高临下的优势，农村女性婚姻迁移者没有落差心理，这有助于农村女性婚姻迁移者对迁入地文化的了解、熟悉与认同。

2. 不同迁移距离的农村女性婚姻迁移者文化融合的方差分析

在被调查的研究对象中，迁移距离从 100 公里到 1500 公里以上不等。为了分析不同迁移距离的农村女性婚姻迁移者社会融合的差异，本研究把不同迁移距离分成 100—500 公里组、500—900 公里组与 900 公里以上组共 3 组。3 组人数分别为 460 人、247 人、253 人。

（1）描述性统计

表 4-83 显示，迁移距离 100—500 公里组、500—900 公里组与 900 公里以上组的农村女性婚姻迁移者文化融合中的"语言"、"饮食"、"风俗习惯"三个因子均值分别为 5.45、4.29、4.48，5.16、4.10、4.29，5.29、4.08、4.17。

表 4-83　不同迁移距离的农村女性婚姻迁移者文化融合的描述性统计（n＝960）

因变量	迁移距离	样本	均值	标准差	标准误	平均数的 95% 置信区间		最小值	最大值
						下界	上界		
语言	100—500 公里	460	5.45	0.554	0.026	5.40	5.50	4	7
	500—900 公里	247	5.16	0.645	0.041	5.08	5.25	4	7
	900 公里以上	253	5.29	0.734	0.046	5.20	5.38	4	7
	总和	960	5.34	0.640	0.021	5.30	5.38	4	7
饮食	100—500 公里	460	4.29	0.801	0.037	4.22	4.37	2	6
	500—900 公里	247	4.10	0.614	0.039	4.02	4.18	3	6
	900 公里以上	253	4.08	0.920	0.058	3.97	4.20	3	6
	总和	960	4.19	0.798	0.026	4.14	4.24	2	6

因变量	迁移距离	样本	均值	标准差	标准误	平均数的 95% 置信区间		最小值	最大值
						下界	上界		
风俗习惯	100—500 公里	460	4.48	0.947	0.044	4.39	4.56	2	6
	500—900 公里	247	4.29	0.839	0.053	4.19	4.40	2	6
	900 公里以上	253	4.17	0.813	0.051	4.07	4.28	3	6
	总和	960	4.35	0.894	0.029	4.29	4.41	2	6
文化融合总均值	100—500 公里	460	4.81	0.661	0.031	4.75	4.87	3	6
	500—900 公里	247	4.58	0.546	0.035	4.52	4.65	3	6
	900 公里以上	253	4.60	0.649	0.041	4.52	4.68	4	6
	总和	960	4.70	0.639	0.021	4.66	4.74	3	6

迁移距离 100—500 公里组、500—900 公里组与 900 公里以上组的农村女性婚姻迁移者文化融合总均值分别为 4.81、4.58、4.60，均高于一般（4）水平，但均未达到较好（5）水平。

（2）单因素方差分析

表 4–84 显示，农村女性婚姻迁移者文化融合中的"语言"、"饮食"、"风俗习惯"三个因子均值与总均值的 F 值分别为 17.502（$p < 0.05$）、7.664（$p < 0.05$）、10.055（$p < 0.05$）、14.551（$p < 0.05$），均达到显著性水平，表示迁移距离为 100—500 公里组、500—900 公里组与 900 公里以上组的农村女性婚姻迁移者文化融合的三个因子均值与总均值差异均具有显著性。至于是哪些配对组别间的差异具有显著性，须要进行事后比较方能得知。

表 4–84　不同迁移距离的农村女性婚姻迁移者文化融合的单因素方差分析

因变量	自变量	平方和	自由度	平均平方和	F 检验	显著性
语言	组间	13.858	2	6.929	17.502	0.000
	组内	378.851	957	0.396		
	总和	392.708	959			

因变量	自变量	平方和	自由度	平均平方和	F 检验	显著性
饮食	组间	9.617	2	4.808	7.664	0.000
	组内	600.383	957	0.627		
	总和	610.000	959			
风俗习惯	组间	15.788	2	7.894	10.055	0.000
	组内	751.298	957	0.785		
	总和	767.086	959			
文化融合总均值	组间	11.554	2	5.777	14.551	0.000
	组内	379.945	957	0.397		
	总和	391.498	959			

（3）多重比较

本研究采用 Scheffe 方法对迁移距离 100—500 公里组、500—900 公里组与 900 公里以上组的农村女性婚姻迁移者文化融合的三个因子均值与总均值的差异进行事后比较，比较结果见表 4-85。

表 4-85　不同迁移距离的农村女性婚姻迁移者文化融合的多重比较（Scheffe）

因变量	(I) 迁移距离	(J) 迁移距离	平均差 (I-J)	标准误	显著性	95% 置信区间 下界	95% 置信区间 上界	事后比较
语言	100—500公里	500—900公里	0.287	0.050	0.000	0.17	0.41	100—500公里组>900公里以上组、100—500公里组>500—900公里组
		900公里以上	0.159	0.049	0.006	0.04	0.28	
	500—900公里	100—500公里	-0.287	0.050	0.000	-0.41	-0.17	
		900公里以上	-0.128	0.056	0.077	-0.27	0.01	
	900公里以上	100—500公里	-0.159	0.049	0.006	-0.28	-0.04	
		500—900公里	0.128	0.056	0.077	-0.01	0.27	

因变量	(I) 迁移距离	(J) 迁移距离	平均差 (I-J)	标准误	显著性	95% 置信区间 下界	95% 置信区间 上界	事后比较
饮食	100—500 公里	500—900 公里	0.193	0.062	0.009	0.04	0.35	100—500 公里组＞900 公里以上组、100—500 公里组＞500—900 公里组
		900 公里以上	0.207	0.062	0.004	0.06	0.36	
	500—900 公里	100—500 公里	−0.193	0.062	0.009	−0.35	−0.04	
		900 公里以上	0.015	0.071	0.978	−0.16	0.19	
	900 公里以上	100—500 公里	−0.207	0.062	0.004	−0.36	−0.06	
		500—900 公里	−0.015	0.071	0.978	−0.19	0.16	
风俗习惯	100—500 公里	500—900 公里	0.184	0.070	0.032	0.01	0.35	100—500 公里组＞900 公里以上组、100—500 公里组＞500—900 公里组
		900 公里以上	0.300	0.069	0.000	0.13	0.47	
	500—900 公里	100—500 公里	−0.184	0.070	0.032	−0.35	−0.01	
		900 公里以上	0.117	0.079	0.339	−0.08	0.31	
	900 公里以上	100—500 公里	−0.300	0.069	0.000	−0.47	−0.13	
		500—900 公里	−0.117	0.079	0.339	−0.31	0.08	
文化融合总均值	100—500 公里	500—900 公里	0.229	0.050	0.000	0.11	0.35	100—500 公里组＞900 公里以上组、100—500 公里组＞500—900 公里组
		900 公里以上	0.209	0.049	0.000	0.09	0.33	
	500—900 公里	100—500 公里	−0.229	0.050	0.000	−0.35	−0.11	
		900 公里以上	−0.020	0.056	0.940	−0.16	0.12	
	900 公里以上	100—500 公里	−0.209	0.049	0.000	−0.33	−0.09	
		500—900 公里	0.020	0.056	0.940	−0.12	0.16	

结果表明，"语言"因子均值，100—500公里组与500—900公里组、100—500公里组与900公里以上组均值差异均具有显著性，100—500公里组＞900公里以上组、100—500公里组＞500—900公里组。"饮食"因子均值，100—500公里组与500—900公里组、100—500公里组与900公里以上组均值差异均具有显著性，100—500公里组＞900公里以上组、100—500公里组＞500—900公里组。"风俗习惯"因子均值，100—500公里组与500—900公里组、100—500公里组与900公里以上组均值差异均具有显著性，100—500公里组＞900公里以上组、100—500公里组＞500—900公里组。

文化融合总均值，100—500 公里组与 500—900 公里组、100—500 公里组与 900 公里以上组均值差异均具有显著性，100—500 公里组＞900 公里以上组、100—500 公里组＞500—900 公里组。其原因不难理解，我国地域辽阔，地域文化多样，"五里不同风，十里不同俗"。迁移距离愈远，语言、饮食、风俗习惯差异就会愈大，迁移者融合的困难也必然加大。

三、农村女性婚姻迁移者文化融合的动态发展分析

本研究中，农村女性婚姻迁移者的婚龄从 1 年之内到 24 年不等，把不同婚龄的农村女性婚姻迁移者分别合并为 2 年以内组、2—7 年组、7—10 年组、10—15 年组、15 年以上组共计 5 个组别的婚龄组（不同婚龄组人数分别为 112 人、276 人、166 人、185 人、221 人），采用方差分析方法比较不同婚龄组文化融合的发展差异，旨在揭示农村女性婚姻迁移者文化融合的动态发展过程。

（一）描述性统计

表 4-86 显示，不同婚龄组的农村女性婚姻迁移者文化融合的三个因子均值分别为：2 年以内组（5.03、3.37、3.70）、2—7 年组（4.99、4.05、3.83）、7—10 年组（5.05、3.75、3.94）、10—15 年组（5.67、4.56、4.62）、15 年以上组（5.86、4.80、5.41）。

表 4-86　农村女性婚姻迁移者文化融合动态发展的描述性统计（n＝960）

因变量	婚龄	样本	均值	标准差	标准误	平均数 95% 置信区间		最小值	最大值
						下界	上界		
语言	2 年以内	112	5.03	0.880	0.083	4.86	5.19	4	6
	2—7 年	276	4.99	0.619	0.037	4.92	5.06	4	6
	7—10 年	166	5.05	0.409	0.032	4.98	5.11	4	6
	10—15 年	185	5.67	0.209	0.015	5.64	5.70	5	6
	15 年以上	221	5.86	0.344	0.023	5.82	5.91	5	7
	总和	960	5.34	0.640	0.021	5.30	5.38	4	7

因变量	婚龄	样本	均值	标准差	标准误	平均数95%置信区间		最小值	最大值
						下界	上界		
饮食	2年以内	112	3.37	0.847	0.080	3.21	3.52	3	6
	2—7年	276	4.05	0.784	0.047	3.96	4.14	2	6
	7—10年	166	3.75	0.422	0.033	3.69	3.81	3	5
	10—15年	185	4.56	0.647	0.048	4.46	4.65	3	6
	15年以上	221	4.80	0.398	0.027	4.75	4.85	4	6
	总和	960	4.19	0.798	0.026	4.14	4.24	2	6
风俗习惯	2年以内	112	3.70	0.851	0.080	3.54	3.86	2	5
	2—7年	276	3.83	0.602	0.036	3.76	3.90	3	5
	7—10年	166	3.94	0.478	0.037	3.87	4.01	3	5
	10—15年	185	4.62	0.580	0.043	4.53	4.70	4	6
	15年以上	221	5.41	0.592	0.040	5.33	5.49	4	6
	总和	960	4.35	0.894	0.029	4.29	4.41	2	6
文化融合总均值	2年以内	112	4.13	0.672	0.063	4.00	4.26	3	6
	2—7年	276	4.38	0.526	0.032	4.32	4.45	3	5
	7—10年	166	4.33	0.325	0.025	4.28	4.38	3	5
	10—15年	185	5.03	0.368	0.027	4.98	5.08	4	6
	15年以上	221	5.38	0.248	0.017	5.35	5.41	4	6
	总和	960	4.70	0.639	0.021	4.66	4.74	3	6

2年以内组、2—7年组、7—10年组、10—15年组与15年以上组的农村女性婚姻迁移者文化融合总均值分别为4.13、4.38、4.33、5.03、5.38。数据显示，不同婚龄组的文化融合总均值均达到一般（4）水平，10—15年婚龄组与15年以上婚龄组的文化融合总均值均达到较好（5）水平。

（二）单因素方差分析

表4-87显示，文化融合三个因子均值及总均值的整体检验的F值分别为131.789（$p < 0.05$）、134.954（$p < 0.05$）、274.933（$p < 0.05$）与273.864（$p < 0.05$），均达到显著水平，表明婚龄为2年以内组、2—7年组、7—10

年组、10—15 年组与 15 年以上组的农村女性婚姻迁移者的文化融合三个因子均值及总均值的差异均具有显著性。至于是哪些配对组别间的差异具有显著性，须要进行事后比较方能得知。

表 4-87　农村女性婚姻迁移者文化融合动态发展的单因素方差分析

因变量	自变量	平方和	自由度	平均平方和	F 检验	显著性
语言	组间	139.674	4	34.918	131.789	0.000
	组内	253.034	955	0.265		
	总和	392.708	959			
饮食	组间	220.286	4	55.072	134.954	0.000
	组内	389.713	955	0.408		
	总和	610.000	959			
风俗习惯	组间	410.559	4	102.640	274.933	0.000
	组内	356.527	955	0.373		
	总和	767.086	959			
文化融合总均值	组间	209.158	4	52.289	273.864	0.000
	组内	182.340	955	0.191		
	总和	391.498	959			

（三）多重比较

本研究采用 Scheffe 方法对 2 年以内组、2—7 年组、7—10 年组、10—15 年组与 15 年以上组的农村女性婚姻迁移者文化融合的三个因子均值以及文化融合总均值的动态发展差异进行事后比较，比较结果见表 4-88。

从不同婚龄组文化融合动态发展差异事后比较的结果看，农村女性婚姻迁移者文化融合的"风俗习惯"因子均值，15 年以上组与 2 年以内组、2—7 年组、7—10 年组、10—15 年组等 4 婚龄组间差异均具有显著性，10—15 年组与 2 年以内组、2—7 年组、7—10 年组、15 年以上组等 4 婚龄组间差异均具有显著性，7—10 年组与 2 年以内组差异具有显著性；15 年以上组＞10—15 年组＞7—10 年组＞2—7 年组＞2 年以内组。"语言"因子，15 年以上组与 2 年以内组、2—7 年组、7—10 年组、10—15 年组等 4 婚龄组之间

差异均具有显著性，10—15 年组与 2 年以内组、2—7 年组、7—10 年组等 3
婚龄组之间差异均具有显著性；15 年以上组＞10—15 年组＞7—10 年组＞
2 年以内组＞2—7 年组。"饮食"因子，2 年以内组、2—7 年组、7—10
组、10—15 年组、15 年以上组 5 婚龄组别之间差异均具有显著性；15 年以
上组＞10—15 年组＞2—7 年组＞7—10 年组＞2 年以内组。文化融合总均值，
15 年以上组与 2 年以内组、2—7 年组、7—10 年组、10—15 年组等 4 婚龄
组间差异均具有显著性，10—15 年组与 2 年以内组、2—7 年组、7—10 年组、
15 年以上组等 4 婚龄组间均有显著性差异，7—10 年组与 2 年以内组间差异
具有显著性，2 年以内组与 2—7 年组之间差异具有显著性；15 年以上组＞
10—15 年组＞2—7 年组＞7—10 年组＞2 年以内组。形成以上结果的原因不
难理解，随着婚龄增长，农村女性婚姻迁移者慢慢会熟悉迁入地的语言，慢
慢习惯迁入地的饮食，慢慢入乡随俗。

表 4-88　农村女性婚姻迁移者文化融合动态发展的多重比较（Scheffe）

因变量	(I)婚龄	(J)婚龄	平均差异(I-J)	标准误	显著性	95% 置信区间		事后比较
						下界	上界	
语言	2 年以内	2—7 年	0.040	0.058	0.975	−0.14	0.22	15 年以上组＞10—15 年组＞7—10 年组＞2 年以内组＞2—7 年组
		7—10 年	−0.017	0.063	0.999	−0.21	0.18	
		10—15 年	−0.637	0.062	0.000	−0.83	−0.45	
		15 年以上	−0.836	0.060	0.000	−1.02	−0.65	
	2—7 年	2 年以内	−0.040	0.058	0.975	−0.22	0.14	
		7—10 年	−0.057	0.051	0.864	−0.21	0.10	
		10—15 年	−0.677	0.049	0.000	−0.83	−0.53	
		15 年以上	−0.876	0.046	0.000	−1.02	−0.73	
	7—10 年	2 年以内	0.017	0.063	0.999	−0.18	0.21	
		2—7 年	0.057	0.051	0.864	−0.10	0.21	
		10—15 年	−0.620	0.055	0.000	−0.79	−0.45	
		15 年以上	−0.818	0.053	0.000	−0.98	−0.66	

因变量	（I）婚龄	（J）婚龄	平均差异（I-J）	标准误	显著性	95% 置信区间		事后比较
						下界	上界	
语言	10—15 年	2 年以内	0.637	0.062	0.000	0.45	0.83	15 年以上组>10—15 组>7—10 年组>2 年以内 组>2—7 年组
		2—7 年	0.677	0.049	0.000	0.53	0.83	
		7—10 年	0.620	0.055	0.000	0.45	0.79	
		15 年以上	−0.198	0.051	0.005	−0.36	−0.04	
	15 年以上	2 年以内	0.836	0.060	0.000	0.65	1.02	
		2—7 年	0.876	0.046	0.000	0.73	1.02	
		7—10 年	0.818	0.053	0.000	0.66	0.98	
		10—15 年	0.198	0.051	0.005	0.04	0.36	
饮食	2 年以内	2—7 年	−0.683	0.072	0.000	−0.90	−0.46	15 年以上组>10—15 年组>2—7 年组>7—10 年组>2 年以内组
		7—10 年	−0.384	0.078	0.000	−0.63	−0.14	
		10—15 年	−1.192	0.076	0.000	−1.43	−0.96	
		15 年以上	−1.432	0.074	0.000	−1.66	−1.20	
	2—7 年	2 年以内	0.683	0.072	0.000	0.46	0.90	
		7—10 年	0.300	0.063	0.000	0.11	0.49	
		10—15 年	−0.508	0.061	0.000	−0.70	−0.32	
		15 年以上	−0.748	0.058	0.000	−0.93	−0.57	
	7—10 年	2 年以内	0.384	0.078	0.000	0.14	0.63	
		2—7 年	−0.300	0.063	0.000	−0.49	−0.11	
		10—15 年	−0.808	0.068	0.000	−1.02	−0.60	
		15 年以上	−1.048	0.066	0.000	−1.25	−0.85	
	10—15 年	2 年以内	1.192	0.076	0.000	0.96	1.43	
		2—7 年	0.508	0.061	0.000	0.32	0.70	
		7—10 年	0.808	0.068	0.000	0.60	1.02	
		15 年以上	−0.240	0.064	0.007	−0.44	−0.04	
	15 年以上	2 年以内	1.432	0.074	0.000	1.20	1.66	
		2—7 年	0.748	0.058	0.000	0.57	0.93	
		7—10 年	1.048	0.066	0.000	0.85	1.25	
		10—15 年	0.240	0.064	0.007	0.04	0.44	

因变量	(I)婚龄	(J)婚龄	平均差异(I-J)	标准误	显著性	95%置信区间		事后比较
						下界	上界	
风俗习惯	2年以内	2—7年	-0.127	0.068	0.487	-0.34	0.08	15年以上组 >10—15年组 >7—10年组 >2—7年组 >2年以内组
		7—10年	-0.240	0.075	0.036	-0.47	-0.01	
		10—15年	-0.918	0.073	0.000	-1.14	-0.69	
		15年以上	-1.706	0.071	0.000	-1.93	-1.49	
	2—7年	2年以内	0.127	0.068	0.487	-0.08	0.34	
		7—10年	-0.113	0.060	0.468	-0.30	0.07	
		10—15年	-0.791	0.058	0.000	-0.97	-0.61	
		15年以上	-1.579	0.055	0.000	-1.75	-1.41	
	7—10年	2年以内	0.240	0.075	0.036	0.01	0.47	
		2—7年	0.113	0.060	0.468	-0.07	0.30	
		10—15年	-0.678	0.065	0.000	-0.88	-0.48	
		15年以上	-1.466	0.063	0.000	-1.66	-1.27	
	10—15年	2年以内	0.918	0.073	0.000	0.69	1.14	
		2—7年	0.791	0.058	0.000	0.61	0.97	
		7—10年	0.678	0.065	0.000	0.48	0.88	
		15年以上	-0.788	0.061	0.000	-0.98	-0.60	
	15年以上	2年以内	1.706	0.071	0.000	1.49	1.93	
		2—7年	1.579	0.055	0.000	1.41	1.75	
		7—10年	1.466	0.063	0.000	1.27	1.66	
		10—15年	0.788	0.061	0.000	0.60	0.98	
文化融合总均值	2年以内	2—7年	-0.255	0.049	0.000	-0.41	-0.10	15年以上组 >10—15年组 >2—7年组 >7—10年组 >2年以内组
		7—10年	-0.199	0.053	0.008	-0.36	-0.03	
		10—15年	-0.899	0.052	0.000	-1.06	-0.74	
		15年以上	-1.251	0.051	0.000	-1.41	-1.09	

因变量	(I) 婚龄	(J) 婚龄	平均差异 (I-J)	标准误	显著性	95% 置信区间 下界	95% 置信区间 上界	事后比较
文化融合总均值	2—7 年	2 年以内	0.255	0.049	0.000	0.10	0.41	15 年以上组 >10—15 年组 >2—7 年组 >7—10 年 组 >2 年以内组
		7—10 年	0.055	0.043	0.797	−0.08	0.19	
		10—15 年	−0.644	0.042	0.000	−0.77	−0.52	
		15 年以上	−0.996	0.039	0.000	−1.12	−0.87	
	7—10 年	2 年以内	0.199	0.053	0.008	0.03	0.36	
		2—7 年	−0.055	0.043	0.797	−0.19	0.08	
		10—15 年	−0.700	0.047	0.000	−0.84	−0.56	
		15 年以上	−1.052	0.045	0.000	−1.19	−0.91	
	10—15 年	2 年以内	0.899	0.052	0.000	0.74	1.06	
		2—7 年	0.644	0.042	0.000	0.52	0.77	
		7—10 年	0.700	0.047	0.000	0.56	0.84	
		15 年以上	−0.352	0.044	0.000	−0.49	−0.22	
	15 年以上	2 年以内	1.251	0.051	0.000	1.09	1.41	
		2—7 年	0.996	0.039	0.000	0.87	1.12	
		7—10 年	1.052	0.045	0.000	0.91	1.19	
		10—15 年	0.352	0.044	0.000	0.22	0.49	

结果表明，不同婚龄组的农村女性婚姻迁移者文化融合的总体状况，7年之内婚龄组随着婚龄的增长呈逐步提升的趋势，7—10 年婚龄组随着婚龄的增长呈逐步下降的趋势，10 年以上婚龄组随着婚龄的增长呈逐步提升的趋势。"语言"因子，2 年以内婚龄组随着婚龄的增长呈逐步提升的趋势；"饮食"因子，7 年之内婚龄组随着婚龄的增长呈逐步提升的趋势，7—10 年婚龄组随着婚龄的增长呈逐步下降的趋势，10 年以上婚龄组随着婚龄的增长呈逐步提升的趋势；"风俗习惯"因子，不同婚龄组随着婚龄的增长呈逐步提升的趋势。

四、影响农村女性婚姻迁移者文化融合的多因素回归分析

为探寻农村女性婚姻迁移者文化融合的影响因素，本研究选取了农村
女性婚姻迁移者背景资料中的29个变量作为自变量。对29个变量进行归类，
形成个人与家庭基本情况（包含：教育程度、户籍是否迁移、是否有孩子、
目前是否工作、经常居住地、是否与公婆同住、房子类型）、婚姻基本状况
（包含：与丈夫认识方式、是否为爱情选择迁移、父母是否同意远嫁、公婆
是否同意外娶、婚龄）、迁入地状况与了解（包含：城乡、省内或省外迁移、
迁移距离、迁入地经济状况、是否适应迁入地自然环境、是否了解丈夫、是
否了解迁入地、是否了解丈夫家庭）、婚姻迁移的认知与困难（包含：期望
是否有落差、是否后悔迁移、迁移是否有遗憾、是否考虑到迁移困难、社会
融合是否困难、面对困难是否积极）、娘家来往与朋友情况（包含：回娘家
情况、娘家人来婆家情况、迁入地是否有朋友）共 5 类。以29个变量作为
自变量，以农村女性婚姻迁移者文化融合总均值为因变量，对影响农村女性
婚姻迁移者文化融合的因素进行回归分析。回归分析的结果见表4-89。

表 4-89　影响农村女性婚姻迁移者文化融合的多因素回归分析

自变量	非标准化系数		标准化系数	t	Sig.
	B	Std. Error	Beta		
个人与家庭基本情况					
教育程度	−0.027	0.014	−0.036	−1.934	0.053
户籍是否迁移	0.044	0.034	0.028	1.284	0.199
是否有孩子	−0.121	0.047	−0.051	−2.561	0.051
目前是否工作	−0.043	0.027	−0.031	−1.584	0.114
经常居住地	−0.087	0.028	−0.061	−3.086	0.002
是否与公婆同住	0.177	0.027	0.138	6.639	0.000
房子类型	−0.074	0.022	−0.064	−3.309	0.101
婚姻基本状况					
与丈夫认识方式	0.044	0.022	0.035	1.960	0.050
是否为爱情选择迁移	−0.073	0.071	−0.017	−1.031	0.303

自变量	非标准化系数		标准化系数	t	Sig.
	B	Std. Error	Beta		
父母是否同意远嫁	− 0.047	0.027	− 0.035	− 1.763	0.078
公婆是否同意外娶	− 0.065	0.032	− 0.037	− 2.039	0.052
婚龄	0.061	0.003	0.616	20.274	0.000
迁入地状况与了解					
城乡	− 0.037	0.033	− 0.022	− 1.132	0.258
省内或省外迁移	0.073	0.042	0.056	1.752	0.080
迁移距离	− 0.079	0.024	− 0.103	− 3.307	0.001
迁入地经济状况	− 0.003	0.017	− 0.003	− 0.179	0.858
是否适应迁入地自然环境	0.084	0.014	0.148	5.902	0.000
是否了解丈夫	0.081	0.050	0.032	1.609	0.108
是否了解迁入地	0.047	0.036	0.026	1.319	0.188
是否了解丈夫家庭	− 0.048	0.047	− 0.020	− 1.025	0.306
婚姻迁移的认知与困难					
期望是否有落差	0.029	0.026	0.023	1.127	0.260
是否后悔迁移	− 0.008	0.013	− 0.010	− 0.569	0.569
迁移是否有遗憾	0.025	0.052	0.008	0.472	0.637
是否考虑到迁移困难	− 0.107	0.025	− 0.083	− 4.345	0.000
社会融合是否困难	0.012	0.014	0.023	0.832	0.405
面对困难是否积极	− 0.096	0.034	− 0.052	− 2.862	0.004
娘家来往与朋友情况					
回娘家情况	0.074	0.013	0.133	5.725	0.000
娘家人来婆家情况	− 0.002	0.034	− 0.001	− 0.064	0.949
迁入地是否有朋友	0.088	0.028	0.068	3.145	0.002

（一）个人与家庭基本情况对文化融合影响的回归分析

表4-89显示，经常居住地、是否与公婆同住等因素对农村女性婚姻迁移者的文化融合有显著性影响（p＜0.05）。

经常居住地不同是影响农村女性婚姻迁移者文化融合的显著因素。分析其原因是，农村女性婚姻迁移者只有经常居住在迁入地，才有机会与时间对迁入地的文化进行慢慢了解，逐渐熟悉迁入地的语言、饮食与风俗习惯。

是否与公婆同住是影响农村女性婚姻迁移者文化融合的显著因素。究其原因是，与公婆同住，农村女性婚姻迁移者在日常与公婆互动中，能更快熟悉与运用迁入地语言，更快了解与熟悉迁入地的饮食与风俗习惯。邓晓梅（2012）、仰和芝（2007）等人的研究也证实，农村女性婚姻迁移者与公婆同住能更快熟悉迁入地的文化。

（二）婚姻基本状况对文化融合影响的回归分析

表4-89显示，婚龄因素对农村女性婚姻迁移者的文化融合有显著性影响（p<0.05）。

婚龄是影响农村女性婚姻迁移者文化融合的显著因素。其原因显而易见，随着婚龄增长，农村女性婚姻迁移者会逐渐熟悉迁入地的语言、饮食，也会慢慢入乡随俗。谭琳（1998）的研究也证实，随着时间的推移，农村女性婚姻迁移者会慢慢接纳迁入地的文化。

（三）迁入地状况与了解对文化融合影响的回归分析

表4-89显示，迁移距离、是否适应迁入地自然环境等因素对农村女性婚姻迁移者的文化融合有显著性影响（p<0.05）。

迁移距离是影响农村女性婚姻迁移者文化融合的显著因素。分析其原因是，迁移距离不一样，对农村女性婚姻迁移者来说，其家乡与迁入地的文化差异的程度就不一样，需要应对与克服的文化融合问题及其难度也就不一样。这与谭琳（2003）、刘芝艳（2009）、陈业强（2012）等人的研究结果一致。

是否适应迁入地自然环境是影响农村女性婚姻迁移者文化融合的显著因素。分析其原因可能是，到异乡他乡，首先面临的是对迁入地的自然环境的适应，农村女性婚姻迁移者假如水土不服，不仅会影响身体状况，还会影响对迁入地的认同与归属，从而影响对迁入地文化的认同与接纳。

（四）婚姻迁移的认知与困难对文化融合影响的回归分析

表4-89显示，是否考虑到迁移困难、面对困难是否积极等因素对农村

女性婚姻迁移者的文化融合有显著性影响（p＜0.05）。

婚前是否考虑到迁移困难是影响农村女性婚姻迁移者文化融合的显著因素。分析其原因可能是，婚前考虑到了婚姻迁移可能带来的困难，从文化方面来说，表明农村女性婚姻迁移者能理性和客观地看待迁入地文化与自己家乡文化的差异，做好了应对文化差异的思想准备，这必然有助于其文化融合。

是否积极面对婚姻迁移的困难是影响农村女性婚姻迁移者文化融合的显著因素。分析其原因是，面对婚姻迁移必然要经历的因文化差异引起的文化震惊、碰撞、冲突与不适，农村女性婚姻迁移者只有积极面对，主动调适，才能随着时间的推移，慢慢妥善处理语言、饮食与风俗习惯差异，融入迁入地的文化中。这与陈业强（2012）的研究一致。

（五）娘家来往与朋友情况对文化融合影响的回归分析

表4-89显示，迁入地是否有朋友、回娘家情况等因素对农村女性婚姻迁移者的文化融合有显著性影响（p＜0.05）。

迁入地是否有朋友是影响农村女性婚姻迁移者文化融合的显著因素，分析其原因是，在迁入地有女性朋友，与朋友交往互动本身有利于熟练使用迁入地语言，与朋友的日常生活交往有助于加深对迁入地饮食与风俗习惯的了解。

回娘家情况是影响农村女性婚姻迁移者文化融合的显著因素，分析其原因是，农村女性婚姻迁移者担当着文化使者的角色，每次回娘家时，她们都会或多或少带上迁入地的特色产品，从娘家回迁入地的时候，娘家人也会或多或少备上特色产品给女儿带回。与此同时，农村女性婚姻迁移者回娘家，也充当着迁入地文化代言人角色，她们会给家乡人介绍迁入地的饮食、风俗习惯。农村女性婚姻迁移者担当的文化使者与文化代言人的角色必然有助于促进其对迁入地文化的认识和了解，消除对迁入地文化的歧视和偏见，有利于文化融合。谭琳（1998）、程广帅（2003）、马丽（2004）、仰和芝（2006）、甘品元（2007）、周亮红（2009）、刘芝艳（2009）、陈业强（2012）等的研究都证实了农村女性婚姻迁移者在迁出地与迁入地的文化传播与交流中起到了重要作用。

五、农村女性婚姻迁移者文化融合的聚类分析

为了揭示不同农村女性婚姻迁移者文化融合类型及其内部差异性，本研究采用 K-Means 聚类分析，对不同农村女性婚姻迁移者的文化融合的三个因子进行分类，并将其分成 5 个类别，初始聚类中心点由 SPSS 自行确定。聚类分析的结果如表 4–90、表 4–91、表 4–92 所示。

（一）文化融合三个因子的聚类中心点

表 4–90 显示的是文化融合的"语言"、"饮食"、"风俗习惯"三个因子的聚类分析的聚类中心点。数据显示，当把研究对象分为 5 类时，可以得出文化融合的三个因子的差异较为明显的 5 组。不同类别的三个因子的聚类中心点并不完全一致。从不同聚类中心点的相对一致性来看，5 组从低到高依次是：第Ⅴ类别、第Ⅱ类别、第Ⅳ类别、第Ⅲ类别、第Ⅰ类别。

第Ⅴ类别的"语言"、"饮食"、"风俗习惯"三个因子的聚类中心点分别为 4.41、2.98、3.05，三个因子的聚类中心点并不一致。结果表明，此类别的农村女性婚姻迁移者文化融合各因子很不均衡。其中，"语言"因子达到一般（4）水平，有待提升；"饮食"与"风俗习惯"二个因子均没有达到一般（4）水平，有待大力改善。

第Ⅱ类别的"语言"、"饮食"、"风俗习惯"三个因子的聚类中心点分别为 5.20、3.69、3.51，三个因子的聚类中心点并不一致。结果表明，此类别的农村女性婚姻迁移者文化融合很不均衡。其中，"语言"因子的聚类中心点最高，在较好（5）水平之上；"饮食"与"风俗习惯"二个因子均没有达到一般（4）水平，有待大力改善。

第Ⅳ类别的"语言"、"饮食"、"风俗习惯"三个因子的聚类中心点分别为 4.67、3.91、4.15，三个因子的聚类中心点并不一致。结果表明，此类别的农村女性婚姻迁移者的"语言"与"风俗习惯"因子均达到一般（4）水平；但没有达到较好（5）水平，有待提升；"饮食"因子没有达到一般（4）水平，有待大力改善。

第Ⅲ类别的"语言"、"饮食"、"风俗习惯"三个因子的聚类中心点分别为 5.76、5.14、4.68，均在一般（4）水平之上，但三个因子的聚类中心点并不一致。由此可见，此类别的农村女性婚姻迁移者三个因子的聚类中心点均在一般（4）水平之上。其中，"语言"与"风俗习惯"因子均达到较好（5）水平；"饮食"因子没有达到较好（5）水平，有待提升。

第Ⅰ类别的"语言"、"饮食"、"风俗习惯"三个因子的聚类中心点分别为5.90、4.36、5.53。结果表明，此类别的农村女性婚姻迁移者三个因子的聚类中心点均在一般（4）水平之上。其中，"语言"与"风俗习惯"因子均达到较好（5）水平，"语言"因子接近很好（6）水平；"饮食"因子没有达到较好（5）水平，有待提升。

表4-90 文化融合三个因子的聚类中心点

因子	Cluster				
	Ⅰ	Ⅱ	Ⅲ	Ⅳ	Ⅴ
语言	5.90	5.20	5.76	4.67	4.41
饮食	4.36	3.69	5.14	3.91	2.98
风俗习惯	5.53	3.51	4.68	4.15	3.05

（二）单因素方差分析

表4-91显示的是单因素方差分析的结果，各数据项的含义依次为组间均方、组间自由度、组内均方、组内自由度。数据显示，文化融合三个因子的聚类中心点均具有显著性（$p<0.05$），即文化融合的各因子的均值在5个类别中的差异均显著。

表4-91 文化融合三个因子的单因素方差分析

因子	Cluster		Error		F	Sig.
	Mean Square	df	Mean Square	df		
语言	67.666	4	0.128	955	529.499	0.000
饮食	106.391	4	0.193	955	550.888	0.000
风俗习惯	162.932	4	0.121	955	1348.856	0.000

（三）文化融合三个因子不同类别的样本数

表4-92显示，5个类别的样本数（总样本960人），从少到多依次是：第Ⅴ类别有87人，占比例9.06%；第Ⅳ类别有172人，占比例17.92%；第Ⅰ类别有221人，占比例23.02%；第Ⅱ类别有235人，占比例24.48%；第Ⅲ类别有245人，占比例25.52%。其中，第Ⅲ类别人数最多，第Ⅴ类别人数最少。

表4-92 文化融合三个因子不同类别的样本数（n＝960）

	Ⅰ	221
	Ⅱ	235
Cluster	Ⅲ	245
	Ⅳ	172
	Ⅴ	87
Valid		960
Missing		0

结果表明，不同类型的农村女性婚姻迁移者文化融合的"语言"、"饮食"、"风俗习惯"三个因子分为五组类别时，差异呈显著性。23.02%的人的文化融合的三个因子均达到一般水平，相对均衡，其中，"语言"与"风俗习惯"因子均达到较好水平，"饮食"因子达到一般水平；25.52%的人的文化融合的三个因子均达到一般水平，相对均衡，其中，"语言"与"饮食"因子均达到较好水平，"风俗习惯"因子达到一般水平；17.92%的人的文化融合的三个因子相对不均衡且整体水平低，其中，"语言"与"风俗习惯"因子均达到一般水平，"饮食"因子低于一般水平；24.48%的人的文化融合的三个因子很不均衡且整体水平偏低，其中"语言"因子达到较好水平，"饮食"与"风俗习惯"二个因子均低于一般水平；9.06%的人的文化融合的三个因子很不均衡且整体水平较偏低，其中，"语言"因子达到一般水平，"饮食"与"风俗习惯"因子均低于一般水平。总体来说，农村女性婚姻迁移者的文化融合水平均有待提升。

第五节　农村女性婚姻迁移者的心理融合

本节主要分析农村女性婚姻迁移者心理融合的均值及其不同分值的分布，比较农村女性婚姻迁移者群体内部心理融合的差异，揭示农村女性婚姻迁移者心理融合的动态发展过程，分析影响农村女性婚姻迁移者心理融合的主要因素，探讨农村女性婚姻迁移者心理融合的主要类型。

一、农村女性婚姻迁移者心理融合均值及其不同分值的分布

（一）农村女性婚姻迁移者心理融合均值

农村女性婚姻迁移者心理融合均值具体见表 4—93。表 4—93 显示，本研究的农村女性婚姻迁移者的"您喜欢迁入地"、"您愿意在迁入地永久居住"、"您现在已习惯居住在迁入地"、"当您遇到挫折时，您没有一走了之的想法"、"您认为您是迁入地的一员"、"您的丈夫及其家人没有把您当外人看"、"您所在迁入地的居民没有把您当外人看"、"您在迁入地有家的感觉"、"您的丈夫及其家人对您没有偏见与歧视"、"迁入地居民对您没有偏见与歧视"、"您在迁入地没有无依无靠的孤单感"、"您在迁入地生活有安全感"、"您认为既然远嫁就要适应这里的生活"、"您没有经常思念故乡"、"您没有因为不能常在父母身边而内疚"、"您没有觉得身心疲惫"、"您没有经常容易哭泣或想哭"、"您没有总是默默忍受婚姻迁移的委屈"、"您认为夫妻两人感情好，婚姻迁移也没什么"等 19 个心理融合的变量，均值分别为 4.16、4.29、4.61、4.46、4.13、5.11、4.59、4.37、5.12、4.68、3.29、4.44、5.43、3.04、2.99、4.31、4.63、3.81、4.66。

表 4—93　农村女性婚姻迁移者心理融合均值（n＝960）

变量	均值	标准差
喜欢迁入地	4.16	1.236

变量	均值	标准差
永久居住意愿	4.29	1.359
习惯居住迁入地	4.61	1.391
一走了之想法	4.46	1.234
是迁入地一员	4.13	1.268
被丈夫及家人当外人看	5.11	0.992
被迁入地居民当外人看	4.59	1.106
家的感觉	4.37	1.329
夫家人偏见与歧视	5.12	1.025
居民的偏见与歧视	4.68	0.964
无依无靠的孤单感	3.29	1.214
生活安全感	4.44	1.152
适应迁入地	5.43	0.584
思念故乡	3.04	0.862
对父母内疚	2.99	0.807
身心疲惫	4.31	1.211
容易哭泣或想哭	4.63	1.230
默默忍受委屈	3.81	1.337
夫妻感情与婚姻迁移	4.66	1.275
"居留意愿与习惯"因子	4.38	1.059
"身份认同与归属"因子	3.97	0.809
"情感体验"因子	4.13	0.696
心理融合总均值	4.32	0.776

结果显示，农村女性婚姻迁移者心理融合的"居留意愿与习惯"因子均值为4.38，"情感体验"因子均值为4.13，均达到一般（4）水平；"身份认同与归属"因子均值为3.97，在一般（4）水平之下；心理融合总均值为4.32，高于一般（4）水平，但没有达到较好（5）水平。总体来说，农村女性婚姻迁移者的心理融合没有达到较好（5）水平。

（二）农村女性婚姻迁移者心理融合均值的不同分值分布

农村女性婚姻迁移者心理融合均值的不同分值分布具体见表4-94。表4-94显示，本研究的农村女性婚姻迁移者心理融合均值得分，在2—3之间的分别是2.47、2.53、2.74、2.79、2.84、2.89、2.95，共计43人；在3—4之间的分别是3.00、3.05、3.11、3.16、3.21、3.26、3.32、3.37、3.42、3.47、3.53、3.58、3.63、3.74、3.84、3.89、3.95，共计272人；在4—5之间的分别是4.00、4.05、4.11、4.16、4.21、4.26、4.32、4.37、4.42、4.47、4.53、4.58、4.63、4.68、4.79、4.84、4.89、4.95，共计461人；在5—6之间的分别是5.11、5.16、5.21、5.42、5.53、5.58、5.63、5.68，共计184人。

表4-94　农村女性婚姻迁移者心理融合均值的不同分值分布（n＝960）

分值	频数	百分比	有效百分比	累积百分比
2.47	5	0.52	0.52	0.52
2.53	10	1.04	1.04	1.56
2.74	5	0.52	0.52	2.08
2.79	10	1.04	1.04	3.13
2.84	4	0.42	0.42	3.54
2.89	5	0.52	0.52	4.06
2.95	4	0.42	0.42	4.48
3.00	8	0.83	0.83	5.31
3.05	15	1.56	1.56	6.88
3.11	5	0.52	0.52	7.40
3.16	28	2.92	2.92	10.31
3.21	4	0.42	0.42	10.73
3.26	18	1.88	1.88	12.60
3.32	4	0.42	0.42	13.02
3.37	15	1.56	1.56	14.58
3.42	8	0.83	0.83	15.42
3.47	5	0.52	0.52	15.94

分值	频数	百分比	有效百分比	累积百分比
3.53	13	1.35	1.35	17.29
3.58	14	1.46	1.46	18.75
3.63	5	0.52	0.52	19.27
3.74	31	3.23	3.23	22.50
3.84	40	4.17	4.17	26.67
3.89	41	4.27	4.27	30.94
3.95	18	1.88	1.88	32.81
4.00	8	0.83	0.83	33.65
4.05	39	4.06	4.06	37.71
4.11	35	3.65	3.65	41.35
4.16	40	4.17	4.17	45.52
4.21	15	1.56	1.56	47.08
4.26	11	1.15	1.15	48.23
4.32	36	3.75	3.75	51.98
4.37	10	1.04	1.04	53.02
4.42	34	3.54	3.54	56.56
4.47	10	1.04	1.04	57.60
4.53	28	2.92	2.92	60.52
4.58	12	1.25	1.25	61.77
4.63	19	1.98	1.98	63.75
4.68	11	1.15	1.15	64.90
4.79	36	3.75	3.75	68.65
4.84	47	4.90	4.90	73.54
4.89	40	4.17	4.17	77.71
4.95	30	3.13	3.13	80.83
5.11	17	1.77	1.77	82.60
5.16	23	2.40	2.40	85.00
5.21	28	2.92	2.92	87.92
5.42	42	4.38	4.38	92.29

分值	频数	百分比	有效百分比	累积百分比
5.53	5	0.52	0.52	92.81
5.58	32	3.33	3.33	96.15
5.63	20	2.08	2.08	98.23
5.68	17	1.77	1.77	100
合计	960	100	100	

结果显示，不同农村女性婚姻迁移者心理融合状况：4.48%的人处在很不好（2）与较不好（3）之间；28.33%的人处在较不好（3）与一般（4）之间；48.02%的人处在一般（4）与较好（5）之间；19.17%的人处在较好（5）与很好（6）之间。结果表明，32.81%的农村女性婚姻迁移者的心理融合总体状况没有达到一般（4）水平，80.83%的人没有达到较好（5）水平。

二、农村女性婚姻迁移者心理融合的差异比较

（一）农村女性婚姻迁移者心理融合的均值比较与独立样本 T 检验

本研究采用均值比较与独立样本 T 检验方法，对迁移到农村与城市、在本省内迁移与迁移到外省、在迁入地常住与不在迁入地常住、目前在工作与目前不在工作的农村女性婚姻迁移者群体心理融合的内部差异分别进行比较。

1. 迁移到农村与迁移到城市的农村女性婚姻迁移者心理融合的均值比较与独立样本 T 检验

表 4-95 显示，本研究的 789 名迁移到农村与 171 名迁移到城市的农村女性婚姻迁移者，心理融合中的"居留意愿与习惯"、"身份认同与归属"、"情感体验"三个因子均值分别为 4.32、3.98、4.10 与 4.65、3.95、4.22，其中，"身份认同与归属"因子均值均未达到一般（4）水平。心理融合总均值分别为 4.31 与 4.40，均高于一般（4）水平，但均未达到较好（5）水平。迁移到农村的农村女性婚姻迁移者心理融合总均值略低于迁移到城市的。

为进一步比较二者心理融合的差异，通过独立样本 T 检验分析发现：二者的"居留意愿与习惯"与"情感体验"二个因子的均值差异均具有显著性

（p＜0.05）；"身份认同与归属"因子均值差异不具有显著性（p＞0.05）；总均值差异不具有显著性（p＞0.05）。

表4-95　城乡农村女性婚姻迁移者心理融合的均值比较与独立样本 T 检验

变量	城乡	样本	均值	标准差	F	t	df	Sig.（双侧）	均值差
居留意愿与习惯	乡	789	4.32	1.072	14.874	−3.670	958	0.000	−0.326
	城	171	4.65	0.956					
身份认同与归属	乡	789	3.98	0.813	0.136	0.431	958	0.666	0.029
	城	171	3.95	0.789					
情感体验	乡	789	4.10	0.715	4.713	−2.051	958	0.041	−0.120
	城	171	4.22	0.594					
心理融合总均值	乡	789	4.31	0.789	6.611	−1.436	958	0.151	−0.094
	城	171	4.40	0.707					

　　结果表明，迁移到城市的农村女性婚姻迁移者心理融合的"居留意愿与习惯"、"情感体验"二个因子均值均高于迁移到农村的农村女性婚姻迁移者，二者差异具有显著性（p＜0.05）。分析其原因可能是，我国的城乡发展存在巨大差异，嫁到城市并可以永久居住在城市，本是很多迁移到城市的农村女性婚姻迁移的初衷（沈文捷，2007），能嫁给城里人被认为是"幸运"的（赵丽丽，2008）。理所当然，迁移到城里的农村女性婚姻迁移者居留迁入地的意愿与习惯要高于迁移到农村的农村女性婚姻迁移者，她们"情感体验"也更正面与积极。

　　2. 本省内迁移与迁移到外省的农村女性婚姻迁移者心理融合的均值比较与独立样本 T 检验

　　表4-96显示，本研究的586名本省内迁移与374名迁移到外省的农村女性婚姻迁移者，心理融合中的"居留意愿与习惯"、"身份认同与归属感"、"情感体验"三个因子的均值分别为4.40、4.01、4.22与4.35、3.92、3.97，其中，迁移到外省的农村女性婚姻迁移者心理融合的"身份认同与归属感"、"情感体验"二个因子的均值均未达到一般（4）水平。

586 名嫁在本省与 374 名嫁到外省的农村女性婚姻迁移者心理融合总均值分别为 4.38 与 4.23，均高于一般（4）水平，但均未达到较好（5）水平。

为进一步比较嫁在本省的农村女性婚姻迁移者与嫁到外省的农村女性婚姻迁移者之间心理融合的差异，通过独立样本 T 检验分析发现：二者的"居留意愿与习惯"、"身份认同与归属感"二个因子均值差异均不具有显著性（p＞0.05）；二者的"情感体验"因子均值与总均值差异具有显著性（p＜0.05）。

表 4-96　本省内迁移与迁移到外省的农村女性婚姻迁移者
心理融合的均值比较与独立样本 T 检验

变量	省内外	样本	均值	标准差	F	t	df	Sig.（双侧）	均值差
居留意愿与习惯	本省	586	4.40	1.027	2.965	0.750	958	0.453	0.053
	外省	374	4.35	1.110					
身份认同与归属感	本省	586	4.01	0.850	23.302	1.712	958	0.087	0.092
	外省	374	3.92	0.738					
情感体验	本省	586	4.22	0.643	11.130	5.468	958	0.000	0.248
	外省	374	3.97	0.747					
心理融合总均值	本省	586	4.38	0.787	6.624	2.848	958	0.004	0.146
	外省	374	4.23	0.750					

结果表明，迁移到外省的农村女性婚姻迁移者心理融合的"情感体验"因子均值与总均值均低于本省内迁移的农村女性婚姻迁移者，差异具有显著性。分析其原因可能是，相比于本省内迁移，迁移到外省的农村女性婚姻迁移者，在一个完全陌生的地方，身在异乡为异客，作为一个"外来者"的感觉更强烈，不得不面对与体验重新建构身份认同的困境，默默忍受思念故乡与亲人的煎熬，情感体验不顺利、心理融合不顺畅是必然的。谭琳（2003）、仰和芝（2006）、沈文捷（2007）等人的研究也证实，相比于本省内迁移，迁移到外省的女性婚姻迁移者较容易产生身份认同与归属感模糊、孤单、寂寞等心理问题。

3. 常年在迁入地居住与常年不在迁入地居住的农村女性婚姻迁移者心理融合的均值比较与独立样本 T 检验

表 4-97 显示，本研究的 698 名常年在迁入地居住的农村女性婚姻迁移者与 262 名常年不在迁入地居住的农村女性婚姻迁移者，心理融合中的"居留意愿与习惯"、"身份认同与归属感"、"情感体验"三个因子均值分别为 4.59、4.09、4.18 与 3.81、3.66、3.99。常年不在迁入地居住的农村女性婚姻迁移者的"居留意愿与习惯"、"身份认同与归属感"、"情感体验"三个因子的均值均未达到一般（4）水平。

698 名常年在迁入地居住的农村女性婚姻迁移者与 262 名常年不在迁入地居住的农村女性婚姻迁移者心理融合总均值分别为 4.44 与 4.00，均达到一般（4）水平，但均未达到较好（5）水平。

常年在迁入地居住的农村女性婚姻迁移者心理融合总均值高于常年不在迁入地居住的农村女性婚姻迁移者心理融合的总均值。为进一步比较二者心理融合的差异，通过独立样本 T 检验分析发现：二者的三个因子均值差异均具有显著性（$p < 0.05$）；二者的心理融合总均值差异具有显著性（$p < 0.05$）。

表 4-97　经常居住地不同的农村女性婚姻迁移者心理融合的均值比较与独立样本 T 检验

变量	经常居住地	样本	均值	标准差	F	t	df	Sig.（双侧）	均值差
居留意愿与习惯	迁入地	698	4.59	1.041	7.774	10.878	958	0.000	0.788
	非迁入地	262	3.81	0.882					
身份认同与归属感	迁入地	698	4.09	0.806	9.465	7.547	958	0.000	0.430
	非迁入地	262	3.66	0.732					
情感体验	迁入地	698	4.18	0.750	26.755	3.746	958	0.000	0.188
	非迁入地	262	3.99	0.501					
心理融合总均值	迁入地	698	4.44	0.784	14.219	8.017	958	0.000	0.436
	非迁入地	262	4.00	0.657					

结果表明，常年在迁入地居住的农村女性婚姻迁移者心理融合的"居

留意愿与习惯"、"身份认同与归属"与"情感体验"三个因子均值与心理融合总均值均高于常年不在迁入地居住的农村女性婚姻迁移者,二者差异具有显著性。究其原因可能是,心理融合是复杂的漫长过程,对农村女性婚姻迁移者来说,经常不在迁入地居住,也就不会有对迁入地的适应与居住习惯养成,也就较难形成对迁入地的归属感与作为迁入地一员的身份认同,以及作为迁入地的一员而被迁入地居民接受并与迁入地成为一体的正面情感。

4. 目前在工作与目前不在工作的农村女性婚姻迁移者心理融合的均值比较与独立样本 T 检验

表 4–98 显示,本研究的 654 名目前在工作的农村女性婚姻迁移者与 306 名目前不在工作的农村女性婚姻迁移者,心理融合中的"居留意愿与习惯"、"身份认同与归属感"、"情感体验"三个因子的均值分别为 4.32、3.85、4.00 与 4.50、4.23、4.39;心理融合总均值分别为 4.21 与 4.57,均在一般(4)水平之上,但均未达到较好(5)水平。

目前在工作的农村女性婚姻迁移者的心理融合总均值低于目前不在工作的农村女性婚姻迁移者的心理融合总均值。为进一步比较 654 名目前在工作的农村女性婚姻迁移者与 306 名目前不在工作的农村女性婚姻迁移者的心理融合的差异,通过独立样本 T 检验分析发现:二者的三个因子的均值差异具有显著性($p < 0.05$);二者的心理融合总均值差异具有显著性($p < 0.05$)。

表 4–98　目前工作与否的农村女性婚姻迁移者心理融合的均值比较与独立样本 T 检验

变量	是否工作	样本	均值	标准差	F	t	df	Sig.(双侧)	均值差
居留意愿与习惯	是	654	4.32	1.057	0.051	−2.456	958	0.014	−0.180
	否	306	4.50	1.056					
身份认同与归属感	是	654	3.85	0.709	78.963	−6.870	958	0.000	−0.376
	否	306	4.23	0.940					
情感体验	是	654	4.00	0.516	202.878	−8.425	958	0.000	−0.392
	否	306	4.39	0.921					

变量	是否工作	样本	均值	标准差	F	t	df	Sig.（双侧）	均值差
心理融合总均值	是	654	4.21	0.651	118.905	−6.859	958	0.000	−0.360
	否	306	4.57	0.947					

结果表明，目前在工作的农村女性婚姻迁移者心理融合中的"居留意愿与习惯"、"身份认同与归属"以及"情感体验"三个因子均值与心理融合总均值均低于目前不在工作的农村女性婚姻迁移者，二者差异具有显著性。究其原因可能是，不论是在迁入地工作还是在迁入地之外工作的农村女性婚姻迁移者，她们既要把主要时间和精力放在工作上，同时在工作中也会遇到问题，也就是说，相对于不在工作的农村女性婚姻迁移者，她们要面对的方方面面问题更多，这自然而然会影响到她们的心理融合。

（二）农村女性婚姻迁移者群体心理融合的方差分析

本研究采用方差分析方法，对迁移到不同经济发展地区与不同迁移距离的农村女性婚姻迁移者群体的心理融合的内部差异分别进行比较。

1. 不同经济发展地区的农村女性婚姻迁移者心理融合的方差分析

为了比较迁移到不同经济发展地区的农村女性婚姻迁移者心理融合的差异，依据研究对象的家乡经济发展状况与迁入地经济发展状况的比较，把研究对象迁入地的经济状况分为三组：迁移到比自己家乡经济发达地区（发达组）、迁移到与自己家乡经济相似地区（相似组）、迁移到比自己家乡经济落后地区（落后组）。三组的人数分别为307人、458人、195人。

（1）描述性统计

表4-99显示，发达组、相似组、落后组的农村女性婚姻迁移者，心理融合中的"居留意愿与习惯"、"身份认同与归属感"、"情感体验"三个因子均值分别为4.46、3.82、4.01与4.30、3.99、4.19以及4.42、4.17、4.15。

发达组、相似组、落后组的农村女性婚姻迁移者心理融合总均值分别为4.23、4.34、4.43，均高于一般（4）水平，但均未达到较好（5）水平。

表 4-99　不同经济发展水平地区的农村女性婚姻迁移者
心理融合的描述性统计（n＝960）

因变量	自变量	样本	均值	标准差	标准误	平均数95%置信区间		最小值	最大值
						下界	上界		
居留意愿与习惯	发达组	307	4.46	1.025	0.059	4.35	4.58	2	6
	相似组	458	4.30	0.866	0.040	4.22	4.38	2	6
	落后组	195	4.42	1.447	0.104	4.22	4.63	2	7
	总和	960	4.38	1.059	0.034	4.31	4.45	2	7
身份认同与归属感	发达组	307	3.82	0.722	0.041	3.74	3.91	2	5
	相似组	458	3.99	0.788	0.037	3.92	4.06	2	5
	落后组	195	4.17	0.935	0.067	4.04	4.30	2	5
	总和	960	3.97	0.809	0.026	3.92	4.02	2	5
情感体验	发达组	307	4.01	0.539	0.031	3.95	4.07	3	5
	相似组	458	4.19	0.744	0.035	4.12	4.26	3	6
	落后组	195	4.15	0.776	0.056	4.04	4.26	2	6
	总和	960	4.13	0.696	0.022	4.08	4.17	2	6
心理融合总均值	发达组	307	4.23	0.660	0.038	4.15	4.30	3	6
	相似组	458	4.34	0.757	0.035	4.27	4.41	3	6
	落后组	195	4.43	0.955	0.068	4.30	4.57	2	6
	总和	960	4.32	0.776	0.025	4.27	4.37	2	6

（2）单因素方差分析

表 4-100 显示，发达组、相似组、落后组的农村女性婚姻迁移者心理融合中的"居留意愿与习惯"因子，整体检验的 F 值为 2.355（p＞0.05），差异不具有显著性。心理融合的"身份认同与归属感"、"情感体验"二个因子与心理融合总均值的 F 值分别为 11.322（p＜0.05）、6.255（p＜0.05）、4.414（p＜0.05），均具有显著性，表明发达组、相似组、落后组的农村女性婚姻迁移者心理融合的上述二个因子均值与总均值均具有显著性差异。至于是哪些配对组别间的差异具有显著性，须要进行事后比较方能得知。

表 4–100　不同经济发展水平地区的农村女性婚姻迁移者心理融合的单因素方差分析

因变量	自变量	平方和	自由度	平均平方和	F 检验	显著性
居留意愿与习惯	组间	5.271	2	2.635	2.355	0.095
	组内	1071.093	957	1.119		
	总和	1076.364	959			
身份认同与归属感	组间	14.500	2	7.250	11.322	0.000
	组内	612.824	957	0.640		
	总和	627.324	959			
情感体验	组间	5.994	2	2.997	6.255	0.002
	组内	458.580	957	0.479		
	总和	464.574	959			
心理融合总均值	组间	5.277	2	2.638	4.414	0.012
	组内	572.030	957	0.598		
	总和	391.498	959			

（3）多重比较

本研究采用 Scheffe 方法对发达组、相似组、落后组的农村女性婚姻迁移者心理融合三个因子均值及总均值差异进行事后比较，比较结果见表 4–101。

表 4–101　不同经济发展水平地区的农村女性婚姻迁移者心理融合的多重比较（Scheffe）

因变量	（I）经济状况	（J）经济状况	平均差（I-J）	标准误	显著性	95% 置信区间		事后比较
						下界	上界	
居留意愿与习惯	发达组	相似	0.162	0.078	0.117	− 0.03	0.35	三组间均值差异均不显著
		落后	0.042	0.097	0.909	− 0.20	0.28	
	相似组	发达	− 0.162	0.078	0.117	− 0.35	0.03	
		落后	− 0.119	0.090	0.419	− 0.34	0.10	
	落后组	发达	− 0.042	0.097	0.909	− 0.28	0.20	
		相似	0.119	0.090	0.419	− 0.10	0.34	

| 因变量 | (I) 经济状况 | (J) 经济状况 | 平均差 (I-J) | 标准误 | 显著性 | 95% 置信区间 | | 事后比较 |
						下界	上界	
身份认同与归属感	发达组	相似	−0.163	0.059	0.023	−0.31	−0.02	落后组＞相似组＞发达组
		落后	−0.346	0.073	0.000	−0.53	−0.17	
	相似组	发达	0.163	0.059	0.023	0.02	0.31	
		落后	−0.184	0.068	0.028	−0.35	−0.02	
	落后组	发达	0.346	0.073	0.000	0.17	0.53	
		相似	0.184	0.068	0.028	0.02	0.35	
情感体验	发达组	相似	−0.179	0.051	0.002	−0.30	−0.05	相似组＞发达组
		落后	−0.135	0.063	0.103	−0.29	0.02	
	相似组	发达	0.179	0.051	0.002	0.05	0.30	
		落后	0.044	0.059	0.763	−0.10	0.19	
	落后组	发达	0.135	0.063	0.103	−0.02	0.29	
		相似	−0.044	0.059	0.763	−0.19	0.10	
心理融合总均值	发达组	相似	−0.112	0.057	0.146	−0.25	0.03	落后组＞发达组
		落后	−0.205	0.071	0.015	−0.38	−0.03	
	相似组	发达	0.112	0.057	0.146	−0.03	0.25	
		落后	−0.093	0.066	0.370	−0.26	0.07	
	落后组	发达	0.205	0.071	0.015	0.03	0.38	
		相似	0.093	0.066	0.370	−0.07	0.26	

　　结果表明，发达组、相似组、落后组的农村女性婚姻迁移者心理融合的"身份认同与归属感"因子均值差异显著，落后组＞相似组＞发达组；"情感体验"因子均值，相似组与发达组差异显著，相似组＞发达组；心理融合总均值，发达组与落后组差异显著，落后组＞发达组。分析其原因可能是，经济发展程度不同的地方，居民对外地迁移而来的人口态度有差异，经济越落后的地方，居民对迁移人口没有居高临下的优势，对迁移人口也较少有偏见与歧视；经济越落后的地方，女性婚姻迁移者的丈夫及其家人为了让其能安心在迁入地生活，对其会给予更多的关心与爱护。

2. 不同迁移距离的农村女性婚姻迁移者心理融合的方差分析

在被调查的研究对象中，迁移距离从 100 公里到 1500 公里以上不等。为了分析不同迁移距离的农村女性婚姻迁移者心理融合的差异，本研究把不同迁移距离分成 100—500 公里组、500—900 公里组与 900 公里以上组共 3 组。3 组人数分别为 460 人、247 人、253 人。

（1）描述性统计

表 4-102 显示，100—500 公里组、500—900 公里组与 900 公里以上组的农村女性婚姻迁移者心理融合中的"居留意愿与习惯"、"身份认同与归属感"、"情感体验"三个因子均值分别为 4.44、4.05、4.22 与 4.14、3.88、4.09 以及 4.50、3.92、3.99。

100—500 公里组、500—900 公里组与 900 公里以上组的农村女性婚姻迁移者心理融合的总均值分别为 4.41、4.22、4.27，均高于一般（4）水平，但均未达到较好（5）水平。

表 4-102   不同迁移距离的农村女性婚姻迁移者心理融合的描述性统计

因变量	自变量	样本	均值	标准差	标准误	平均数 95% 置信区间		最小值	最大值
						下界	上界		
居留意愿与习惯	100—500 公里	460	4.44	1.048	0.049	4.343	4.535	2	6
	500—900 公里	247	4.14	0.903	0.057	4.026	4.252	2	6
	900 公里以上	253	4.50	1.183	0.074	4.356	4.648	2	7
	总和	960	4.38	1.059	0.034	4.311	4.445	2	7
身份认同与归属感	100—500 公里	460	4.05	0.859	0.040	3.971	4.128	2	5
	500—900 公里	247	3.88	0.756	0.048	3.786	3.976	2	5
	900 公里以上	253	3.92	0.752	0.047	3.831	4.017	2	5
	总和	960	3.97	0.809	0.026	3.922	4.024	2	5
情感体验	100—500 公里	460	4.22	0.648	0.030	4.160	4.279	3	6
	500—900 公里	247	4.09	0.802	0.051	3.989	4.190	3	6
	900 公里以上	253	3.99	0.643	0.040	3.910	4.069	2	5
	总和	960	4.13	0.696	0.022	4.081	4.170	2	6

因变量	自变量	样本	均值	标准差	标准误	平均数 95%置信区间		最小值	最大值
						下界	上界		
心理融合总均值	100—500 公里	460	4.41	0.801	0.037	4.332	4.479	3	6
	500—900 公里	247	4.22	0.720	0.046	4.126	4.306	3	6
	900 公里以上	253	4.27	0.769	0.048	4.179	4.369	2	6
	总和	960	4.32	0.776	0.025	4.273	4.371	2	6

（2）单因素方差分析

表 4–103 显示，心理融合中的"居留意愿与习惯"、"身份认同与归属感"、"情感体验"三个因子与总均值的 F 值分别为 8.947（$p < 0.05$）、4.146（$p < 0.05$）、9.526（$p < 0.05$）、5.475（$p < 0.05$），均具有显著性，表明 100—500 公里组、500—900 公里组与 900 公里以上组的农村女性婚姻迁移者心理融合的上述三个因子均值与总均值差异均具有显著性。至于是哪些配对组别间的差异具有显著性，须要进行事后比较方能得知。

表 4–103 不同迁移距离的农村女性婚姻迁移者心理融合的单因素方差分析

因变量	自变量	平方和	自由度	平均平方和	F 检验	显著性
居留意愿与习惯	组间	19.756	2	9.878	8.947	0.000
	组内	1056.608	957	1.104		
	总和	1076.364	959			
身份认同与归属感	组间	5.389	2	2.694	4.146	0.016
	组内	621.936	957	0.650		
	总和	627.324	959			
情感体验	组间	9.068	2	4.534	9.526	0.000
	组内	455.506	957	0.476		
	总和	464.574	959			
心理融合总均值	组间	6.531	2	3.265	5.475	0.004
	组内	570.776	957	0.596		
	总和	577.307	959			

（3）多重比较

本研究采用 Scheffe 方法对迁移距离 100—500 公里组、500—900 公里组与 900 公里以上组农村女性婚姻迁移者心理融合的均值差异进行事后比较，比较结果见表 4–104。

表 4–104　不同迁移距离的农村女性婚姻迁移者心理融合的多重比较（Scheffe）

因变量	（I）迁移距离	（J）迁移距离	平均差（I-J）	标准误	显著性	95% 置信区间		事后比较
						下界	上界	
居留意愿与习惯	100—500 公里	500—900 公里	0.300	0.083	0.001	0.10	0.50	100—500 公里组>500—900 公里组、900 公里以上组>500—900 公里组
		900 公里以上	−0.063	0.082	0.747	−0.26	0.14	
	500—900 公里	100—500 公里	−0.300	0.083	0.001	−0.50	−0.10	
		900 公里以上	−0.363	0.094	0.001	−0.59	−0.13	
	900 公里以上	100—500 公里	0.063	0.082	0.747	−0.14	0.26	
		500—900 公里	0.363	0.094	0.001	0.13	0.59	
身份认同与归属感	100—500 公里	500—900 公里	0.168	0.064	0.030	0.01	0.32	100—500 公里组>500—900 公里组
		900 公里以上	0.125	0.063	0.139	−0.03	0.28	
	500—900 公里	100—500 公里	−0.168	0.064	0.030	−0.32	−0.01	
		900 公里以上	−0.043	0.072	0.837	−0.22	0.13	
	900 公里以上	100—500 公里	−0.125	0.063	0.139	−0.28	0.03	
		500—900 公里	0.043	0.072	0.837	−0.13	0.22	
情感体验	100—500 公里	500—900 公里	0.131	0.054	0.057	0.00	0.26	100—500 公里组>900 公里以上组
		900 公里以上	0.230	0.054	0.000	0.10	0.36	
	500—900 公里	100—500 公里	−0.131	0.054	0.057	−0.26	0.00	
		900 公里以上	0.099	0.062	0.275	−0.05	0.25	
	900 公里以上	100—500 公里	−0.230	0.054	0.000	−0.36	−0.10	
		500—900 公里	−0.099	0.062	0.275	−0.25	0.05	

因变量	(I) 迁移距离	(J) 迁移距离	平均差 (I-J)	标准误	显著性	95% 置信区间		事后比较
						下界	上界	
心理融合总均值	100—500 公里	500—900 公里	0.189	0.061	0.008	0.04	0.34	100—500 公里组＞500—900 公里组
		900 公里以上	0.131	0.060	0.096	−0.02	0.28	
	500—900 公里	100—500 公里	−0.189	0.061	0.008	−0.34	−0.04	
		900 公里以上	−0.058	0.069	0.702	−0.23	0.11	
	900 公里以上	100—500 公里	−0.131	0.060	0.096	−0.28	0.02	
		500—900 公里	0.058	0.069	0.702	−0.11	0.23	

　　结果表明，农村女性婚姻迁移者心理融合的"居留意愿与习惯"因子均值，500—900 公里组与 100—500 公里组、900 公里以上组均值差异均有显著性，100—500 公里组＞500—900 公里、900 公里以上组＞500—900 公里组。"身份认同与归属感"因子均值，100—500 公里组与 500—900 公里组均值差异具有显著性，100—500 公里组＞500—900 公里组。"情感体验"因子均值，100—500 公里组与 900 公里以上组均值差异具有显著性，100—500 公里组＞900 公里以上组。心理融合总均值，100—500 公里组与 500—900 公里组差异具有显著性，100—500 公里组＞500—900 公里组。分析其原因可能是，女性婚姻迁移者的真正的心理融合必然是建立在其对迁入地高度的心理认同之上的，迁移距离愈遥远，各方面的差异就会愈大，农村女性婚姻迁移者与娘家人来往就愈不方便，少有机会回娘家，独在异乡为异客，独自忍受思念与婚姻迁移的委屈，难以产生对迁入地的强烈认同与归属感。

三、农村女性婚姻迁移者心理融合的动态发展分析

　　本研究中，农村女性婚姻迁移者的婚龄从 1 年之内到 24 年不等，把不同婚龄的农村女性婚姻迁移者分别合并为 2 年以内组、2—7 年组、7—10 年组、10—15 年组、15 年以上组共计 5 个组别的婚龄组（不同婚龄组人数分别为 112 人、276 人、166 人、185 人、221 人），采用方差分析方法比较不同婚龄组心理融合的差异，旨在揭示农村女性婚姻迁移者心理融合的动态发展过程。

（一）描述性统计

表 4-105 农村女性婚姻迁移者心理融合动态发展的描述统计（n＝960）

因变量	婚龄	样本	均值	标准差	标准误	平均数 95% 置信区间		最小值	最大值
						下界	上界		
居留意与习惯	2 年以内	112	3.57	1.611	0.152	3.27	3.88	2	6
	2—7 年	276	3.96	0.851	0.051	3.86	4.06	2	6
	7—10 年	166	4.12	0.800	0.062	4.00	4.24	2	6
	10—15 年	185	4.71	0.782	0.058	4.60	4.83	3	7
	15 年以上	221	5.22	0.532	0.036	5.15	5.29	3	6
	总和	960	4.38	1.059	0.034	4.31	4.45	2	7
身份认同与归属感	2 年以内	112	3.39	0.931	0.088	3.22	3.56	2	5
	2—7 年	276	3.57	0.756	0.046	3.48	3.66	2	5
	7—10 年	166	3.64	0.423	0.033	3.58	3.71	2	5
	10—15 年	185	4.23	0.435	0.032	4.17	4.29	3	5
	15 年以上	221	4.80	0.459	0.031	4.74	4.86	3	5
	总和	960	3.97	0.809	0.026	3.92	4.02	2	5
情感体验	2 年以内	112	3.24	0.577	0.055	3.13	3.35	2	4
	2—7 年	276	3.68	0.382	0.023	3.64	3.73	3	4
	7—10 年	166	4.13	0.226	0.018	4.09	4.16	4	5
	10—15 年	185	4.34	0.335	0.025	4.29	4.38	3	5
	15 年以上	221	4.95	0.505	0.034	4.89	5.02	4	6
	总和	960	4.13	0.696	0.022	4.08	4.17	2	6
心理融合总均值	2 年以内	112	3.54	0.915	0.086	3.37	3.71	2	5
	2—7 年	276	3.88	0.535	0.032	3.82	3.95	3	5
	7—10 年	166	4.11	0.370	0.029	4.06	4.17	3	5
	10—15 年	185	4.59	0.411	0.030	4.53	4.65	4	6
	15 年以上	221	5.20	0.426	0.029	5.14	5.25	4	6
	总和	960	4.32	0.776	0.025	4.27	4.37	2	6

表 4-105 显示，不同婚龄组的农村女性婚姻迁移者心理融合中的三个因子均值分别为：2 年以内组（3.57、3.39、3.24）、2—7 年组（3.96、3.57、3.68）、7—10 年组（4.12、3.64、4.13）、10—15 年组（4.71、4.23、4.34）、15 年以上组（5.22、4.80、4.95）。2 年以内组、2—7 年组、7—10 年组、10—15 年组和 15 年以上组的农村女性婚姻迁移者心理融合总均值分别为 3.54、3.88、4.11、4.59、5.20。数据显示，不同婚龄组的心理融合总均值呈逐步增长趋势。不同婚龄组中，15 年以上婚龄组的心理融合总均值高于较好（5）水平，为所有婚姻组中最高；2 年以内婚龄组的心理融合总均值低于一般（4）水平，为所有婚姻组中最低。

（二）单因素方差分析

表 4-106 显示，心理融合三个因子均值及总均值的整体检验的 F 值分别为 96.052（$p < 0.05$）、172.461（$p < 0.05$）、443.757（$p < 0.05$）与 280.958（$p < 0.05$），均达到显著水平，表示婚龄在 2 年以内、婚龄在 2—7 年、婚龄在 7—10 年、婚龄在 10—15 年和婚龄在 15 年以上的农村女性婚姻迁移者心理融合的三个因子均值及总均值的差异均具有显著性。至于是哪些配对组别间的差异具有显著性，须要进行事后比较方能得知。

表 4-106　农村女性婚姻迁移者心理融合动态发展的单因素方差分析

因变量	自变量	平方和	自由度	平均平方和	F 检验	显著性
居留意愿与习惯	组间	308.799	4	77.200	96.052	0.000
	组内	767.565	955	0.804		
	总和	1076.364	959			
身份认同与归属感	组间	263.099	4	65.775	172.461	0.000
	组内	364.226	955	0.381		
	总和	627.324	959			
情感体验	组间	302.060	4	75.515	443.757	0.000
	组内	162.514	955	0.170		
	总和	464.574	959			

因变量	自变量	平方和	自由度	平均平方和	F 检验	显著性
心理融合 总均值	组间	312.096	4	78.024		
	组内	265.210	955	0.278	280.958	0.000
	总和	577.307	959			

（三）多重比较

本研究采用 Scheffe 方法对 2 年以内组、2—7 年组、7—10 年组、10—15 年组和 15 年以上组的农村女性婚姻迁移者心理融合的三个因子均值以及心理融合总均值的动态发展差异进行事后比较，比较结果见表 4–107。

表 4–107 农村女性婚姻迁移者心理融合动态发展的多重比较（Scheffe）

因变量	(I) 婚龄	(J) 婚龄	平均差异 (I-J)	标准误	显著性	95% 置信区间 下界	95% 置信区间 上界	事后比较
居留意愿与习惯	2 年以内	2—7 年	−0.388	0.100	0.005	−0.70	−0.08	15 年 以 上组>10—15 年 组>7—10 年 组>2—7 年 组>2 年以内组
		7—10 年	−0.547	0.110	0.000	−0.89	−0.21	
		10—15 年	−1.139	0.107	0.000	−1.47	−0.81	
		15 年以上	−1.647	0.104	0.000	−1.97	−1.33	
	2—7 年	2 年以内	0.388	0.100	0.005	0.08	0.70	
		7—10 年	−0.159	0.088	0.519	−0.43	0.11	
		10—15 年	−0.750	0.085	0.000	−1.01	−0.49	
		15 年以上	−1.259	0.081	0.000	−1.51	−1.01	
	7—10 年	2 年以内	0.547	0.110	0.000	0.21	0.89	
		2—7 年	0.159	0.088	0.519	−0.11	0.43	
		10—15 年	−0.592	0.096	0.000	−0.89	−0.30	
		15 年以上	−1.100	0.092	0.000	−1.38	−0.82	
	10—15 年	2 年以内	1.139	0.107	0.000	0.81	1.47	
		2—7 年	0.750	0.085	0.000	0.49	1.01	
		7—10 年	0.592	0.096	0.000	0.30	0.89	
		15 年以上	−0.508	0.089	0.000	−0.78	−0.23	

因变量	(I) 婚龄	(J) 婚龄	平均差异 (I-J)	标准误	显著性	95% 置信区间 下界	95% 置信区间 上界	事后比较
居留意愿与习惯	15 年以上	2 年以内	1.647	0.104	0.000	1.33	1.97	15 年以上组>10—15 年组>7—10 年组>2—7 年组>2 年以内组
		2—7 年	1.259	0.081	0.000	1.01	1.51	
		7—10 年	1.100	0.092	0.000	0.82	1.38	
		10—15 年	0.508	0.089	0.000	0.23	0.78	
身份认同与归属感	2 年以内	2—7 年	−0.182	0.069	0.141	−0.40	0.03	15 年以上组>10—15 年组>7—10 年组>2—7 年组>2 年以内组
		7—10 年	−0.254	0.076	0.024	−0.49	−0.02	
		10—15 年	−0.841	0.074	0.000	−1.07	−0.61	
		15 年以上	−1.408	0.072	0.000	−1.63	−1.19	
	2—7 年	2 年以内	0.182	0.069	0.141	−0.03	0.40	
		7—10 年	−0.072	0.061	0.842	−0.26	0.12	
		10—15 年	−0.659	0.059	0.000	−0.84	−0.48	
		15 年以上	−1.226	0.056	0.000	−1.40	−1.05	
	7—10 年	2 年以内	0.254	0.076	0.024	0.02	0.49	
		2—7 年	0.072	0.061	0.842	−0.12	0.26	
		10—15 年	−0.587	0.066	0.000	−0.79	−0.38	
		15 年以上	−1.154	0.063	0.000	−1.35	−0.96	
	10—15 年	2 年以内	0.841	0.074	0.000	0.61	1.07	
		2—7 年	0.659	0.059	0.000	0.48	0.84	
		7—10 年	0.587	0.066	0.000	0.38	0.79	
		15 年以上	−0.567	0.062	0.000	−0.76	−0.38	
	15 年以上	2 年以内	1.408	0.072	0.000	1.19	1.63	
		2—7 年	1.226	0.056	0.000	1.05	1.40	
		7—10 年	1.154	0.063	0.000	0.96	1.35	
		10—15 年	0.567	0.062	0.000	0.38	0.76	

因变量	(I) 婚龄	(J) 婚龄	平均差异 (I-J)	标准误	显著性	95% 置信区间		事后比较
						下界	上界	
情感体验	2 年以内	2—7 年	−0.444	0.046	0.000	−0.59	−0.30	15 年以上组＞10—15 年组＞7—10 年组＞2—7 年组＞2 年以内组
		7—10 年	−0.889	0.050	0.000	−1.04	−0.73	
		10—15 年	−1.098	0.049	0.000	−1.25	−0.95	
		15 年以上	−1.715	0.048	0.000	−1.86	−1.57	
	2—7 年	2 年以内	0.444	0.046	0.000	0.30	0.59	
		7—10 年	−0.445	0.041	0.000	−0.57	−0.32	
		10—15 年	−0.654	0.039	0.000	−0.78	−0.53	
		15 年以上	−1.271	0.037	0.000	−1.39	−1.16	
	7—10 年	2 年以内	0.889	0.050	0.000	0.73	1.04	
		2—7 年	0.445	0.041	0.000	0.32	0.57	
		10—15 年	−0.209	0.044	0.000	−0.35	−0.07	
		15 年以上	−0.826	0.042	0.000	−0.96	−0.70	
	10—15 年	2 年以内	1.098	0.049	0.000	0.95	1.25	
		2—7 年	0.654	0.039	0.000	0.53	0.78	
		7—10 年	0.209	0.044	0.000	0.07	0.35	
		15 年以上	−0.617	0.041	0.000	−0.74	−0.49	
	15 年以上	2 年以内	1.715	0.048	0.000	1.57	1.86	
		2—7 年	1.271	0.037	0.000	1.16	1.39	
		7—10 年	0.826	0.042	0.000	0.70	0.96	
		10—15 年	0.617	0.041	0.000	0.49	0.74	
心理融合总均值	2 年以内	2—7 年	−0.345	0.059	0.000	−0.53	−0.16	15 年以上组＞10—15 年组＞7—10 年组＞2—7 年组＞2 年以内组
		7—10 年	−0.577	0.064	0.000	−0.78	−0.38	
		10—15 年	−1.056	0.063	0.000	−1.25	−0.86	
		15 年以上	−1.659	0.061	0.000	−1.85	−1.47	

因变量	（I）婚龄	（J）婚龄	平均差异（I-J）	标准误	显著性	95% 置信区间 下界	95% 置信区间 上界	事后比较
心理融合总均值	2—7年	2年以内	0.345	0.059	0.000	0.16	0.53	15年以上组>10—15年组>7—10年组>2—7年组>2年以内组
		7—10年	−0.231	0.052	0.001	−0.39	−0.07	
		10—15年	−0.711	0.050	0.000	−0.87	−0.56	
		15年以上	−1.314	0.048	0.000	−1.46	−1.17	
	7—10年	2年以内	0.577	0.064	0.000	0.38	0.78	
		2—7年	0.231	0.052	0.001	0.07	0.39	
		10—15年	−0.480	0.056	0.000	−0.65	−0.31	
		15年以上	−1.083	0.054	0.000	−1.25	−0.92	
	10—15年	2年以内	1.056	0.063	0.000	0.86	1.25	
		2—7年	0.711	0.050	0.000	0.56	0.87	
		7—10年	0.480	0.056	0.000	0.31	0.65	
		15年以上	−0.603	0.053	0.000	−0.77	−0.44	
	15年以上	2年以内	1.659	0.061	0.000	1.47	1.85	
		2—7年	1.314	0.048	0.000	1.17	1.46	
		7—10年	1.083	0.054	0.000	0.92	1.25	
		10—15年	0.603	0.053	0.000	0.44	0.77	

　　从不同婚龄组农村女性婚姻迁移者心理融合的动态发展事后比较来看，不同婚龄组的农村女性婚姻迁移者心理融合总均值随婚龄增长呈逐步提升的趋势。心理融合的"居留意愿与习惯"因子的均值，15年以上组与2年以内组、2—7年组、7—10年组、10—15年组等4婚龄组之间均有显著性差异，10—15年组与2年以内组、2—7年组、7—10年组等3婚龄组之间均有显著性差异，7—10年组与2年以内组之间有显著性差异，15年以上组>10—15年组>7—10年组>2—7年组>2年以内组。"身份认同与归属感"因子的均值，15年以上组与2年以内组、2—7年组、7—10年组、10—15年组等4婚龄组之间均有显著性差异，10—15年组与2年以内组、2—7年组、7—10年组等3婚龄组之间均有显著性差异，7—10年组与2年以内组之间有显著性差异，15年以上组>10—15年组>7—10年组>2—7年组>2年以

内组。"情感体验"因子均值，2 年以内组、2—7 年组、7—10 年组、10—15 年组、15 年以上组 5 婚龄组互相之间均有显著性差异，15 年以上组＞10—15 年组＞7—10 年组＞2—7 年组＞2 年以内组。心理融合总均值，2 年以内组、2—7 年组、7—10 年组、10—15 年组、15 年以上组 5 婚龄组互相之间均有显著性差异，15 年以上组＞10—15 年组＞7—10 年组＞2—7 年组＞2 年以内组。究其原因是，随着婚龄增长，农村女性婚姻迁移者不仅会慢慢习惯居住在迁入地，同时也被迁入地居民慢慢接纳，情感体验也慢慢变得积极，作为迁入地一员的身份的认同与归属感以及正向情感体验逐渐趋向统一，心理融合程度逐步提升。

结果表明，不同婚龄组的农村女性婚姻迁移者心理融合的总体状况，不同组别随着婚龄的增长呈逐步提高的趋势。"居留意愿与习惯"因子，不同组别随着婚龄的增长呈逐步提升的趋势；"身份认同与归属感"因子，不同组别随着婚龄的增长呈逐步提升的趋势；"情感体验"因子，不同婚龄组随着婚龄的增长呈逐步提升的趋势。

四、影响农村女性婚姻迁移者心理融合的多因素回归分析

为探明农村女性婚姻迁移者心理融合的影响因素，本研究选取了农村女性婚姻迁移者背景资料中的 29 个变量作为自变量。对 29 个变量进行归类，形成个人与家庭基本情况（包含：教育程度、户籍是否迁移、是否有孩子、目前是否工作、经常居住地、是否与公婆同住、房子类型）、婚姻基本状况（包含：与丈夫认识方式、是否为爱情选择迁移、父母是否同意远嫁、公婆是否同意外娶、婚龄）、迁入地状况与了解（包含：城乡、省内或省外迁移、迁移距离、迁入地经济状况、是否适应迁入地自然环境、是否了解丈夫、是否了解迁入地、是否了解丈夫家庭）、婚姻迁移的认知与困难（包含：期望是否有落差、是否后悔迁移、迁移是否有遗憾、是否考虑到迁移困难、社会融合是否困难、面对困难是否积极）、娘家来往与朋友情况（包含：回娘家情况、娘家人来婆家情况、迁入地是否有朋友）共 5 类。以 29 个变量作为自变量，以农村女性婚姻迁移者心理融合总均值为因变量，对影响农村女性

婚姻迁移者心理融合的因素进行回归分析。回归分析的结果见表4-108。

表4-108 影响农村女性婚姻迁移者心理融合的多因素回归分析

自变量	非标准化系数		标准化系数	t	Sig.
	B	Std. Error	Beta		
个人与家庭基本情况					
教育程度	−0.037	0.024	−0.037	−1.915	0.052
户籍是否迁移	−0.085	0.037	−0.045	−2.322	0.020
是否有孩子	−0.221	0.050	−0.076	−4.392	0.000
目前是否工作	0.043	0.029	0.026	1.488	0.137
经常居住地	−0.129	0.030	−0.074	−4.282	0.000
是否与公婆同住	−0.095	0.028	−0.061	−3.325	0.001
房子类型	−0.001	0.024	−0.001	−0.058	0.954
婚姻基本状况					
与丈夫认识方式	0.097	0.024	0.065	4.119	0.000
是否为爱情选择迁移	−0.138	0.075	−0.027	−1.839	0.066
父母是否同意婚姻迁移	0.085	0.029	0.051	2.969	0.003
公婆是否同意外娶	−0.022	0.034	−0.010	−0.645	0.519
婚龄	0.027	0.003	0.222	8.348	0.000
迁入地状况与了解					
城乡	0.078	0.035	0.038	2.207	0.028
省内或省外迁移	−0.217	0.044	−0.137	−4.908	0.000
迁移距离	0.074	0.025	0.079	2.898	0.004
迁入地经济状况	0.132	0.018	0.121	7.277	0.000
是否适应迁入地自然环境	0.098	0.015	0.143	6.478	0.000
是否了解丈夫	−0.016	0.036	−0.007	−0.434	0.665
是否了解迁入地	0.127	0.038	0.057	3.319	0.001
是否了解丈夫家庭	0.121	0.050	0.041	2.413	0.016
婚姻迁移的认知与困难					
期望是否有落差	0.206	0.028	0.133	7.413	0.000

自变量	非标准化系数		标准化系数	t	Sig.
	B	Std. Error	Beta		
是否后悔迁移	0.032	0.014	0.033	2.247	0.025
迁移是否有遗憾	0.010	0.056	0.003	0.180	0.857
是否考虑到迁移困难	−0.067	0.026	−0.043	−2.557	0.011
社会融合是否困难	0.218	0.015	0.351	14.397	0.000
面对困难是否积极	−0.322	0.054	−0.104	−6.010	0.000
娘家来往与朋友情况					
回娘家情况	0.072	0.014	0.108	5.289	0.000
娘家人来婆家情况	−0.123	0.036	−0.057	−3.373	0.001
迁入地是否有朋友	−0.323	0.030	−0.205	−10.866	0.000

（一）个人与家庭基本情况对心理融合的回归分析

表 4-108 显示，户籍是否迁移、是否有孩子、经常居住地、是否与公婆同住等因素对农村女性婚姻迁移者的心理融合有显著性影响（p＜0.05）。

户籍是否迁移是影响农村女性婚姻迁移者心理融合的显著因素，究其原因可能是，是否把户籍迁移到迁入地，不仅在一定程度上可以表明农村女性婚姻迁移者是否有在迁入地永久居住的意愿，也会在一定程度上影响农村女性婚姻迁移者对迁入地的身份认同与归属感，同时也会影响到其丈夫及其家人对其的接纳与认同。

是否有孩子是影响农村女性婚姻迁移者心理融合的显著因素，究其原因可能是，在陌生的迁入地，有了孩子，对农村女性婚姻迁移者来说，就有了与其血脉相连的人，不管要经历什么与面对什么，至少不再孤单；有了孩子，就会为孩子着想，会更加积极地面对婚姻迁移带来的不适与困难；而有了孩子，也会增加夫家对女性婚姻迁移者的认同与接纳。

经常居住地是影响农村女性婚姻迁移者心理融合的显著因素，究其原因可能是，农村女性婚姻迁移者经常居住在迁入地，对迁入地的生活才可能慢慢适应，才可能逐渐形成对迁入地的归属感与作为迁入地一员的身份认同。

是否与公婆同住是影响农村女性婚姻迁移者心理融合的显著因素，究其原因可能是，在中国，媳妇与公婆的关系特别是婆媳关系历来是家庭关系中比较微妙和难处理的关系，家庭的诸多矛盾，公婆与媳妇的矛盾是爆发家庭冲突的主要矛盾。公婆与媳妇的矛盾往往以最平凡、最琐碎的方式在家庭中展开。对农村女性婚姻迁移者来说，因为地域的相隔与文化的差异，与公婆在日常沟通的过程中，一不小心就可能让彼此接收了错误的信息，导致误会与矛盾的产生，假如不与公婆同住，彼此自然也就避免了一些不必要的误会与矛盾。

（二）婚姻基本状况对心理融合的回归分析

表4–108显示，与丈夫认识方式、父母是否同意远嫁、婚龄等因素对农村女性婚姻迁移者的心理融合有显著性影响（$p < 0.05$）。

与丈夫认识方式是影响农村女性婚姻迁移者心理融合的显著因素，分析其原因可能是，慎重择偶与婚前对配偶各方面的真实情况尽可能了解全面是减少婚姻不确定风险与顺利融合的重要基础。不同的认识方式，婚前对配偶的了解程度可能不一样，而当现实和婚前了解的不一致时，女性婚姻迁移者便有上当受骗的感觉，可能会导致怨恨、后悔、自责等心理问题的产生，这必然影响心理融合的顺利进行。

父母是否同意远嫁是影响农村女性婚姻迁移者心理融合的显著因素，分析其原因可能是，当初为了爱情不顾父母的反对，跨越千山万水迁移到他乡后，一年难得见父母一两次，更不用说经常性照顾父母，而婚姻迁移又必然会带来种种不如意。这时，农村女性婚姻迁移者对父母往往会有歉疚，随着父母年龄增长需要儿女照顾，这种歉疚可能会愈明显，甚而可能对自己当初不听父母劝告的婚姻迁移行为产生悔恨。

婚龄是影响农村女性婚姻迁移者心理融合的显著因素，分析其原因是，随着婚龄增长，农村女性婚姻迁移者逐渐适应了迁入地的生活，能积极面对区域差异引发的不适与冲突，及时调整心态，减少不良情绪。

（三）迁入地状况与了解对心理融合的回归分析

表 4–108 显示，城乡、省内或省外迁移、迁移距离、迁入地经济状况、是否适应迁入地自然环境、是否了解迁入地、是否了解丈夫家庭等因素对农村女性婚姻迁移者心理融合有显著性影响（$p < 0.05$）。

迁移到农村还是城市是影响农村女性婚姻迁移者心理融合的显著因素，分析其原因是，我国的城乡经济社会发展存在巨大差异，农村的年轻人倾向于迁移到非农就业机会多和经济收入较高的城镇工作与生活。对农村女性婚姻迁移者来说，嫁到城市实现了改变居住地的梦想，生活场所与身份发生了变化，个人发展的机会增多，一定程度上实现了社会地位的向上流动。

省内或省外迁移是影响农村女性婚姻迁移者心理融合的显著因素，分析其原因可能是，相比于本省内迁移，迁移到外省，在一个完全陌生的地方，农村女性婚姻迁移者作为"外来者"的感觉特别强烈，不得不独自忍受思念故乡与亲人的煎熬，面对与体验重新建构身份认同与归属的困境，情感体验不顺利与心理融合不顺畅是必然的。国内研究者沈文捷（2007）、谭琳（2003）、仰和芝（2006）等人的研究也认为，是否跨省迁移对女性婚姻迁移者的心理融合有显著性影响。

迁移距离是影响农村女性婚姻迁移者心理融合的显著因素，分析其原因可能是，迁移距离愈遥远，农村女性婚姻迁移者面对的社区生活环境和社会关系就愈陌生，重新建构身份认同与归属感就愈有难度，她们不得不承受适应完全陌生的生活环境与人际关系带来的巨大压力，此时思念亲人、家乡的心情会特别强烈，易受焦虑、抑郁、孤独、无助、缺乏安全感等不良情绪侵扰（仰和芝，2006），容易出现各种心理问题，出现心理融合不良。

迁入地经济状况是影响农村女性婚姻迁移者心理融合的显著因素，分析其原因可能是，一方面，对农村女性婚姻迁移者来说，迁移到他乡后，基本的生活、生产、居住等经济条件是迁移者安居乐业的基础；另一方面，经济发展程度不同地区的居民对外来迁移人口的态度和接纳会有差异。这些都会影响婚姻迁移者的心理融合。

是否适应迁入地自然环境是影响农村女性婚姻迁移者心理融合的显著

因素，分析其原因可能是，与迁移相随的是自然环境的变化，到异地他乡，农村女性婚姻迁移者假如水土不服，会更加思念故乡，影响到其对迁入地的认同与归属感。

是否了解迁入地与丈夫家庭是影响农村女性婚姻迁移者心理融合的显著因素，分析其原因可能是，迁移到陌生的地方定居生活，婚前对迁入地的自然环境、经济状况、社会发展、文化以及丈夫的家庭情况等有了解的话，能预先了解自己家乡与迁入地的差异、丈夫家庭的实际情况，比迁移后才慢慢了解到差异，更有利于农村女性婚姻迁移者做好心理准备，不至于婚后产生巨大的心理落差和负面的情感体验。

（四）婚姻迁移的认知与困难对心理融合的回归分析

表 4-108 显示，期望是否有落差、是否后悔迁移、是否考虑到迁移困难、社会融合是否困难、面对困难是否积极等因素对农村女性婚姻迁移者的心理融合有显著性影响（p＜0.05）。

夫家的实际情况与期望是否有落差是影响农村女性婚姻迁移者心理融合的显著因素，分析其原因可能是，因为距离遥远，农村女性婚姻迁移者对丈夫的家庭实际情况很难全面了解，不少女性远嫁之前，对丈夫家庭情况的了解，往往只是听丈夫的一面之词，而丈夫可能刻意隐瞒一些对她不利的方面，甚至不惜制造一些对自己有利的假信息，以获取对方好感（仰和芝，2007），女方对丈夫家庭很难做到知根知底，嫁过去以后才慢慢发现丈夫家庭的实际情况有诸多不如意的地方，而当现实和期望有落差时，农村女性婚姻迁移者便有上当受骗的感觉，产生失落与悔恨，不利于心理融合。

是否后悔迁移是影响农村女性婚姻迁移者心理融合的显著因素，分析其原因可能是，面对婚姻迁移后的诸多不适应，农村女性婚姻迁移者难免会滋生后悔，如果经常有此悔意，难免会影响心态，从而影响身份认同与归属感，产生负面的情感体验。

婚前是否考虑到迁移困难是影响农村女性婚姻迁移者心理融合的显著因素，分析其原因可能是，农村女性婚姻迁移者婚前如考虑到了婚姻迁移可能带来的困难，做好了应对的思想准备，面对婚后出现的困难，多能冷静与平和对待，不至于产生巨大的思想波动与心理困扰。

婚姻迁移后社会融合是否有困难是影响农村女性婚姻迁移者心理融合的显著因素，其原因显而易见，心理融合不顺利与不良就是因为婚姻迁移后有诸多困难。

是否积极面对婚姻迁移的困难是影响农村女性婚姻迁移者心理融合的显著因素，分析其原因是，面对婚姻迁移必然要经历的困难，农村女性婚姻迁移者只有积极面对，主动适应婚后生活，才能学会自我调节焦虑和抑郁等不良情绪的干扰（仰和芝，2006），才会慢慢形成对迁入地的身份认同与归属感以及积极正向的情感体验。

（五）娘家来往与朋友情况对心理融合的回归分析

表4–108显示，回娘家情况、娘家人来婆家情况、迁入地是否有朋友等因素对农村女性婚姻迁移者的心理融合有显著性影响（p<0.05）。

回娘家情况、娘家人来婆家情况是影响农村女性婚姻迁移者心理融合的显著因素，分析其原因是，因为路途遥远，农村女性婚姻迁移者回娘家的次数少，娘家人也很少来迁入地，双方面对面互动的机会较少。农村女性婚姻迁移者思乡的心情会特别强烈，不得不经常面对心中那份因为不能常在父母身边的歉疚与悔恨以及对遥远的亲人的思念，充满着漂泊感和孤独感，心理压力大，这必然会影响其心理融合。仰和芝（2007）、沈文捷（2007）、谭琳（2003）等人的研究也证实，与娘家人来往情况对女性婚姻迁移者的心理状况有显著影响。

迁入地是否有朋友是影响农村女性婚姻迁移者心理融合的显著因素，分析其原因是，农村女性婚姻迁移者远离亲人与原来的朋友，生活遇到问题时、受到委屈时，如果在迁入地有聊得来的女性朋友，可以适当倾诉，排解负面的情绪，有利于心理健康。

五、农村女性婚姻迁移者心理融合的聚类分析

为了探明不同农村女性婚姻迁移者的心理融合类型及其内部差异性，本研究采用 K-Means 聚类分析，对不同农村女性婚姻迁移者的心理融合的三个因子进行分类，并将其分成 5 个类别，初始聚类中心点由 SPSS 自行确定。聚类分析的结果如表 4–109、表 4–110、表 4–111 所示。

（一）心理融合三个因子的聚类中心点

表 4–109 显示的是心理融合的"居留意愿与习惯"、"身份认同与归属感"、"情感体验"三个因子的聚类分析的聚类中心点。可以看出，当把研究对象分为 5 类时，可以得出心理融合的三个因子的差异较为明显的 5 组，不同类别的三个因子的聚类中心点并不完全一致。从不同维度均值的聚类中心点的相对一致性来看，5 组从低到高依次是：第 V 类别、第 I 类别、第 II 类别、第 IV 类别、第 III 类别。

第 V 类别的"居留意愿与习惯"、"身份认同与归属感"、"情感体验"三个因子的聚类中心点分别为 2.54、2.72、3.34。结果表明，此类别的农村女性婚姻迁移者心理融合三个因子不均衡，均没有达到一般（4）水平，有待全面大力提升。

第 I 类别的"居留意愿与习惯"、"身份认同与归属感"、"情感体验"三个因子的聚类中心点分别为 3.63、3.64、3.80。结果表明，此类别的农村女性婚姻迁移者心理融合三个因子均没有达到一般（4）水平，有待全面大力提升。

第 II 类别的"居留意愿与习惯"、"身份认同与归属感"、"情感体验"三个因子的聚类中心点分别为 4.71、3.74、3.97。结果表明，此类别的农村女性婚姻迁移者心理融合三个因子发展不均衡，其中，"身份认同与归属感"、"情感体验"二个因子均没有达到一般（4）水平，有待全面大力提升；"居留意愿与习惯"因子达到一般（4）水平，有待提升。

第 IV 类别的"居留意愿与习惯"、"身份认同与归属感"、"情感体验"三个因子的聚类中心点分别为 4.92、3.71、4.81。结果表明，此类别的农村女性婚姻迁移者心理融合三个因子发展不均衡，其中，"居留意愿与习惯"、"情感体验"二个因子均达到一般（4）水平，但没有达到较好（5）水平，有待提升；"身份认同与归属"因子没有达到一般（4）水平，有待大力提高。

第 III 类别的"居留意愿与习惯"、"身份认同与归属感"、"情感体验"三个因子的聚类中心点分别为 5.82、4.96、4.59。结果表明，此类别的农村女性婚姻迁移者心理融合三个因子均在一般（4）水平之上。其中，"居留意愿与习惯"因子接近很好（6）水平；"身份认同与归属感"、"情感体验"二个因子均达到一般（4）水平，但没有达到较好（5）水平，有待提升。

表 4–109　心理融合三个因子的聚类中心点

	Cluster				
	I	II	III	IV	V
居留意愿与习惯	3.63	4.71	5.82	4.92	2.54
身份认同与归属感	3.64	3.74	4.96	3.71	2.72
情感体验	3.80	3.97	4.59	4.81	3.34

（二）单因素方差分析

表 4–110 显示的是单因素方差分析的结果，各数据项的含义依次为组间均方、组间自由度、组内均方、组内自由度。数据显示，心理融合的三个因子的聚类中心点均具有显著性（$p < 0.05$），即各因子的均值在 5 个类别中的差异均显著。

表 4–110　心理融合三个因子的单因素方差分析

	Cluster		Error		F	Sig.
	Mean Square	df	Mean Square	df		
居留意愿与习惯	242.031	4	0.113	955	2135.395	0.000
身份认同与归属感	127.202	4	0.124	955	1024.977	0.000
情感体验	61.535	4	0.229	955	269.037	0.000

（三）心理融合三个因子不同类别的样本数

表 4–111 显示了 5 个类别的样本数（总样本 960 人），从低到高依次是：第 V 类有 139 人，占比例 14.48%；第 III 类有 141 人，占比例 14.69%；第 I 类有 201 人，占比例 20.93%；第 IV 类有 220 人，占比例 22.92%；第 II 类有 259 人，占比例 26.98%。其中第 III 类人数最少，第 II 类人数最多。

表 4-111　心理融合三个因子不同类别的样本数

Cluster	I	201
	II	259
	III	141
	IV	220
	V	139
Valid		960
Missing		0

结果表明，不同类型的农村女性婚姻迁移者心理融合的"居留意愿与习惯"、"身份认同与归属"、"情感体验"三个因子分为五种类别时，差异呈显著性。14.69% 的人的心理融合的三个因子相对均衡，均达到一般水平，其中，"身份认同与归属感感"与"情感体验"二个因子均达到一般水平，"居留意愿与习惯"因子达到较好水平；22.92% 的人的心理融合三个因子相对均衡，均达到一般水平；26.98% 的人的心理融合三个因子相对不均衡且整体水平偏低，其中，"身份认同与归属感"与"情感体验"二个因子均低于一般水平，"居留意愿与习惯"因子达到一般水平；20.93% 的人的心理融合三个因子相对均衡但整体水平偏低，均介于较不好与一般之间；14.48%的人的心理融合三个因子相对不均衡且整体水平很低，其中，"居留意愿与习惯"与"身份认同与归属感"二个因子介于很不好与较不好之间，"情感体验"因子在较不好与一般之间。总体来说，农村女性婚姻迁移者的心理融合水平均有待大力全面提升。

第六节　农村女性婚姻迁移者社会融合维度相关性与聚类分析

本节旨在分析农村女性婚姻迁移者社会融合的经济融合、社区融合、文化融合与心理融合四个维度的相关性和不同类别。

一、社会融合不同维度之间的相关性分析

为了揭示农村女性婚姻迁移者社会融合的经济融合、社区融合、文化融合与心理融合四个维度之间的关系，本研究使用相关分析方法探讨社会融合四个维度之间的关联程度。

（一）经济融合与社区融合的相关性分析

经济融合与社区融合的相关性分析具体见表4–112。从表4–112显示的数据可以看出，经济融合与社区融合的"Pearson"相关性系数[①]为0.802，同时显著性（双侧）结果为0.000（<0.001），具备显著性。

结果表明，经济融合与社区融合具备相关性，且为正相关。经济融合程度越高，社区融合程度越高；反之，社区融合程度越高，经济融合程度越高。

表4–112　经济融合与社区融合的相关性

指标		经济融合	社区融合
经济融合	Pearson Correlation	1	0.802**
	Sig. (2-tailed)		0.000
	N	960	960
社区融合	Pearson Correlation	0.802**	1
	Sig. (2-tailed)	0.000	
	N	960	960

注：** 在0.01水平（双侧）上显著相关（下同）。

（二）经济融合与文化融合的相关性分析

经济融合与文化融合的相关性分析具体见表4–113。从表4–113显示的数据可以看出，经济融合与文化融合的"Pearson"相关性系数为0.602，同时显著性（双侧）结果为0.000（<0.001），具备显著性。

[①]　一般来说，相关性系数取绝对值后，相关性系数的绝对值越大，相关性越强。通常情况下通过以下取值范围判断变量的相关强度：相关系数0.8—1.0极强相关、0.6—0.8强相关、0.4—0.6中等相关、0.2—0.4弱相关、0.0—0.2极弱相关或无相关。

结果表明，经济融合与文化融合具备相关性，且为正相关。经济融合程度越高，文化融合程度越高；反之，文化融合程度越高，经济融合程度越高。

表 4-113　经济融合与文化融合的相关性

指标		经济融合	文化融合
经济融合	Pearson Correlation	1	0.602**
	Sig. (2-tailed)		0.000
	N	960	960
文化融合	Pearson Correlation	0.602**	1
	Sig. (2-tailed)	0.000	
	N	960	960

（三）社区融合与文化融合的相关性分析

社区融合与文化融合的相关性分析具体见表 4-114。从表 4-114 显示的数据可以看出，社区融合与文化融合的"Pearson"相关性系数为 0.755，同时显著性（双侧）结果为 0.000（<0.001），具备显著性。

结果表明，社区融合与文化融合具备相关性，且为正相关。社区融合程度越高，文化融合程度越高；反之，文化融合程度越高，社区融合程度越高。

表 4-114　社区融合与文化融合的相关性

指标		社区融合	文化融合
社区融合	Pearson Correlation	1	0.755**
	Sig. (2-tailed)		0.000
	N	960	960
文化融合	Pearson Correlation	0.755**	1
	Sig. (2-tailed)	0.000	
	N	960	960

（四）社区融合与心理融合的相关性分析

社区融合与心理融合的相关性分析具体见表 4–115。从表 4–115 显示的数据可以看出，社区融合与心理融合的"Pearson"相关性系数为 0.814，同时显著性（双侧）结果为 0.000（＜0.001），具备显著性。

表 4–115　社区融合与心理融合的相关性

指标		社区融合	心理融合
社区融合	Pearson Correlation	1	0.814**
	Sig. (2-tailed)		0.000
	N	960	960
心理融合	Pearson Correlation	0.814**	1
	Sig. (2-tailed)	0.000	
	N	960	960

（五）文化融合与心理融合的相关性分析

文化融合与心理融合的相关性分析具体见表 4–116。从表 4–116 显示的数据可以看出，文化融合与心理融合的"Pearson"相关性系数为 0.784，同时显著性（双侧）结果为 0.000（＜0.001），具备显著性。

结果表明，文化融合与心理融合具备相关性，且为正相关。文化融合程度越高，心理融合程度越高；反之，心理融合程度越高，文化融合程度越高。

表 4–116　文化融合与心理融合的相关性

指标		文化融合	心理融合
文化融合	Pearson Correlation	1	0.784**
	Sig. (2-tailed)		0.000
	N	960	960
心理融合	Pearson Correlation	0.784**	1
	Sig. (2-tailed)	0.000	
	N	960	960

（六）经济融合与心理融合的相关性分析

经济融合与心理融合的相关性分析具体见表4-117。从表4-117显示的数据可以看出，经济融合与心理融合的"Pearson"相关性系数为0.777，同时显著性（双侧）结果为0.000（＜0.001），具备显著性。

结果表明，经济融合与心理融合具备相关性，且为正相关。经济融合程度越高，心理融合程度越高；反之，心理融合程度越高，经济融合程度越高。

表4-117 经济融合与心理融合的相关性

指标		经济融合	心理融合
经济融合	Pearson Correlation	1	0.777**
	Sig. (2-tailed)		0.000
	N	960	960
心理融合	Pearson Correlation	0.777**	1
	Sig. (2-tailed)	0.000	
	N	960	960

二、农村女性婚姻迁移者社会融合的聚类分析

为了揭示不同农村女性婚姻迁移者社会融合的类型，本研究采用K-Means聚类分析，对不同农村女性婚姻迁移者社会融合的四个维度及其总均值的水平进行分类，并将其分成5个类别，初始聚类中心点由SPSS自行确定。聚类分析的结果具体如表4-118、表4-119、表4-120所示。

（一）社会融合的四个维度的聚类中心点

表4-118显示的是农村女性婚姻迁移者社会融合的经济融合、社区融合、文化融合与心理融合四个维度的5个类别的聚类分析的聚类中心点。数据显示，当把农村女性婚姻迁移者的社会融合的四个维度分为5个类别时可以得出较为明显的5组，不同类别的三个因子的聚类中心点并不完全一致。从不同维度均值的聚类中心点的相对一致性来看，5组从低到高依次是：第Ⅳ类别、第Ⅰ类别、第Ⅱ类别、第Ⅲ类别、第Ⅴ类别。

第Ⅳ类别的社会融合的四个维度，经济融合、社区融合、文化融合与心理融合的聚类中心点分别为3.08、3.41、4.02、2.98，从低到高依次是心理融合、经济融合、社区融合、文化融合。结果表明，此类别的农村女性婚姻迁移者社会融合的不同维度并不均衡，其中，心理融合、经济融合与社区融合均没有达到一般（4）水平，文化融合达到一般（4）水平。总的来说，此类别农村女性婚姻迁移者的社会融合有待全面大力改善。

第Ⅰ类别的社会融合的四个维度，经济融合、社区融合、文化融合与心理融合的聚类中心点分别为4.08、3.59、3.95、3.33，从低到高依次是心理融合、社区融合、文化融合、经济融合。结果表明，此类别的农村女性婚姻迁移者社会融合的不同维度并不均衡，其中，心理融合、社区融合与文化融合均没有达到一般（4）水平，经济融合达到一般（4）水平。总的来说，此类别农村女性婚姻迁移者的社会融合有待全面大力改善。

第Ⅱ类别的社会融合的四个维度，经济融合、社区融合、文化融合与心理融合的聚类中心点分别为4.65、4.21、4.60、4.26，从低到高依次是社区融合、心理融合、文化融合、经济融合。结果表明，此类别的农村女性婚姻迁移者社会融合四个维度相对均衡，均达到一般（4）水平，但均没有达到较好（5）水平。总的来说，此类别农村女性婚姻迁移者的社会融合有待全面提升。

第Ⅲ类别的社会融合的四个维度，经济融合、社区融合、文化融合与心理融合的聚类中心点分别为5.85、5.07、4.51、4.26，从低到高依次是心理融合、文化融合、社区融合、经济融合。结果表明，此类别的农村女性婚姻迁移者社会融合四个维度相对不均衡，其中，心理融合与文化融合均达到一般（4）水平，但均没有达到较好（5）水平，有待提升；经济融合与社区融合达到较好（5）水平。

第Ⅴ类别的社会融合的四个维度，经济融合、社区融合、文化融合与心理融合的聚类中心点分别为5.45、5.12、5.37、5.15，从低到高依次是社区融合、心理融合、文化融合、经济融合。结果表明，此类别的农村女性婚姻迁移者社会融合四个维度相对均衡，均达到较好（5）水平，但均没有达到很好（6）水平，仍然有提升的空间。

表4-118　社会融合四个维度的聚类中心点

	Cluster				
	I	II	III	IV	V
经济融合	4.08	4.65	5.85	3.08	5.45
社区融合	3.59	4.21	5.07	3.41	5.12
文化融合	3.95	4.60	4.51	4.02	5.37
心理融合	3.33	4.26	4.26	2.98	5.15

（二）单因素方差分析

表4-119显示的是单因素方差分析的结果，各数据项的含义依次为组间均方、组间自由度、组内均方、组内自由度。数据显示，社会融合的四个维度的聚类中心点均具有显著性（$p < 0.05$），即各维度的均值在5个类别中的差异均是显著的。

表4-119　社会融合四个维度的单因素方差分析

	Cluster		Error		F	Sig.
	Mean Square	df	Mean Square	df		
经济融合	90.564	4	0.106	955	851.174	0.000
社区融合	85.739	4	0.098	955	877.559	0.000
文化融合	66.129	4	0.133	955	497.331	0.000
心理融合	114.771	4	0.124	955	927.102	0.000

（三）社会融合不同类别的样本数

表4-120显示了5个类别的样本数（总样本960人），从少到多依次是：第III类有24人，占比例2.50%；第IV类有34人，占比例3.54%；第I类有187人，占比例19.48%；第V类有312人，占比例32.50%；第II类有403人，占比例41.98%。其中，第III类人数最少，第II类人数最多。

表 4-120　社会融合四个维度不同类别的样本数

	I	187
	II	403
Cluster	III	24
	IV	34
	V	312
Valid		960
Missing		0

　　结果表明，不同类型的农村女性婚姻迁移者社会融合的经济融合、社区融合、文化融合与心理融合四个维度，分为五种类别时，差异呈显著性。32.50% 的农村女性婚姻迁移者的社会融合四个维度相对均衡，均达到较好水平；2.50% 的农村女性婚姻迁移者的社会融合四个维度相对均衡，均达到一般水平，其中经济融合与社区融合均达到较好水平；41.98% 的农村女性婚姻迁移者的社会融合四个维度相对均衡，均在一般水平之上；19.48% 的农村女性婚姻迁移者的社会融合四个维度并不均衡，其中，经济融合达到一般水平，社区融合、文化融合与心理融合均低于一般水平；3.54% 的农村女性婚姻迁移者的社会融合四个维度非常不平衡且整体水平偏低，其中，文化融合达到一般水平，经济融合与社区融合在较不好与一般之间，心理融合介于很不好与较不好之间。总体来说，农村女性婚姻迁移者的社会融合水平没有达到较好水平，四个维度发展也不均衡，有待大力全面提升。

第五章 何时他乡是故乡：农村女性婚姻迁移者的心声

　　本章内容是调查对象部分访谈记录的展示，笔者不作诠释和评论，只试图从农村女性婚姻迁移者的主体性出发，在尊重与聆听当事人的自由叙说过程中，品味她们的生活体验，体悟她们日常生活中丰富多彩的细节，分享她们的酸甜苦辣，洞悉她们的心路历程，感受她们的生活勇气，旨在了解她们社会融合过程中的点点滴滴。

心声之一：为爱情跨越千山万水

　　本研究调查结果（见第四章第一节）表明，97.71% 的被调查农村女性婚姻迁移者为了追求美好爱情和幸福婚姻而选择远离家乡。追求爱情为基础的婚姻得到外出务工经商的农村年轻人的普遍认同，为了爱情，农村青年女性敢于和勇于跨越地域限制，哪怕是千山万水也义无反顾，为爱情她们曾不顾一切。

　　（婚龄 4 年、从安徽黄山嫁到安徽淮北）作为女人，要求都不高，一个疼自己的人，哪怕跟着他吃苦受累也情愿，其他没想那么多，可我父母坚决不同意我跑这么远，我妈为这事在床上躺了一个多礼拜，他们也是为我好，怕我一个人在外吃亏，想我嫁近些，不管过得好不好，总是在他们眼皮底下能看得到，可惜那时我听不进去任何劝告，只是单纯地以为在追求真爱，以为说别的都是俗不可耐，没考虑爸妈的感受，为了跟自己喜欢的人在一起跑老远注定要付出点代价的，许多事总不能如愿。

（婚龄 7 年、从四川嫁到江西）我是从四川嫁到江西的，很远，几千里路呢，我嫁的时候才 20 岁，也许你们会说，才 20 岁什么都不懂，肯定是糊里糊涂的啊，确实，当时除了和我老公的感情，别的什么都没有想，可是我不是不明白我做的这一选择会有什么样的后果，我心中也不是没数，那我为什么有这么大的勇气嫁到离家几千里以外的地方呢，就是相信爱，也相信爱是不分地方的。

（婚龄 3 年、从江西嫁到黑龙江）当我说要嫁到绥化这个以前父母家人听都没有听过的地方时，家里炸锅了，所有人坚决反对，无论父母亲戚的万般阻挠就是没有拦住我，从没有打骂过我的父亲，为此事还打了我，呵呵，当时是家里越是反对，我越是不管不顾，不是说恋爱中的女人是脑残嘛，在男方家里没有任何仪式下，我挺着 5 个月的身孕来到黑龙江和老公结婚了，天南地北的距离啊，现在想想也不知哪来的勇气，也许是年轻不懂事吧，爱冲昏了头，才放弃 20 多年的生活环境，现在回过头想想，背负着家人多少的担忧啊。

（婚龄 3 年、从河北嫁到湖南）其实爱情是什么，我也说不上来，我和老公是自己认识的，可以说是自由恋爱，我们在一个五金厂干活，我是河北的，他是湖南的，老天就这样安排我们认识，老公家条件不好，特别是离我家几千里，当初我爸妈死活不答应，那时自己真的太单纯，为我们的感情一直挺着，也没有往长远想，怀孕两个月不顾家人反对嫁给他，为了我们的感情选择了远离自己的父母，远离生我养我的那片土地，现在父母还是嫌远，也没有人来看我，结婚生孩子都没有，不过确实不方便，我父母大半辈子没有出过远门，婚前想只要两人真心过日子就好，没有想距离啊什么的各种因素，没有想到生活习惯的差异，其实现在回过头想想，确实自己想得过于简单了。

（婚龄 5 年、从山西嫁到安徽）生活中很多事情都是要选择的，我们一个山西，一个安徽，当初他在追求我的时候，我也很犹豫，一边是养育自己二十多年的父母，一边是他，可我的家人也没有强行反对，父母说只要我过得好就好了，遇到爱情和亲情的时候，我们往往忽视亲情，出嫁那天和家人告别的时候，我父母都哭了，我心都要碎了，可是我还是没良心地走了，因为当时想不到那么长远，年纪轻轻才会为爱不顾一切吧。

心声之二：多少有些后悔的选择

本研究调查结果（见第四章第一节）表明，被调查的 960 名农村女性婚姻迁移者，58.75% 的人明确对婚姻迁移表示后悔，21.25% 的人表示不后悔，20.00% 的人表示说不清。从访谈结果看，农村女性婚姻迁移者后悔婚姻迁移的原因有很多相似之处。

（婚龄 11 年、从湖北嫁到江西）真心的后悔，我已结婚 11 年，稀里糊涂地嫁这么远，如今已无法重来。每次回去，亲戚都会说，你这个婆家好是好，就是远了些。刚结婚还没有什么，现在父母一天天老了，最愧对的就是年迈的父母，在他们生病最需要我的时候，我却不能尽女儿的责任，只能在心里想想，无数个夜晚，都暗自流泪，真真切切的体会啊！我们现在条件又不好，想多贴补点父母都没有能力，觉得太对不住父母了。如果有重新选择的机会，我一定不会远嫁，人再好也不嫁。

（婚龄 5 年、从河南嫁到江西）嫁给现在的老公，我不后悔，可是远离父母，嫁到这里我现在觉得有点后悔了，可是已经没有后悔药了。嫁到外地的这份孤独和无助没有经历过的人是无法理解的，那简直就是一种折磨！用我的亲身经历奉劝还有机会回头的人立马回头，不要踏入这条不归路。

（婚龄 1 年、从安徽嫁到江西）相比那些几千里的，我还算幸运，四百多公里，说远不是很远，可这也是漫长的距离。这么远，又出省，父母说什么都不答应，户口簿都藏起来了，我还是自己做主嫁过来了，过来了，才觉得好多不适应，一年多的时间我哭了不知多少次了，现在都想回去呢，可孩子怎么办。

（婚龄 13 年、从四川嫁到江苏）当时也左思右想了，觉得只要两个人在一起相爱就够了，真正嫁了之后才知道，一个人的自私选择，很多人要和我一起承担后果，特别是父母。有了爱情，离了亲情，伤的不是别人，是自己的父母啊，不能在他们膝下尽孝，真不知道该怎样弥补我犯下的错，如果时光再来过，我一定不会再伤父母的心，一定不会离开他们。很可惜，人没有下辈子，世上也没有回头药，现在心里的痛楚只有自己知，我想这后悔是要跟我一辈子了。

（婚龄 3 年、从安徽嫁到江苏）后悔得要去撞墙了，之前谈恋爱觉得什么都不是问题，现在才知道要承受的会是这么多，如果再给我一次重新选择的机会我绝对不会选择嫁这么远，不应该当初不听父母朋友的话，所以一步错就步步错，什么委屈什么罪都自己扛着，还不敢向爸妈说，怕他们担心，再说，说了也没用啊，结婚三年，不管有多么大的委屈，自己一个人憋在心里。

（婚龄 5 年、从安徽嫁到江苏）离家千里只是为了一个男人，老公对你很好，就很值，可惜我们感情出现问题了，真的后悔当初没弄清全部情况就领证了，老公的家庭我不是十分清楚，谈了几年恋爱也知之甚少，我当初是众叛亲离地跟了他，现在哪敢向爸妈诉苦，也不好意思给朋友、亲人抱怨，他们当初都是阻拦过我的，当时听不进去啊，有什么办法呢？现在连个诉苦的人都没有，自作孽，只能是打掉牙齿往肚子里咽，当初的任性，如今付出了代价。我现在是娘家的反面教材，长辈都拿我的事劝堂妹、表妹们不要嫁到外地。

（婚龄 3 年、从江西嫁到黑龙江）说一点都不后悔那是骗人的，现在心里有说不出的滋味，有了他以后就感觉忘记了所有，很傻很天真为了一份爱情，从南嫁到北，曾经以为，只要那个男人对你好，嫁再远也会幸福，刚结婚时候也真的没有体会到有多少不好，只想着两个人好好在一起，然而时间久了，事情真的没有那么简单，各方面习惯都不一样，才意识到自己这一嫁付出的代价，当初结婚时，想的是一年怎么也能回去一次，现在我知道，我错了，我都 3 年没有回娘家了，几千里，哪里是说回去就回得去的，哎，不说了，各种艰难各种苦，怎"后悔"两字能说完的，泪都往自己肚子里咽吧。

（婚龄 6 年、从江西嫁到安徽）很多人为了爱情远嫁，我也是，爱情来了的时候，觉得父母说的都是可克服的小问题，只要有爱，什么问题都不是问题，什么困难都可以解决，结婚后发现，什么都敌不过现实，小问题因为距离遥远都变成了大问题，本来简单的事因为距离遥远变成困难的事，有时恨不得一走了之，只可惜有孩子，如果没有孩子，我想我可能早就和老公离婚了。不是因为和老公的感情有什么大问题，而是觉得除了老公，在自己的老家同样能找到一个爱你的人，何必跑几千里找罪受。

心声之三：迁移遗憾何其多

本研究调查结果（见第四章第一节）显示，被调查的 960 名农村女性婚姻迁移者，932 人对婚姻迁移表示有遗憾，占样本总数的 97.08%。从访谈看，遗憾主要表现在远离父母、回家不方便、缺少朋友等方面。

（婚龄 3 年、从江西赣州嫁到江西宜春）要说遗憾吗？多着呢，在外，一个亲人都不在身边，在这里没有一个可以说话的朋友，真是叫天天不应，叫地地不灵啊，最怕和老公吵架，吵了架摔门出去，都不知可以去哪里？说出来不怕你们笑话，有一次和老公吵架，天已经晚了，我走出门，一大家子没有人拦着我，可又能去哪里呢，在村子里一棵大树下坐了很久，漆黑漆黑的，实在是害怕只能硬着头皮回去，躲在被窝里，与泪水相伴，那时候很想家，牵肠挂肚的想，很委屈，举目无亲，心里真的很痛，可是又怕家人担心，所以与家人电话都是报喜不报忧，不想让他们知道我的委屈，要不远在千里之外的父母又多了一份牵挂，只能默默地承受，只能悄悄地流眼泪，一个人的孤单只有自己晓得，如果再让我选择一次，如果可以回头，我坚决在家人身边找一个合适的人嫁了。

（婚龄 7 年、从贵州嫁到安徽）不是说嫁得远不幸福，主要是父母年岁渐高，19 岁出来到现在，回去的日子越来越少，无法侍奉父母，是最大的遗憾，真的很苦，感触很深，我火车加汽车 30 多个小时，要一天一夜才能回趟家。想想当初软磨硬泡，妈妈是含着泪答应我，也信誓旦旦承诺父母，说什么现在交通发达，会常常回家，现在想想真是幼稚，交通发达只是给有钱人说的，回去一趟一大笔花销，路费与人情往来费，哪样不都得花钱，几千块钱哪容易挣啊，再说回家拖家带口实在是不方便，我 3 年多都没回家一次，也不是老公不让我回去，费时，费力，费钱啦，觉得自己很不孝，特别是父母身体不适需要儿女时，真的是非常揪心。

（婚龄 1 年、从江西上饶嫁到江西赣州）搁谁谁都会有遗憾，当初我还是有比较理智地考虑这两地差异会不会产生很多本可以避免的麻烦，但是被他的诚意打动了，迷迷糊糊就嫁了，刚刚结婚就怀孕了，自己只身一人在这里，老公要做事不能经常陪我，家人又离得远，言语不通，他们讲客家话完全听不懂，像个局外人，好多不习惯，常常因为风俗不同和公婆有小争执，矛盾就不断产生，开始想念家人，有烦恼也不敢跟家人说，刚来这又没有朋友，很孤单，没办法，当时是自己坚持选择的，让父母伤心了，自己慢慢适应吧。

（婚龄 11 年、从江西嫁到湖北）最大的遗憾是，对于自己娘家的亲情失去太多了！家里有些什么事都不能第一时间赶回去，回去也是匆匆忙忙的，与亲人的感情就淡了许多，现在自己的母亲病弱了，却无法服侍在旁，我妈说，她死我都不一定赶得上，我心里那个难受呀，古话说，孝子不远行，真的很有道理，想到父母，心就生疼生疼，感觉我这个女儿算是他们白养了啊。我老公也深有感触，说我们女儿大了不让她离我们那么远。

（婚龄 13 年、从四川嫁到江苏）我们一个四川一个江苏，相差 2000 多公里，火车 30 多个小时，而且去双方家还得坐 4 个多小时汽车。老公待我不错，可父母年龄越来越大，家里本身就没有男孩，姐姐也嫁得远，照顾父母就变成了最头疼的问题，这个是最遗憾的，我也想接他们来住段时间，父母不愿过来，说住在女儿家，心里不是滋味，也怕公婆说，再说生活习惯太多不一样，讲话又好难懂，老人确实很难适应，唉，都不敢想，以后父母动不了时怎么办。

（婚龄 7 年、从安徽嫁到四川）婚前很天真地和丈夫说过，无论多忙，经济多紧张，也要至少一年回去一次看父母亲人，之前两年都做到了，后来有孩子了，特别是第二个孩子的出生，路上的时间实在是太长了，要一天一夜，孩子也跟着遭罪，就这样，我已经 3 年没有回去了，我家老二都没有见过外公外婆，逢年过节是给父母汇点钱，可这又有什么用啊，父母又不是差这点钱，不能常在父母身边，失去了很多孝顺的机会，给点钱只是减少自己一些内疚吧。每次电话，父母都会问什么时候能回去看看，其实我好想回到父母身边，但现在有自己家，有 2 个小孩，你说怎么办呢，为了这个问题不知一个人偷偷流了多少泪，我老公对我很好，和婆婆相处也可以，最大的遗憾是不能常常看望自己的父母，唉，嫁得远总是不省心。

（婚龄 4 年、从安徽黄山嫁到安徽淮北）我和我老公是同省的，可一南一北，也好远呀，现在我们结婚都四年了，爸妈就来过我家一次，是我坐月子时来的，当时，我妈就说，就这一次了，以后她不会来了。我是每年都能回去一趟娘家，有什么用啊，在家一般待不了十天半月，每次回家要走，我妈都会流泪，其实我也难受，只能忍着。父母一天天老去，看着父母的白发，看着他们直不起的背，心酸得无法言语，能说不遗憾吗？你要说最大的遗憾嘛，那当然是远离父母了，现在自己当妈了，更能懂得父母的心情，明白了父母当初为什么拼死命反对，为了老人，一定要找个本地的，这是我的教训啊，不知道我女儿长大了，会不会走我老路呢。

心声之四：不一样的距离，同样的婆婆

本研究调查数据（见第四章第三节）显示，被调查的农村女性婚姻迁移者与婆婆的关系，普遍没有达到较好水平。无论嫁得远近，婆媳关系都是结婚后的女性必须面对的，但婚姻迁移给本来就微妙的婆媳关系又增加很多不确定性和挑战性。

（婚龄 3 年、从河南嫁到湖南）当初我与老公在一起时，婆婆死活不肯，

说是离得太远，怕以后跑了。我在婆家待产时，防贼一样处处防着我，花一分钱她都说，还逢人就说，我好吃懒做，小姑子都看不过去，说她妈。搁谁都受不了，我忍了，老公对我很好啊，现在孩子一岁多了，她还是盯着我，怕我把她孙子带跑了，我跑什么啊跑，要跑还到今天吗？好歹老公一家人都不错，就婆婆这样，也懒得管她了，过好日子才重要。

（婚龄 4 年、从安徽黄山嫁到安徽淮北）老公脾气不错，基本什么都顺着我，和老公相处容易，就是婆婆太极品了，结婚之前老公就跟我说他妈不是很好相处，我当时想着也不是与他妈过一辈子，应该没什么的，事情还真不是那么简单，真是什么婆婆都有，我剖腹产坐月子，伤口都还没有好，她就在我喝的汤里加辣椒酱，我说不能喝，你知道她说什么吗，为你好，换换口味。太难处了，月子里不帮我带孩子就算了，还老是在人前背后说三道四，以为我听不懂他们的话，还老说我不该管他儿子的钱，一开始，我也很生气，会吵。我一生气就容易头疼，后来想想，气坏自己身体不划算，就懒得与她吵，不是我怕她，只是不想招来不必要的麻烦，忍忍就过去了，只要老公明白就好。

（婚龄 5 年、从山西嫁到安徽）我和我的婆婆相处得还行吧，人心都是肉长的，相互包容，真诚对待就好了，毕竟都是一家人，再说，婆婆为这个家也是操碎了心，有了委屈就想着她是长辈，再说了，我也不想为难我老公，让他左右为难，家和万事兴，忍忍就过去了。

（婚龄 1 年、从江西上饶嫁到江西赣州）婆婆对我很好，现在宝宝出生了，婆婆连家务都不让我做了，还是很想我爸妈，很想回家，因为好多风俗习惯都不同，吃的口味也不同，婆婆也有难处，变着花样给我做吃的，也难为她了，吃了几十年的口味还得因为我要变一变，我也知道她的好，不过天天在一起，小吵小闹免不了的，互相让让吧，跟自己亲妈有时还闹矛盾呢。

（婚龄 5 年、从安徽嫁到江苏）嫁过来，我从第一天开始就提醒自己，婆婆不是亲妈，也不要幻想她把你当亲女儿，你也不要按照亲妈的标准来要求她，这样下来，我们相处得还算不错，就是不亲，客客气气的，逢年过节给点钱、买点东西也是少不了的哦，老人都讲个面子啊。

（婚龄 6 年、从安徽嫁到广东）我婆婆，又强势又顽固又迷信，什么都管，我什么时候带孩子回娘家都要规定，算好日子才能回去，为这事，我只差跟她拼命了，我买点东西，也说个不停，说我败家，不心疼他儿子，一不小心说句什么话，就说我乱说，唉。

（婚龄 5 年、从安徽绩溪县嫁到安徽合肥市区）我的婆婆对农村人有偏见，总觉得高我一等，当然很多城市人对农村人都有偏见的，这个我也理解，可现在农村不一样了，城市人也有很多穷人，还不如有的农村人收入高，不也就一个户口而已，我挣的钱不比我老公少，我也不依附他们家才能活着。我们买房子的首付，我比老公拿得还要多，凭什么要高我一等，我做到有礼有节，我不欺负人，但要想欺负我，也不容易。

（婚龄 7 年、四川嫁到江西）我和婆婆的问题主要是在吃饭上，两地的差异太大了，婆婆做的饭就是不合我的口味，一开始，还顺着我做点，现在我都在这 3 年多了，吃饭问题仍然存在，时间长了，婆婆也不迁就我了，就按照她的方式做，为这事，跟婆婆有时候少不了口角，没办法，只能忍，我白天要在外面做事，又没有时间自己做，婆婆做饭、带孩子也算是尽心尽力，唉，家家有本难念的经啊，只能这样，慢慢适应吧。

心声之五：婚姻迁移问题多

本研究调查结果（见第四章）显示，所有的农村女性婚姻迁移者都或多或少会遇到因婚姻迁移而带来的种种问题。

（婚龄 2 年、从甘肃嫁到江西）身边没有一个人可以让我诉苦，委屈辛酸没处说，每当不顺心时，只能一个人默默地承受，只有偷偷掉眼泪，真是娘家远，哭瞎眼，不能告诉自己的父母自己是多么的委屈，怕他们担心，也不能与邻居说，怕他们笑我，也许你们会说，怎么不与自己老公说，一次两次说，老公会体谅你，提的次数多了，他也会烦你，再说有些事也不是他能解决的，他也无能为力，也挺为难的，能怎么办？嫁得远有些事就得自己扛着。

（婚龄 5 年、从安徽嫁到江苏）来到这个陌生的地方，娘家人够不上，什么都是从头开始，除了老公和他家人，什么人都不认识，吵架时，没有一个人替我讲话，包括我老公，受委屈没谁诉说，在这里想找个知心朋友也是不易。

（婚龄 6 年、从贵州嫁到安徽）我和老公一大家人的矛盾大部分是由于习惯不一样引起的，讲的不一样，只能讲这里的话，口味不一样，又不能天天照顾我，只能顺着这边的口味，我一个人忍，风俗不一样，容易误会，有时我娘家人也说我。啰嗦说了这么多，也怪不了谁，只能怪自己嫁远了，一些矛盾是避免不了的，入乡随俗，慢慢来吧。

（婚龄 6 年、从安徽嫁到广东）一个地方有一个地方的习俗，广东风俗习惯与我们老家差别好大，这里人好多讲究，赶上过年过节，每月的初一、十五都要上香拜神，还有好多忌讳，我哪晓得这么多，常常犯忌，被婆婆公公说不懂事，可我也不是故意的，老公有时也说我，好晕啊，有时都不敢张口了。

（婚龄 7 年、从四川嫁到江西）回趟娘家真是折腾啊，费时，费力，费钱哪，所以，为了老人，一定要找个本地的，这是亲身体会啊，不知到了我女儿那一辈，她会不会听我们的劝呢。

（婚龄 1 年、从安徽嫁到江西）初来乍到，开始新的生活，在陌生的地方，面对陌生人，陌生的事，有许多的不便，公婆又不会说普通话，有时公婆说什么，我很难弄明白是什么意思，闹了不少不愉快，还有生活习惯，风俗习惯什么的，有着很大的差异，俗话说入乡随俗，但也得慢慢来吧，要一个磨合期吧，再说也不能都是我顺着他们一大家人吧，都得让让。

（婚龄 2 年、从江西嫁到福建）可能我比较笨吧，来了也快两年了，可我对这儿的方言还是听不大懂，不过闽南话也太难学了，刚开始也没什么，可现在，老公家人有意无意会说"来这么久了还听不懂?"，言下之意是我的不是了，可也不能全怪我吧，怀宝宝和生宝宝后，我一天到晚基本上都待在自己的房间里，老公十天半个月才能回来一次，与公婆一天也说不上几句话，慢慢学吧。现在发愁的还有宝宝，宝宝也快能讲话了，你说以后我与他讲什么话，闽南话还是我家乡话，还是普通话？当时哪想到这么多啊。

（婚龄 5 年、从山西嫁到安徽）不是我挑食，这儿的米饭我实在吃不惯，我从小吃面食长大的，一天不吃就会想，而老公一家天天吃米饭，婆婆对我还算好，每天会为我单独煮个面条，婆婆不会做面食，上街会给我买几个馒头包子什么的，可这儿的面食没办法与我家乡的比啊，根本就不是一个味，好想吃家里的面食，有时候真的特别特别想吃家乡的面食，连做梦都想。

（婚龄 3 年、从广西嫁到江西）有时候想想，自己真是有点可怜，这话我不敢对我父母说，也不能在老公和他家人面前说，我都不知道我该怎么把日子过下去，在这个家里，我失去了所有，连老公都处处防着我，自打嫁过来后，我的手上就没有超过 200 块钱的时候，上一次街买东西，多少钱老公都差不多算好了给，就这样买点东西还要被说，我不知道我还能忍多久，我只是希望我可以有一点自己的钱，可以不依赖这个男人，我也想出去做点事，可女儿才 2 岁，我能怎么办。

心声之六：嫁得再远，我们也要坚强地走下去

本研究调查结果（见第四章第一节）显示，被调查的 960 名农村女性婚姻迁移者，93.30% 的人表示会积极面对婚姻迁移后的困难。从访谈看，农村女性婚姻迁移者不但有跨越千山万水追求爱情的勇气，她们同样也有挑战与克服因婚姻迁移带来的社会融合困难的勇气。

（婚龄 6 年、从贵州嫁到安徽）在哪都是要把日子过好，自己不好好过，就算你嫁在父母的眼皮下，那也是不如意，这么一比，也觉得没什么了，没有什么十全十美的事情。既然嫁出来了，就不要想太多，除非有严重的大问题，否则再多的不习惯，也都只能忍过去，把日子过好比什么都重要。

（婚龄 6 年、从安徽嫁到江西）说起来很多人都不信，我跟老公是在去深圳的火车上认识的，我从安徽安庆上车，他从江西赣州上车，座位在一

起，缘分吧，到现在在一起已经 6 年多了，儿子也 4 岁了，老公也很努力赚钱养家，对我很好，我还能有什么好要求的，我很努力适应这里的生活，嫁给他就要去适应这里的一切，好好经营自己的小家，不给父母添堵，现在的父母也都想开了，这个社会嫁得远嫁得近区别也不大了，在父母身边不一定就日子好过，离父母远也不一定就吃苦，主要看自己怎么做。

（婚龄 4 年、从安徽黄山嫁到安徽淮北）跑这么远肯定会有很多不习惯，不如意、不愉快，会有很多磨合的，要承受许多，可嫁都嫁了，就不要去纠结了，没办法啊，路是自己选择的，想想，毕竟是喜多于忧，欢乐多于烦恼，幸福也好，不幸福也好，我们都要努力让自己过得好，努力适应，尽量调节吧，尽量朝好的地方想，父母肯定也希望我们把日子过好啊，不然就更对不起父母了。

（婚龄 7 年、从湖北嫁到江西）如果能再选择一次，我肯定不会选择现在的这种生活，可是时光不能倒流，一切都已经来不及了，是错是对，都是自己选择的，路是自己走的，什么样的结局自己都应该去接受，跪着走也要走完，女人自古以来就是嫁鸡随鸡嫁狗随狗，能做的是加倍让自己过得好一点，过好每一天，不让千里之外的父母亲人操心。

（婚龄 5 年、从河南嫁到云南）从河南到云南，当离开了熟悉的环境，远嫁确实多些不便，让自己承受许多，酸甜苦辣，各种滋味吧，我时常会想，如果我没有嫁这么远，而是在老家找一个人，在老家生活，那我就没有现在这些麻烦和痛苦了，可是这只能是假设。我已经选择了，也就不谈后不后悔，再苦再累再难也是自己愿意的，必须承受这些苦痛辛酸，昂头挺胸坚强地生活下去，把生活过好最重要，不为自己，也得为孩子，这也是父母想看到的，是吧。

（婚龄 2 年、从甘肃嫁到江西）大西北嫁到江南，太远太远啊，够不着娘家啊，坐车得 30 多个小时啊，很多不如人意的地方，说实话，有点后悔当初的选择了，如果在本地找一个老公，真的没有现在这么多的问题，有来世不嫁这么远了，但此生再累也得坚持，自己选择的路，怨不得别人，只能自己走完，不适应也要适应，是没办法的事了。

（婚龄 7 年、从江西嫁到河北）也明知道嫁老远会孤独，也会很想念自己的家乡，为了那份爱，跑老远，图个什么，不就是要把日子过好吗？我老公也说，总不能一大家为我一个人改变吧，想想是这个理，现在我改变了很多，慢慢习惯了这里的饮食，努力学习这里的话，努力适应这里的风俗，努力做个好儿媳，人都说"将心比心"，老公一家人待我也不薄，我要努力挣钱，有了钱就可以经常多回去看父母了，也可以在逢年过节时给父母多汇点钱。

（婚龄 5 年、从山西嫁到安徽）嫁得远是苦，是累，也顾不上父母，我可以说是吃了不少苦头，而且这种苦会伴随一辈子，爱情和生活两码事，没办法，总要舍弃些什么，选择了，就不要后悔，也回不去了，只有抓住现在所有的，有他和孩子的地方就是家，好好过，别给自己找茬让自己郁闷，日子得自己过，用最积极的心态面对一切，嫁得再远，我们也要坚强地走下去。

心声之七：何时他乡变故乡

本研究调查结果（见第四章第五节）显示，农村女性婚姻迁移者普遍对迁入地没有较强的归属感。何时他乡是故乡，增强对迁入地的归属感是农村女性婚姻迁移者社会融合过程中必须面对的问题。

（婚龄 9 年、从四川嫁到安徽）我都说不清自己是哪人了，到这快 10 年了，这里人动不动就会说，你们四川如何如何，回娘家，家门口人也会问，你们安徽那怎样，我都不知道自己到底是哪人了，我的口音也变杂了，两头方言都有点了，在这里这么多年，嘴一张人家一听就是外地人，回老家，上街买东西说话被当成外地人了，自己还没有意识到，回家当笑话说，家人说我的口音是有点变了，奶奶也怪我改了乡音，唉，都不知自己是哪儿人了。

（婚龄 4 年、从安徽黄山嫁到安徽淮北）在这里老是被当外人看，有时会有人给你气受，没处说，这里人好奇的眼光、不信任的眼神、等着看热闹的心态，令人很不舒服，有时与邻居发生小争执，对方也会说，你一个外乡人还想怎么样，是啊，我一个外乡人能怎么样，遇事不争呗，尽量不招惹是非，还能怎样，有谁愿意被周围人当外人看，而且还可能终生被当外人看，真憋屈。

（婚龄 2 年、从湖南嫁到安徽）在婆家总觉得不是我的家，我是外人一样，我们没有自己的房子，天天跟公婆小姑生活在同一个屋檐下，我住都住不踏实，觉得别扭啊，看看公公婆婆、小姑子、老公有时在一起是一家子，有时就觉得自己生活在别人的家里，心里很不踏实，觉得自己很孤单，等孩子出生后也许会好点吧。

（婚龄 3 年、从河北嫁到湖南）还记得刚结婚的头一年，老公在外做事，我怀孕留在家里，一开始是语言不通，我很少说话，还讨厌听他们说话，后来能慢慢地听懂了，我也很少说话，不管他们一大家说什么，仿佛都与我无关，因为他们说的很少与我有关，我感觉自己就是个外人，现在孩子快 3 岁了，自己劝自己，有老公和孩子的地方就是家。

（婚龄 5 年、从山西嫁到安徽）自嫁过来，5 年就没有回去过年过，每到逢年过节，看着他们一家人开开心心凑在一起的时候，一家人叽叽喳喳说个不停的时候，自己就像个傻瓜一样坐在那里，不自在，就觉得自己是多余的人，他们一大家才是一家人而我是个外人，很难融进去，那一刻特别想念自己的父母，好想好想回到他们的身边。

（婚龄 5 年、从安徽嫁到江苏）我没有觉得自己是这里人，我觉得在这儿不踏实，我以后都不知道回归何处呢，也不知到老的时候，会不会把现在生活的地方当作是自己的第二故乡，唉，嫁得远的女人伤不起啊，缺少家的感觉呢。

（婚龄 2 年、从甘肃嫁到江西）可能太远了点吧，两年多了，与老公家人到现在还很生分，感觉住在别人家里，我经常跟老公说你们这儿如何如何，老公有时还不高兴，骂我，我也不是故意的，就是感觉不到是自己的家。

（婚龄 3 年、从安徽嫁到浙江）我前段时间迁户口时，我奶奶哭得好伤心，我也很难受，可婆婆天天吵着要我迁，说我户口都不迁肯定有二心，想想也不是没有道理，就把户口迁过来了，户口是迁来了，可也没有觉得自己是这儿的人啊。

（婚龄18年、从贵州嫁到安徽）我老公好，婆家一大家人对我也还可以，有两个孩子，生活基本上也习惯了，这里人也不欺生，早把这儿当家了，只怕是赶都赶不走了。

（婚龄7年、从江西嫁到河北）还好吧，我嫁过来七年多了，老公处处让着我，公公婆婆也很体谅，两个小姑子对我也还可以，孩子也上小学一年级了，嫁到了这个家，就是这个家的一份子，很安心待在这，心安处就是家吧。

第六章 结论与对策思考

第一节 结 论

一、农村女性婚姻迁移者的社会融合没有达到较好水平

农村女性婚姻迁移者社会融合的四个维度，经济融合、社区融合、文化融合与心理融合均在一般水平之上，但均未达到较好水平。社会融合的四个维度水平从低到高依次是心理融合、社区融合、文化融合、经济融合。总体来说，农村女性婚姻迁移者群体社会融合不同维度的水平均有待提升。

（一）经济融合未达到较好水平

农村女性婚姻迁移者经济融合的总体状况在一般水平之上，但未达到较好水平。其中，经济融合的"夫家经济条件"与"工作与经济独立"二个因子均在一般水平之上，但均未达到较好水平；"经济信任与平等"因子达到了较好水平。

（二）社区融合未达到较好水平

农村女性婚姻迁移者社区融合的总体状况在一般水平之上，但未达到较好水平。其中，社区融合的"与娘家关系"因子低于一般水平；"与夫家关系"与"社区参与"二个因子均在一般水平之上，但均未达到较好水平。

（三）文化融合未达到较好水平

农村女性婚姻迁移者文化融合的总体状况在一般水平之上，但未达到较好水平。其中，文化融合的"饮食"与"风俗习惯"二个因子均在一般水

平之上,但均未达到较好水平;"语言"因子达到较好水平。

(四)心理融合未达到较好水平

农村女性婚姻迁移者心理融合的总体状况在一般水平之上,但未达到较好水平。其中,心理融合的"身份认同与归属感"因子未达到一般水平;"居留意愿与习惯"与"情感体验"二个因子均在一般水平之上,但均未达到较好水平。

二、农村女性婚姻迁移者群体内部的社会融合存在差异

农村女性婚姻迁移者群体不是一个同质性的群体,此群体内部的社会融合存在差异性。

(一)城乡存在差异

迁移到农村的农村女性婚姻迁移者经济融合的"夫家经济条件"、"工作与经济独立"二个因子均值以及经济融合的总均值均低于迁移到城市的农村女性婚姻迁移者,二者差异具有显著性。

迁移到农村的农村女性婚姻迁移者心理融合的"居留意愿与习惯"与"情感体验"二个因子均值均低于迁移到城市的农村女性婚姻迁移者,二者差异均具有显著性。

(二)本省内迁移与迁移到外省存在差异

本省内迁移的农村女性婚姻迁移者经济融合的"工作与经济独立"因子均值低于迁移到外省的农村女性婚姻迁移者,二者差异具有显著性。

本省内迁移的农村女性婚姻迁移者文化融合的"语言"、"饮食"、"风俗习惯"三个因子均值以及文化融合总均值均高于迁移到外省的农村女性婚姻迁移者,二者差异均具有显著性。

本省内迁移的农村女性婚姻迁移者心理融合的"情感体验"因子均值与心理融合总均值均高于迁移到外省的农村女性婚姻迁移者,二者差异均具有显著性。

(三)经常居住地不同存在差异

常年在迁入地居住的农村女性婚姻迁移者经济融合的"经济信任与平

等"、"夫家经济条件"二个因子均值以及经济融合总均值均高于常年不在迁入地居住的农村女性婚姻迁移者，二者差异均具有显著性；"工作与经济独立"因子均值，常年在迁入地居住的农村女性婚姻迁移者低于常年不在迁入地居住的农村女性婚姻迁移者，二者差异具有显著性。

常年在迁入地居住的农村女性婚姻迁移者社区融合的"与娘家关系"、"与夫家关系"、"社区参与"三个因子均值以及社区融合总均值均高于常年不在迁入地居住的农村女性婚姻迁移者，二者差异均具有显著性。

常年在迁入地居住的农村女性婚姻迁移者文化融合的"语言"、"饮食"、"风俗习惯"三个因子均值以及文化融合总均值均高于常年不在迁入地居住的农村女性婚姻迁移者，二者差异均具有显著性。

常年在迁入地居住的农村女性婚姻迁移者心理融合的"居留意愿与习惯"、"身份认同与归属感"与"情感体验"三个因子均值以及心理融合总均值均高于常年不在迁入地居住的农村女性婚姻迁移者，二者差异均具有显著性。

（四）目前是否在工作存在差异

目前在工作的农村女性婚姻迁移者经济融合的"工作与经济独立"因子均值高于目前不在工作的农村女性婚姻迁移者，二者差异具有显著性；目前在工作的农村女性婚姻迁移者经济融合的"经济信任与平等"、"夫家经济条件"两个因子均值均低于目前不在工作的农村女性婚姻迁移者，二者差异均具有显著性。

目前在工作的农村女性婚姻迁移者社区融合的"与娘家关系"、"与夫家关系"、"社区参与"三个因子均值以及社区融合的总均值均低于目前不在工作的农村女性婚姻迁移者，二者差异均具有显著性。

目前在工作的农村女性婚姻迁移者文化融合的"饮食"、"风俗习惯"二个因子均值与文化融合总均值均低于目前不在工作的农村女性婚姻迁移者，二者差异均具有显著性。

目前在工作的农村女性婚姻迁移者心理融合的"居留意愿与习惯"、"身份认同与归属感"与"情感体验"三个因子均值以及心理融合总均值均高于目前不在工作的农村女性婚姻迁移者，二者差异均具有显著性。

（五）不同经济发展水平存在差异

迁移到比自己家乡经济发达地区（发达组）、迁移到与自己家乡经济相似地区（相似组）以及迁移到比自己家乡经济落后地区（落后组）的不同农村女性婚姻迁移者，经济融合总均值，相似组与发达组间差异显著，发达组＞相似组。经济融合的"经济信任与平等"因子，三组间均值差异均显著，落后组＞相似组＞发达组；"夫家经济条件"因子，发达组、相似组、落后组三组间均值差异均显著，发达组＞相似组＞落后组；三组的"工作与经济独立"因子，发达组、相似组、落后组三组间均值差异均显著，发达组＞落后组＞相似组。

发达组与相似组的不同农村女性婚姻迁移者，社区融合的"社区参与"因子，相似组与发达组间均值差异显著，相似组＞发达组。

发达组、相似组以及落后组的不同农村女性婚姻迁移者，文化融合总均值，相似组与发达组间差异显著，相似组＞发达组。文化融合的"饮食"因子，发达组、相似组、落后组三组间均值差异均显著，相似组＞发达组＞落后组。

发达组、相似组以及落后组的不同农村女性婚姻迁移者，心理融合总均值，发达组与落后组间差异显著，落后组＞发达组。心理融合的"身份认同与归属感"因子，发达组、相似组、落后组三组间均值差异均显著，落后组＞相似组＞发达组；"情感体验"因子，相似组与发达组间均值差异显著，相似组＞发达组。

（六）不同迁移距离存在差异

迁移距离不同的农村女性婚姻迁移者经济融合的"经济信任与平等"因子，100—500公里组与900公里以上组均值差异显著，100—500公里组＞900公里以上组；"夫家经济条件"因子，500—900公里组与900公里以上组均值差异显著，500—900公里组＞900公里以上组；"工作与经济独立"因子，100—500公里组与900公里以上组均值差异显著，900公里以上组＞100—500公里组。

　　迁移距离不同的农村女性婚姻迁移者社区融合的"与夫家关系"因子，100—500公里组与500—900公里组均值差异显著，100—500公里组＞500—900公里组。

　　迁移距离不同的农村女性婚姻迁移者文化融合的总均值，100—500公里组与500—900公里组、100—500公里组与900公里以上组差异均有显著性，100—500公里组＞900公里以上组、100—500公里组＞500—900公里组。文化融合的"语言"因子，100—500公里组与500—900公里组、100—500公里组与900公里以上组均值差异均有显著性，100—500公里组＞900公里以上组、100—500公里组＞500—900公里组；"饮食"因子，100—500公里组与500—900公里组、100—500公里组与900公里以上组均值差异均有显著性，100—500公里组＞900公里以上组、100—500公里组＞500—900公里组；"风俗习惯"因子，100—500公里组与500—900公里组、100—500公里组与900公里以上组均值差异均有显著性，100—500公里组＞900公里以上组、100—500公里组＞500—900公里组。

　　迁移距离不同的农村女性婚姻迁移者心理融合总均值，100—500公里与500—900公里组差异有显著性，100—500公里组＞500—900公里组。心理融合的"居留意愿与习惯"因子，500—900公里组与100—500公里、500—900公里组与900公里以上组均值差异均有显著性，100—500公里组＞500—900公里组、900公里以上组＞500—900公里组；"身份认同与归属感"因子，100—500公里组与500—900公里组均值差异均有显著性，100—500公里组＞500—900公里组；"情感体验"因子，100—500公里组与900公里以上组均值差异均有显著性，100—500公里组＞900公里以上组。

三、农村女性婚姻迁移者社会融合呈现动态发展趋势

（一）农村女性婚姻迁移者经济融合呈现动态发展趋势

　　农村女性婚姻迁移者经济融合的总体状况，随着婚龄的增长呈逐步提升的趋势。经济融合的"经济信任与平等"因子，7年以内婚龄组随着婚龄的增长呈逐步下降的趋势，7年以上婚龄组随着婚龄的增长呈逐步提升的趋

势；"夫家经济状况"因子，7 年以内婚龄组随着婚龄的增长呈逐步提升的趋势，7—10 年婚龄组随着婚龄的增长呈逐步下降的趋势，10 年以上婚龄组随着婚龄的增长呈逐步提升的趋势；"工作与经济独立"因子，10 年是分界线，10 年之内婚龄组随着婚龄的增长呈逐步提升趋势，10 年之上婚龄组随着婚龄的增长呈逐步下降趋势。

（二）农村女性婚姻迁移者社区融合呈现动态发展趋势

农村女性婚姻迁移者社区融合的总体状况，7 年之内婚龄组随着婚龄的增长呈逐步提升的趋势，7—10 年婚龄组随着婚龄的增长呈逐步下降的趋势，10 年以上婚龄组随着婚龄的增长呈逐步提升的趋势。社区融合的"与娘家关系"因子，7 年之内婚龄组随着婚龄的增长呈逐步提升的趋势，7—10 年婚龄组随着婚龄的增长呈逐步下降的趋势，10 年以上婚龄组随着婚龄的增长呈逐步提升的趋势；"与夫家关系"因子，随着婚龄的增长呈逐步提升的趋势；"社区参与"因子，7 年之内婚龄组随着婚龄的增长呈逐步提升的趋势，7—10 年婚龄组随着婚龄的增长呈逐步下降的趋势，10 年以上婚龄组随着婚龄的增长呈逐步提升的趋势。

（三）农村女性婚姻迁移者文化融合呈现动态发展趋势

农村女性婚姻迁移者文化融合的总体状况，随着婚龄的增长呈逐步提升的趋势，7—10 年婚龄组随着婚龄的增长呈逐步下降的趋势，10 年以上婚龄组随着婚龄的增长呈逐步提升的趋势。文化融合的"语言"因子，2 年以上婚龄组随着婚龄的增长呈逐步提升的趋势；"饮食"因子，7 年之内婚龄组随着婚龄的增长呈逐步提升的趋势，7—10 年婚龄组随着婚龄的增长呈逐步下降的趋势，10 年以上婚龄组随着婚龄的增长呈逐步提升的趋势；"风俗习惯"因子，不同婚龄组随着婚龄的增长呈逐步提升的趋势。

（四）农村女性婚姻迁移者心理融合呈现动态发展趋势

农村女性婚姻迁移者心理融合的总体状况，随着婚龄的增长呈逐步提升的趋势。心理融合的"居留意愿与习惯"因子，随着婚龄的增长呈逐步提升的趋势；"身份认同与归属感"因子，随着婚龄的增长呈逐步提升的趋势；"情感体验"因子，随着婚龄的增长呈逐步提升的趋势。

四、显著影响农村女性婚姻迁移者社会融合的因素呈现多样性

（一）显著影响经济融合的因素呈现多样性

对农村女性婚姻迁移者经济融合具有显著性影响的因素是：是否有孩子、目前是否在工作、是否与公婆同住、房子类型、公婆是否同意外娶、迁入地经济状况、是否了解丈夫、是否考虑到迁移困难、面对困难是否积极、回娘家情况。

（二）显著影响社区融合的因素呈现多样性

对农村女性婚姻迁移者社区融合具有显著性影响的因素是：目前是否在工作、房子类型、公婆是否同意外娶、婚龄、城乡、是否适应迁入地自然环境、是否了解丈夫家庭、迁移是否有遗憾、是否考虑到迁移困难、社会融合是否有困难、面对困难是否积极、回娘家情况、娘家人来婆家情况、迁入地是否有朋友。

（三）显著影响文化融合的因素呈现多样性

对农村女性婚姻迁移者文化融合具有显著性影响的因素是：经常居住地、是否与公婆同住、婚龄、迁移距离、是否适应迁入地自然环境、是否考虑到迁移困难、面对困难是否积极、回娘家情况、迁入地是否有朋友。

（四）显著影响心理融合的因素呈现多样性

对农村女性婚姻迁移者心理融合具有显著性影响的因素是：户籍是否迁移、是否有孩子、经常居住地、是否与公婆同住、与丈夫认识方式、父母是否同意远嫁、婚龄、城乡、省内或省外迁移、迁移距离、迁入地经济状况、是否适应迁入地自然环境、是否了解迁入地、是否了解丈夫家庭、期望是否有落差、是否后悔迁移、是否考虑到迁移困难、社会融合是否困难、面对困难是否积极、回娘家情况、娘家人来婆家情况、迁入地是否有朋友。

五、农村女性婚姻迁移者社会融合的四个维度具有相关性

农村女性婚姻迁移者社会融合的四个维度，经济融合、社区融合、文化融合与心理融合之间相互影响、交融和依存，互相之间具有显著相关性。

经济融合与社区融合具有显著相关性，且为正相关。经济融合程度越

高，社区融合程度越高；反之亦然。

经济融合与文化融合具有显著相关性，且为正相关。经济融合程度越高，文化融合程度越高；反之亦然。

社区融合与文化融合具有显著相关性，且为正相关。社区融合程度越高，文化融合程度越高；反之亦然。

社区融合与心理融合具有显著相关性，且为正相关。社区融合程度越高，心理融合程度越高；反之亦然。

心理融合与文化融合具有显著相关性，且为正相关。心理融合程度越高，文化融合程度越高；反之亦然。

心理融合与经济融合具有显著相关性，且为正相关。心理融合程度越高，经济融合程度越高；反之亦然。

六、农村女性婚姻迁移者社会融合类型呈现多样性

（一）经济融合类型呈现多样性

不同类型的农村女性婚姻迁移者经济融合的"经济信任与平等"、"夫家经济条件"、"工作与经济独立"三个因子分为五组类别时，差异呈显著性。23.12%的农村女性婚姻迁移者的经济融合的三个因子均达到较好水平，相对均衡；18.02%的农村女性婚姻迁移者的经济融合的三个因子均达到一般水平，相对均衡；16.35%的农村女性婚姻迁移者的经济融合的三个因子非常不均衡，其中，"工作与经济独立"因子介于很不好与较不好之间，"夫家经济条件"因子达到较好水平，"经济信任与平等"因子达到很好水平；28.23%的农村女性婚姻迁移者经济融合三个因子相对不均衡，其中，"夫家经济条件"因子未达到一般水平，"经济信任与平等"与"工作与经济独立"两个因子均达到较好水平；14.28%的农村女性婚姻迁移者经济融合三个因子很不均衡且整体水平较低，其中，"经济信任与平等"因子达到一般水平，"夫家经济条件"因子低于一般水平，"工作与经济独立"因子介于很不好与较不好之间。

（二）社区融合类型呈现多样性

不同类型的农村女性婚姻迁移者社区融合的"与娘家关系"、"与夫家关系"、"社区参与"三个因子分为五组类别时，差异呈显著性。20.94%的农村女性婚姻迁移者的社区融合的三个因子均达到一般水平，相对均衡，其中，"与夫家关系"与"社区参与"两个因子均达到较好水平，"与娘家关系"因子达到一般水平；17.92%的农村女性婚姻迁移者的社区融合的三个因子均达到一般水平，相对均衡；25.52%的农村女性婚姻迁移者的社区融合的三个因子相对不均衡，其中，"与夫家关系"与"社区参与"两个因子均达到一般水平，"与娘家关系"因子未达到一般水平；15.10%的农村女性婚姻迁移者社区融合的三个因子相对不均衡且整体水平偏低，其中，"与夫家关系"因子均达到一般水平，"社区参与"与"与娘家关系"两个因子均低于一般水平；20.52%的农村女性婚姻迁移者社区融合的三个因子整体水平较低，均未达到一般水平。

（三）文化融合类型呈现多样性

不同类型的农村女性婚姻迁移者文化融合的"语言"、"饮食"、"风俗习惯"三个因子分为五组类别时，差异呈显著性。23.02%的农村女性婚姻迁移者的文化融合的三个因子均达到一般水平，相对均衡，其中，"语言"与"风俗习惯"两个因子均达到较好水平，"饮食"因子达到一般水平；25.52%的农村女性婚姻迁移者的文化融合的三个因子均达到一般水平，相对均衡，其中，"语言"与"饮食"两个因子均达到较好水平，"风俗习惯"因子达到一般水平；17.92%的农村女性婚姻迁移者的文化融合的三个因子相对不均衡且整体水平低，其中，"语言"与"风俗习惯"两个因子均达到一般水平，"饮食"因子低于一般水平；24.48%的农村女性婚姻迁移者文化融合三个因子很不均衡且整体水平偏低，其中"语言"因子达到较好水平，"饮食"与"风俗习惯"二个因子均低于一般水平；9.06%的农村女性婚姻迁移者的文化融合三个因子很不均衡且整体水平偏低，其中，"语言"因子达到一般水平，"饮食"与"风俗习惯"两个因子均低于一般水平。

（四）心理融合类型呈现多样性

不同类型的农村女性婚姻迁移者心理融合的"居留意愿与习惯"、"身份认同与归属感"、"情感体验"三个因子分为五组类别时，差异呈显著性。14.69%的农村女性婚姻迁移者的心理融合的三个因子相对均衡，均达到一般水平，其中，"身份认同与归属感"与"情感体验"二个因子均达到一般水平，"居留意愿与习惯"因子达到较好水平；22.92%的农村女性婚姻迁移者的心理融合三个因子相对均衡，均达到一般水平；26.98%的农村女性婚姻迁移者的心理融合的三个因子相对不均衡且整体水平偏低，其中，"身份认同与归属感"与"情感体验"二个因子均低于一般水平，"居留意愿与习惯"因子达到一般水平；20.93%的农村女性婚姻迁移者的心理融合的三个因子相对均衡但整体水平偏低，均介于较不好与一般之间；14.48%的农村女性婚姻迁移者的心理融合的三个因子相对不均衡且整体水平很低，其中，"居留意愿与习惯"与"身份认同与归属感"二个因子介于很不好与较不好之间，"情感体验"因子在较不好与一般之间。

（五）社会融合不同维度的类型呈现多样性

不同类型的农村女性婚姻迁移者社会融合的经济融合、社区融合、文化融合与心理融合四个维度，分为五组类别时，差异呈显著性。32.50%的农村女性婚姻迁移者的社会融合的四个维度相对均衡，均达到较好水平；2.50%的农村女性婚姻迁移者的社会融合的四个维度相对均衡，均达到一般水平，其中经济融合与社区融合均达到较好水平；41.98%的农村女性婚姻迁移者的社会融合的四个维度相对均衡，均达到一般水平之上；19.48%的农村女性婚姻迁移者的社会融合的四个维度并不均衡，其中，经济融合达到一般水平，社区融合、文化融合与心理融合均低于一般水平；3.54%的农村女性婚姻迁移者的社会融合的四个维度非常不平衡且整体水平偏低，其中，文化融合达到一般水平，经济融合与社区融合在较不好与一般之间，心理融合介于很不好与较不好之间。

第二节　对策思考

产生于我国人口流动进程中的农村女性的婚姻迁移现象，是我国社会变迁中婚姻领域的新现象、新符号，一定程度上反映我国婚姻变迁的趋势。随着农村人口流动持续化与常规化，农村女性婚姻迁移作为社会现象将会在一定时期内持续存在并日益普遍，农村女性婚姻迁移者群体的数量将日益增多。农村女性婚姻迁移者群体分布在全国各地，涉及很多地区、家庭，她们的社会融合如何，不仅关乎其个人与家庭的生存状态和生活质量，还关系到整个社会的稳定与和谐。从本研究结果，我们也看到了农村女性婚姻迁移者社会融合的挑战性、艰难性与复杂性。农村女性婚姻迁移者要达成良好的社会融合，政府、迁入地社区及其居民、农村女性婚姻迁移者本人及其丈夫与家人，均扮演着重要的角色，发挥着不同程度的作用。

一、政府要高度重视并承担相应的责任

与其他迁移群体相比，农村女性婚姻迁移者群体有自身的迁移特征与迁移后独有的社会融合困境，需要政府特别的关注与服务。但从本研究的结果来看，农村女性婚姻迁移者群体及其问题被遮蔽在其他迁移人群中，此群体的社会融合种种问题并没有引起政府的足够重视，政府也较少有专门针对此群体的服务，但农村女性婚姻迁移者对政府却又有很多期待，期望政府帮助她们解决社会融合的困境与问题。为此，对政府有如下建议。

（一）高度重视

政府部门要主动把握了解并正确对待农村女性婚姻迁移这一我国社会变迁中的新情况、新变化，充分认识到农村女性婚姻迁移者社会融合的重要性以及她们社会融合不良可能带来的后果，主动积极地去关注她们的生活状况和可能遇到的困难，并积极承担责任，发挥应有的作用。

（二）制定和完善相关政策措施

政府要从社会和谐的高度，将社会融合观点融入农村女性婚姻迁移者及其家庭相关的政策中。针对不同类型的女性婚姻迁移者的问题和需求，积极规划完善相关政策，进一步消除影响农村人口婚姻迁移的各种制度性障碍，形成自由流动的户籍制度和就业制度，建立、完善农村社会保障制度和体系，解除农村女性婚姻迁移者原生家庭的生活保障、养老保障等后顾之忧。并积极采取相应措施，能在女性婚姻迁移者及其家庭需要的时候提供适当的社会服务和资源，帮助解决实际问题和需求，消除潜在隐患，防治因社会融合不良可能带来的延伸问题，引导女性婚姻迁移者积极投入到迁入地的经济、社会和文化发展中去，确保每个女性婚姻迁移者都有权利、机会、条件和能力实现良好的社会融合。

（三）建立农村女性婚姻迁移管理系统

农村女性婚姻迁移者分布并不是很集中，她们分散在全国各地，她们的需求与遇到的问题也不尽相同，建议迁出地与迁入地的民政、卫生与计生、妇联、司法、公安、人力资源与社会保障等不同部门加强协作，形成合力，进行综合治理，杜绝女性婚姻迁移中的管理漏洞，共同协助解决农村女性婚姻迁移者社会融合的困境。

二、迁入地社区要发挥主导作用

农村女性婚姻迁移者群体分散在全国不同的社区，农村女性婚姻迁移者所在的迁入地的社区是她们最基本的生存空间与日常生活活动区域，是她们未来生命展开的地方，是她们生儿育女的地方，更是她们后半辈子安身立命的地方。迁入地社区在农村女性婚姻迁移者的社会融合中发挥着举足轻重的作用，但从现有的实际情况来看，社区在农村女性婚姻迁移者的社会融合中并没有发挥应有的作用。为此，建议社区从以下方面发挥主导作用。

（一）建立农村女性婚姻迁移者及其家庭的档案

农村女性婚姻迁移者群体及其家庭情况不尽相同，她们婚后社会融合可能遇到的问题也不尽相同。为此，建议迁入地社区要建立农村女性婚姻迁移者及其家庭的档案，旨在了解农村女性婚姻迁移者个人的基本情况、家庭的实际情况、社会融合可能遇到的问题，定期走访，跟踪了解农村女性婚姻迁移者社会融合情形，特别是要将社会融合不良的农村女性婚姻迁移者和家庭列为重点服务对象，目的是及时提供协助和提供必要的服务，帮助农村女性婚姻迁移者及其家庭及时解决问题，预防问题的发生和扩大化，促进其社会融合顺利进行。

（二）营造尊重文化差异与多元的氛围

社区要营造一种良好的开放氛围，一种尊重和理解文化差异和多元的开放氛围，引导迁入地社区居民要跳出以"当地"文化和生活经验审视他者的心态，超越地域观点，摒弃歧视，尊重文化差异，分享文化多元，以尊重文化差异的心态来对待农村女性婚姻迁移者及其家庭，让农村女性婚姻迁移者感受到被尊重和接纳。当然，同时也要引导农村女性婚姻迁移者对迁入地文化的尊重和认同。迁入地居民与农村女性婚姻迁移者在尊重彼此文化差异和文化多元的氛围中互相包容、欣赏、认同与接纳。

（三）积极协助农村女性婚姻迁移者和家庭建构社会支持网络

农村女性婚姻迁移者离开家乡初到迁入地，进入一个差不多是完全陌生的生活环境，意味着原有社会支持网络的断裂和部分无效，对她们来说，社会融合的过程也是社会支持网络重建的过程，社会支持网络既是社会融合的重要内容也是重要资源。农村女性婚姻迁移者初到迁入地，她们的生活圈子主要在家庭中，夫家的社会网络就是她们的主要社会支持网络，社区要积极协助农村女性婚姻迁移者和家庭逐步建立以个人、家庭、社区、社会、政府相结合的社会支持网络，并不断扩大其在迁入地的社会支持网络，协助其度过社会融合困境。

（四）针对需要提供各种服务

社区要针对农村女性婚姻迁移者社会融合中可能出现的诸如婚姻摩擦、婚内暴力、婆媳矛盾、就业困难、子女没有人照顾、与社区居民发生冲突等问题和需求时，给予及时有效的社会支持，为她们提供诸如心理咨询、法律服务、就业指导、子女照顾、家庭关系协调、当地民俗民情介绍等多方面的服务，有效协助农村女性婚姻迁移者顺利融入迁入地。

（五）鼓励并协助农村女性婚姻迁移者成立自己的组织

农村女性婚姻迁移者远离亲人与原来的朋友，生活于一个陌生的环境中，提高她们的自组织化程度非常有必要，组织化本身也是农村女性婚姻迁移者社会支持网络的重要组成部分。农村女性婚姻迁移者有许多相同或相似的处境，她们彼此间更容易互相理解、交流与建立起信任关系。本研究调查结果也显示，农村女性婚姻迁移者比较愿意加入自己的组织。为此，社区要积极鼓励引导并协助农村女性婚姻迁移者成立女性婚姻迁移者之家或联谊会之类的自组织，农村女性婚姻迁移者通过自己的组织可以提升彼此社会融合的能力：其一，有助于互相认识，创造充分的交流沟通机会，增进彼此间相互了解，消除由于距离带来的文化差异所产生的隔阂感，从而拓宽社会交往范围，开拓视野；其二，可以通过自组织推动农村女性婚姻迁移者参与社区活动的积极性和主动性，不定期组织集体活动，增强对社区的归属感；其三，对日常生活的困难进行互助，互相提供实际支持；其四，针对各自的烦恼、困惑与问题，大家集思广益，彼此交流意见，交换不同的观念与想法，分享各自经验，互相鼓励，彼此提供情感支持。

三、迁入地居民要祛除对农村女性婚姻迁移者的负面认知

迁入地社区居民对婚姻迁移的普遍态度会反映出农村女性婚姻迁移者婚后在该社区可能的社会融合程度与情况。在我国传统词汇里，女性婚姻迁移到他乡，往往被称为"外地媳妇"、"外乡人"或"外地人"，某种程度上，一个"外"字包含的是人们对女性婚姻迁移者普遍的负面认知和排斥，是把女性婚姻迁移者当作不同于本地人的"他者"甚或"异类"，是对女性婚姻迁移者的偏见、歧视与不接纳。在这样的氛围中，女性婚姻迁移者要承受很多异样的眼光和异样的言说，承受迁入地居民集体的监控和不信任。没有人愿意被歧视和被他人当外人看，而且还可能终生被歧视和被当外人看。来自迁入地居民的或多或少的偏见和歧视排斥，让女性婚姻迁移者的婚后生活和融合遇到很多挑战和困难，自然不利于女性婚姻迁移者形成对迁入地的身份认同与归属感。

我国的婚姻地域圈已突破传统的近距离通婚，农村女性婚姻迁移已日益成为普遍现象。如何看待、对待婚姻迁移现象和婚姻迁移者也是社会变迁对人们的挑战和考验。迁入地的社区居民要摒弃传统的对女性婚姻迁移和女性婚姻迁移者的负面认知，跳出传统的刻板的惯性思维和观念，克服地域观念和排外心理，避免歧视和不信任，提高社会的包容性，不再用标签化、污名化的眼光看待女性婚姻迁移者，应在人口流动和不同人群文化日益发生碰撞和交融的背景下，正确处理与女性婚姻迁移者的关系，以平等、和睦、友好的态度对待女性婚姻迁移人群，并在其社会融合过程中提供力所能及的帮助，彼此共建相互信任、相互接纳的社会支持网络，共同参与社会凝聚力的培养，实现社区不同迁移人群与当地居民的和谐。

四、农村女性婚姻迁移者的丈夫及其家人要全力协助

农村女性婚姻迁移者远离家乡初到迁入地，人生地不熟，她们的生活圈子主要在新的家庭中，婆家的范围就是她们的主要活动范围，婆家的社会网络就是她们的主要社会支持网络，因此，农村女性婚姻迁移者的丈夫及其家人在其社会融合中起着举足轻重的作用。

为此，农村女性婚姻迁移者的丈夫及其家人要尽力做到：其一，要看到和正视农村女性婚姻迁移者因为婚姻迁移而做出的牺牲，理解其因迁移不得不承受的压力和面对的困境；其二，要真心对待农村女性婚姻迁移者，站在其立场上理解其必须面对的种种不适，体谅她的苦衷与困惑，并与其共同面对；其三，以尊重、信任、理解、平等的态度真诚接纳农村女性婚姻迁移者，积极主动帮助其克服迁移带来的种种不适；其四，协助农村女性婚姻迁移者缓解思乡情绪，让其时刻感受到家庭的温暖，增加其对新家的认同感与归属感；其五，协助其多了解本地民俗风情，陪伴其熟悉迁入地的日常生活环境，鼓励支持其参与社区活动，帮助其尽快融入本地人的生活圈子；其六，尊重农村女性婚姻迁移者家乡的风俗习惯，照顾其饮食起居等生活习惯，协助其维持好与娘家的关系。

五、农村女性婚姻迁移者要发挥自身的主观能动性

对农村女性婚姻迁移者来说，因为迁移、因为距离，她们的婚后生活必然出现的种种不适、矛盾、冲突将是其真实生活写照，她们的婚后生活因迁移而注定不会一帆风顺，不会风平浪静。农村女性婚姻迁移者婚后的生活过程同时也是克服种种困难、挑战各种不适应的过程，也是追求良好社会融合的过程。因此，对农村女性婚姻迁移者来说，要想达成良好的社会融合，既需要良好的外部环境，更需充分发挥自身的主观能动性。

对农村女性婚姻迁移者来说，首先必须要培养一种积极面对生活的态度，克服退缩消极思想和心理的影响，以宽容接纳的乐观心态对待迁移带来的种种不适，应及时调整心态，主动适应全新的环境，积极面对区域差异引发的不适、冲突。其次，要认识到在迁入地的良好的社会融合是一个长期的过程，而且良好社会融合的达成需要艰辛的付出和努力。第三，要破除传统的地域观念，以开放与理性的心态看待不同地域的种种差异。第四，要树立正确的婚姻家庭观念，学会正确处理婚姻家庭关系，提升能妥善处理各种矛盾的能力。第五，要不断增加对迁入地的了解，加强对迁入地语言、饮食、风俗习惯的了解，增强社区意识。第六，要积极主动扩大社会交往，构建新的社会关系网络，积极地参加邻里的各种活动和社区的公共事务，主动与社区居民建立比较丰富和融洽的人际关系。第七，在心理层面增加对迁入地的身份认同与归属感，增强主人翁的意识，增强对迁入地居民的社会信任，实现从外地人到本地人的身份转变，从心理上融入迁入地的社会生活体系。

附录一　农村女性婚姻迁移者
社会融合调查问卷

问卷编号：_____

您好！

　　我们是井冈山大学的师生，正在进行有关农村女性婚姻迁移者社会融合的研究。您的作答将有助于我们进一步了解农村女性婚姻迁移者的社会融合状况，您的回答没有正确与错误之分，敬请您按照您目前的实际情况和真实感受填答所有问题。我们将严格遵守《中华人民共和国统计法》的相关规定，您提供的信息我们将严格保密。非常感谢您的参与！

一、背景资料（请根据您的实际情况作答）

1. 您出生于____年____月

2. 您结婚时间____年____月，共____年____月

3. 您的娘家所在地_____省_____市（地级）
_____县（区）_____乡（镇、街道）_____村（社区）

您的婆家所在地_____省_____市（地级）
_____县（区）_____乡（镇、街道）_____村（社区）

4. 您娘家距离婆家_____公里

5. 您于_____年开始工作（外出务工经商）

您结婚前工作____年

6. 您兄弟姐妹共____个

以下题目均为单选题，请在选项后括号内打"√"

7. 您的教育程度：

A. 未上过学（　　）　　B. 小学（　　）　　C. 初中（　　）

D. 高中（　　）　　　　E. 中专（　　）　　F. 大专以上（　　）

8. 您与丈夫认识方式：

A. 自己认识（　　　　）

B. 同事、老乡或朋友介绍（　　　　）

C. 网络认识（　　　　）

D. 其他（　　　　）

9. 您为了爱情而选择迁移（远嫁）：是（　　）　　否（　　）

10. 您的父母同意（支持）您婚姻迁移（远嫁）：是（　　）　　否（　　）

11. 您丈夫的父母同意（支持）娶外地媳妇：是（　　）　　否（　　）

12. 您婚后在迁入地居住情况：与公婆同住（　　）　独立居住（　　）　其他（　　）

13. 您迁移前充分考虑到了您的婚姻迁移可能带来的诸多困难：是（　　）否（　　）

14. 您能积极面对婚后的困难：是（　　）否（　　）

15. 婚前您充分了解您丈夫：是（　　）否（　　）

16. 婚前您充分了解您丈夫的家庭情况：是（　　）否（　　）

17. 婚前您充分了解您丈夫的家乡情况：是（　　）否（　　）

18. 迁移到夫家后，夫家实际情况与您的期望有落差：是（　　）否（　　）

19. 目前您是否后悔婚姻迁移：是（　　）否（　　）说不清（　　）

20. 目前您认为婚姻迁移是否有遗憾：是（　　）否（　　）说不清（　　）

21. 如果重新选择，为爱情您仍会选择婚姻迁移：是（　　）否（　　）说不清（　　）

22. 您是否有孩子：是（　　）　　　其中男孩＿＿＿个　女孩＿＿＿个

否（　　）

23. 到目前为止，您回娘家情况：

A. 至少半年一次（ ）　　　B. 至少一年一次（ ）

C. 至少一年半一次（ ）　　D. 至少两年一次（ ）

E. 两年以上（ ）

24. 您娘家人每年至少来您家一次：是（ ）　否（ ）

25. 您觉得现在女性为了爱情远嫁（婚姻迁移）很正常、普遍：是（ ）
否（ ）

26. 您现在在迁入地有要好（聊得来）的女性朋友：是（ ）　否（ ）

27. 您现在居住的房子是：自建房（ ）　购买的商品房（ ）　租（借）
住房（ ）

28. 您的丈夫的户口性质：农业户口（ ）　非农业户口（ ）

29. 您的户籍已迁移到丈夫所在地：是（ ）　否（ ）

30. 您经常居住在迁入地：是（ ）　否（ ）

31. 您目前在工作：是（ ）　否（ ）

32. 您目前适应迁入地自然环境状况：

A. 非常不适应（ ）　　B. 很不适应（ ）　　C. 较不适应（ ）

D. 无法判断（ ）　　　E. 较适应（ ）　　　F. 很适应（ ）

G. 非常适应（ ）

33. 您目前的社会融合没有困难：

A. 非常不符合（ ）　　B. 很不符合（ ）　　C. 较不符合（ ）

D. 无法判断（ ）　　　E. 较符合（ ）　　　F. 很符合（ ）

G. 非常符合（ ）

34. 您目前对您的婚姻满意：

A. 非常不符合（ ）　　B. 很不符合（ ）　　C. 较不符合（ ）

D. 无法判断（ ）　　　E. 较符合（ ）　　　F. 很符合（ ）

G. 非常符合（ ）

二、社会融合量表

填答说明：以下每一个问题，请您根据您目前的实际情况和感受，从极不符合到极符合七个选项中，选择最符合您的一个选项，并在对应方框中画"〇"。	极不符合	相当不符合	较不符合	说不清	较符合	相当符合	极符合
经济融合							
J1 迁入地的经济发展水平比您家乡高	1	2	3	4	5	6	7
J2 迁入地的生活条件比您家乡好	1	2	3	4	5	6	7
J3 您满意目前的居住条件	1	2	3	4	5	6	7
J4 您满意目前的经济条件	1	2	3	4	5	6	7
J5 您在迁入地生活有保障	1	2	3	4	5	6	7
J6 婚后（怀孕、生孩子除外）您丈夫及其家人支持您工作	1	2	3	4	5	6	7
J7 您丈夫在经济上信任您	1	2	3	4	5	6	7
J8 您在经济上信任您丈夫	1	2	3	4	5	6	7
J9 您丈夫的家人在经济上信任您	1	2	3	4	5	6	7
J10 您与丈夫有平等经济支配权	1	2	3	4	5	6	7
J11 您不用担心回娘家的交通、人情往来等费用	1	2	3	4	5	6	7
J12 您丈夫支持您给父母物质上的赡养	1	2	3	4	5	6	7
J13 您经济上独立	1	2	3	4	5	6	7
社区融合							
S1 您平均每星期至少与娘家通电话（视频）一次	1	2	3	4	5	6	7
S2 您对娘家一直是报喜不报忧	1	2	3	4	5	6	7
S3 您娘家在您有困难时会及时提供帮助	1	2	3	4	5	6	7
S4 您在您娘家有困难时会及时提供帮助	1	2	3	4	5	6	7

填答说明：以下每一个问题，请您根据您目前的实际情况和感受，从极不符合到极符合七个选项中，选择最符合您的一个选项，并在对应方框中画"○"。		极不符合	相当不符合	较不符合	说不清	较符合	相当符合	极符合
S5	您会参加娘家所有重要家族活动（婚礼、满月酒等）或即使去不了但会随礼	1	2	3	4	5	6	7
S6	远嫁后您与娘家（含近亲）关系没有变得疏远	1	2	3	4	5	6	7
S7	远嫁后您与以前朋友的关系没有变得疏远	1	2	3	4	5	6	7
S8	您丈夫及家人不会限制您与邻居交往以及外出	1	2	3	4	5	6	7
S9	您丈夫体谅您婚姻迁移困境并与您共同面对	1	2	3	4	5	6	7
S10	您初来时丈夫及其家人会陪您熟悉周边环境	1	2	3	4	5	6	7
S11	当您与丈夫有矛盾时，您公婆不会偏袒您丈夫	1	2	3	4	5	6	7
S12	当您与公婆有矛盾时，您丈夫不会偏袒他父母	1	2	3	4	5	6	7
S13	当您与邻里有矛盾时，丈夫及其家人会保护您	1	2	3	4	5	6	7
S14	您与丈夫感情好	1	2	3	4	5	6	7
S15	您与公婆关系融洽	1	2	3	4	5	6	7
S16	您对您丈夫的朋友熟悉	1	2	3	4	5	6	7
S17	您婆婆不会因为您迁移而来为难您	1	2	3	4	5	6	7
S18	您与婆家的亲戚关系良好	1	2	3	4	5	6	7
S19	迁入地邻居没有因为您迁移而来为难您	1	2	3	4	5	6	7
S20	您经常主动参与迁入地邻里的休闲娱乐活动（聊天、打牌、跳舞、一起购物等）	1	2	3	4	5	6	7

填答说明：以下每一个问题，请您根据您目前的实际情况和感受，从极不符合到极符合七个选项中，选择最符合您的一个选项，并在对应方框中画"〇"。		极不符合	相当不符合	较不符合	说不清	较符合	相当符合	极符合
S21	迁入地邻里经常主动邀请您参与休闲娱乐活动（聊天、打牌、跳舞、一起购物等）	1	2	3	4	5	6	7
S22	在迁入地您积极重新建立自己的朋友圈子	1	2	3	4	5	6	7
S23	您日常生活遇到困难时，迁入地邻居会帮助您	1	2	3	4	5	6	7
S24	您的合法权益受到侵犯或遇到困难时，您会主动寻求迁入地社区（村委）、派出所支持和帮助	1	2	3	4	5	6	7
S25	您的合法权益受到侵犯或遇到困难时，迁入地社区（村委）、派出所会支持和帮助您	1	2	3	4	5	6	7
S26	您会参加迁入地社区（村委）组织的公共活动	1	2	3	4	5	6	7
S27	在迁入地您期望当地政府维护您的合法权益	1	2	3	4	5	6	7
S28	您愿意加入婚姻迁移女性自己成立的合法组织	1	2	3	4	5	6	7
文化融合								
W1	迁入地方言与您家乡的有差异	1	2	3	4	5	6	7
W2	您认为要学会迁入地的方言	1	2	3	4	5	6	7
W3	您现在能听懂迁入地方言	1	2	3	4	5	6	7
W4	您现在能用迁入地方言与当地人交流	1	2	3	4	5	6	7
W5	您丈夫用家乡方言与您交流	1	2	3	4	5	6	7
W6	您丈夫的家人用方言与您交流	1	2	3	4	5	6	7
W7	当地人用方言与您交流	1	2	3	4	5	6	7
W8	娘家人认为您现在的口音变了	1	2	3	4	5	6	7

填答说明：以下每一个问题，请您根据您目前的实际情况和感受，从极不符合到极符合七个选项中，选择最符合您的一个选项，并在对应方框中画"〇"。		极不符合	相当不符合	较不符合	说不清	较符合	相当符合	极符合
W9	迁入地的饮食与您家乡的有差异	1	2	3	4	5	6	7
W10	您认为在迁入地生活要习惯这里的饮食	1	2	3	4	5	6	7
W11	您在慢慢改变并习惯迁入地的饮食	1	2	3	4	5	6	7
W12	您夫家在您刚来时会照顾您的饮食习惯	1	2	3	4	5	6	7
W13	您在家会经常做（吃到）家乡的饮食	1	2	3	4	5	6	7
W14	您的丈夫及其家人能接受您家乡的饮食	1	2	3	4	5	6	7
W15	您会向邻居介绍您家乡的饮食	1	2	3	4	5	6	7
W16	迁入地的风俗习惯与您家乡的有差异	1	2	3	4	5	6	7
W17	您认为迁移人口要入乡随俗	1	2	3	4	5	6	7
W18	您熟悉迁入地的风俗习惯	1	2	3	4	5	6	7
W19	您认可迁入地的风俗习惯	1	2	3	4	5	6	7
W20	您丈夫及其家人尊重您家乡的风俗习惯	1	2	3	4	5	6	7
心理融合								
X1	您喜欢迁入地	1	2	3	4	5	6	7
X2	您愿意在迁入地永久居住	1	2	3	4	5	6	7
X3	您现在已习惯居住在迁入地	1	2	3	4	5	6	7
X4	当您遇到挫折时，您没有一走了之的想法	1	2	3	4	5	6	7
X5	您认为您是迁入地的一员	1	2	3	4	5	6	7
X6	您的丈夫及其家人没有把您当外人看	1	2	3	4	5	6	7

填答说明：以下每一个问题，请您根据您目前的实际情况和感受，从极不符合到极符合七个选项中，选择最符合您的一个选项，并在对应方框中画"〇"。		极不符合	相当不符合	较不符合	说不清	较符合	相当符合	极符合
X7	您所在迁入地的居民没有把您当外人看	1	2	3	4	5	6	7
X8	您在迁入地有家的感觉	1	2	3	4	5	6	7
X9	您的丈夫及其家人对您没有偏见和歧视	1	2	3	4	5	6	7
X10	迁入地居民对您没有偏见和歧视	1	2	3	4	5	6	7
X11	您在迁入地没有无依无靠的孤单感	1	2	3	4	5	6	7
X12	您在迁入地生活有安全感	1	2	3	4	5	6	7
X13	您认为既然婚姻迁移就要适应这里的生活	1	2	3	4	5	6	7
X14	您没有经常思念故乡	1	2	3	4	5	6	7
X15	您没有因为不能常在父母身边而内疚	1	2	3	4	5	6	7
X16	您没有觉得身心疲惫	1	2	3	4	5	6	7
X17	您没有经常容易哭泣或想哭	1	2	3	4	5	6	7
X18	您没有总是默默忍受婚姻迁移的委屈	1	2	3	4	5	6	7
X19	您认为夫妻两人感情好，婚姻迁移也没什么	1	2	3	4	5	6	7
自主回答题								
关于婚姻迁移您最想说的话								

再次对您的参与表示衷心感谢！祝您生活幸福美满！

附录二　农村女性婚姻迁移者
社会融合访谈提纲

问卷编号：_____

1. 请问您是如何认识您丈夫的？

2. 请问您是如何看待婚姻迁移的？

3. 您与丈夫的关系如何？您是如何处理与丈夫的矛盾？

4. 您与公婆的关系如何？您是如何处理与公婆的矛盾？

5. 您与邻居的关系如何？您是如何处理与邻居的矛盾？

6. 您对婚姻迁移后悔吗？为什么？

7. 您父母当初同意您婚姻迁移吗？您认为您的婚姻迁移对您父母的影响有哪些？您现在与娘家的关系如何？您回娘家的情况如何？

8. 您认为婚姻迁移的主要遗憾有哪些？

9. 您认为婚姻迁移后您遇到的困难主要有哪些？您是如何克服这些困难的？

10. 您的丈夫体谅您吗？您的丈夫如何与您一起共同面对婚姻迁移的主要问题？

11. 您在迁入地有家的感觉吗？您经常思念故乡吗？

12. 您在迁入地有哪些愉快的感觉？哪些不愉快的感觉？

13. 您习惯迁入地的饮食、风俗习惯吗？您能讲和听懂迁入地的方言吗？

14. 您与邻居来往如何？您会经常参加社区（村委）的活动吗？主要参

加哪些活动?

  15. 您在这儿有女性朋友吗? 她们对您重要吗?

  16. 您觉得迁入地的居民对女性婚姻迁移者如何?

  17. 您希望政府给您什么帮助?

  18. 您觉得您的婚姻迁移对您孩子的成长有影响吗?

参考文献

[1] 仰和芝：《农村打工女跨地区婚姻模式出现的成因及影响分析》，《农业考古》2006 年第 6 期。

[2] 杨菊华：《从隔离、选择融入到融合：流动人口社会融入问题的理论思考》，《人口研究》2009 年第 1 期。

[3] 国家人口和计划生育委员会流动人口服务管理司：《中国流动人口发展报告》，中国人口出版社 2011 年版。

[4] 谭深：《农村劳动力流动的性别差异》，《社会学研究》1997 年第 1 期。

[5] 顾耀德：《对边远地区女性人口涌入浙江之浅见》，《人口与经济》1991 年第 1 期。

[6] 张和生：《婚姻大流动》，辽宁人民出版社 1994 年版。

[7] 张和生：《跨省区联姻扩大化成因及影响分析》，《社会学研究》1995 年第 5 期。

[8] 田先红：《碰撞与徘徊：打工潮背景下农村青年婚姻流动的变迁——以鄂西南山区坪村为例》，《青年研究》2009 年第 2 期。

[9] 谭琳：《女性婚姻迁入对其自身发展影响的研究——关于江苏张家港市的调查报告》，《妇女研究论丛》1998 年第 6 期。

[10] 谭琳、黄博文：《八十年代中国女性省际婚姻迁入的逐步回归分析》，《人口学刊》1999 年第 4 期。

[11] 田华：《西南农村妇女东迁婚配态势探析》，《南方人口》1991 年第 1 期。

[12] 董天恩：《通婚圈过小影响优生》，《现代农业》1994 年第 6 期。

[13] 石人炳：《青年人口迁出对农村婚姻的影响》，《人口学刊》2006 年第 1 期。

[14] 李德：《转型期城市农民工的婚姻策略》，博士学位论文，上海大学，2007 年。

[15] 邓晓梅：《国内异地联姻研究述评》，《人口与发展》2011 年第 4 期。

[16] 周亮红：《青年农民工"远亲婚恋"现象的社会学思考》，《湘潭师范学院学报（社会科学版）》2009 年第 4 期。

[17] 游正林：《农村妇女远嫁现象研究——河北省香河县外来妇女情况调查》，《社会学研究》1992 年第 5 期。

[18] 邓国彬、刘薇：《农村女青年远嫁现象》，《青年研究》2001 年第 6 期。

[19] 杨福春、范迪明：《对跨省婚姻的透视》，《中国农垦》1992 年第 1 期。

[20] 马丽：《跨省婚姻与粤北农村文化变迁调查研究》，《广西民族研究》2004 年第 3 期。

[21] 刘芝艳：《当代中国青年农民工跨省婚姻研究——以皖黔鄂三村为例》，硕士学位论文，华中科技大学，2009 年。

[22] 宋丽娜：《打工青年跨省婚姻研究》，《中国青年研究》2010 年第 1 期。

[23] 黄润龙：《江苏省外来婚嫁女的婚姻状态与观念》，《人口与经济》2002 年第 2 期。

[24] 何峰：《探析新生代农民工跨省婚姻》，《全国商情（理论研究）》2011 年第 16 期。

[25] 陈业强：《怒江傈僳族妇女跨省婚姻迁移中的文化冲突研究》，《思想战线》2012 年第 2 期。

[26] 陈锋：《闪婚与跨省婚姻：打工青年婚恋选择的比较研究》，《西北人口》2012 年第 4 期。

[27] 国家人口和计划生育委员会流动人口服务管理司：《中国流动人口发展报告》，中国人口出版社 2012 年版。

[28] 谭雪洁：《城市化进程中农村打工妹跨地区婚姻状况的调查与思考》，《新学术》2008 年第 6 期。

[29] 仰和芝：《农村打工妇女异地婚嫁生活质量调查》，《中国公共卫生》2007 年第 6 期。

[30] 仰和芝：《农村打工女远嫁异地后心理状况分析》，《现代预防医学》2007 年第 24 期。

[31] 韦云波：《镇宁县族际通婚模式及其影响因素研究》，硕士学位论文，华东师范大学，2010年。

[32] 徐玉芬：《欠发达地区农村跨省外来女婚姻现状问题及对策》，《中国社区医师》2008年第14期。

[33] 邓智平：《关于打工妹婚姻逆迁移的调查》，《南方人口》2004年第4期。

[34] 王开玉：《关注迁移婚姻中的外省姑娘》，《小康生活》2005年第2期。

[35] 沈文捷：《城乡联姻造就城市新移民探析》，《南京财经大学学报》2007年第3期。

[36] 宛敏华：《中国农村跨省联姻的特征——以黄梅县Z村为例的分析》，《湖北师范学院学报（哲学社会科学版）》2009年第3期。

[37] 郭子、杨林：《打工人的异地婚姻》，《生意通》2009年第2期。

[38] 管浩、翁晔：《"婚姻半径"扩张折射社会融合新趋势》，《新华每日通讯》2012年9月6日。

[39] 程广帅：《农村女性婚姻迁移人口的成因及影响》，《西北人口》2003年第4期。

[40] 孙琼如：《婚姻：农村女性迁移的翘翘板——农村女性婚姻迁移的社会学分析》，《青年探索》2004年第6期。

[41] 马健雄：《性别比、婚姻挤压与妇女迁移——以拉祜族和佤族之例看少数民族妇女的婚姻迁移问题》，《广西民族大学学报》2004年第4期。

[42] 倪晓峰：《大城市婚姻迁移的区域特征与性别差异——以广州市为例》，《中山大学研究生学刊（社会科学版）》2007年第4期。

[43] 王化波：《迁入地类型的选择——基于五普资料的分析》，《人口学刊》2008年第6期。

[44] 陆淑珍：《基于logistic模型的外来人口婚姻迁移的影响因素分析——以珠三角某地区为例》，《南方人口》2010年第5期。

[45] 艾大宾、李宏芸、谢贤健：《农村居民婚姻迁移空间演变及内在机制——以四川盆地为例》，《地理研究》2010年第8期。

[46] 吴文：《农村女性婚姻迁移的社会学分析》，《黑河学刊》2010年第1期。

[47] 栗志强：《欠发达农村地区男青年婚姻迁移研究——对豫北R镇的调查》，《青

年研究》2011 年第 5 期。

[48] 崔燕珍：《农村人口外出流动对当地婚嫁行为的影响——以崔村的个案研究为例》，《中国青年研究》2007 年第 1 期。

[49] 靳小怡、李成华、李艳：《性别失衡背景下中国农村人口的婚姻策略与婚姻质量——对 X 市和全国百村调查的分析》，《青年研究》2011 年第 6 期。

[50] 周海旺：《上海市外来媳妇及其子女的户口政策研究》，《中国人口科学》2001 年第 3 期。

[51] 陈琼珂：《去年上海“两地婚姻”数量创新高》，《解放日报》2009 年 1 月 13 日，第 10 版。

[52] 周皓、李丁：《我国不同省份通婚圈概况及其历史变化——将人口学引入通婚圈的研究》，《开放时代》2009 年第 9 期。

[53] 董燕、商广洁：《山西省跨省婚嫁的农村育龄妇女艾滋病及母婴传播性疾病调查分析》，《中国妇幼保健》2009 年第 12 期。

[54] 徐爱光、郑学毅、张万恩：《浙江省迁入女性人口婚姻生育调查》，《中国人口学》1992 年第 4 期。

[55] 吕德文：《婚姻形式与村庄性质——转型期乡村婚姻形式的一项考察》，《文史博览》2005 年第 12 期。

[56] 甘品元：《毛南族婚姻行为变迁研究》，《广西民族大学学报（哲学社会科学版)》2007 年第 6 期。

[57] 谭琳、苏珊·萧特、刘惠：《双重外来者的生活——女性婚姻移民的生活经历分析》，《社会学研究》2003 年第 2 期。

[58] 吴妨：《当代中国城市婚姻移民的融入困境：社会网络视角下的解析——以上海市芷江西路街道外来媳妇为例》，硕士学位论文，上海大学，2006 年。

[59] 赵丽丽：《城市婚姻移民的社会适应和社会支持研究——以上海市“外来媳妇”为例》，博士学位论文，上海大学，2008 年。

[60] 周佳懿：《上海女性婚姻移民社会适应个案研究》，《法制与社会》2009 年第 2 期。

[61] 邓晓梅：《农村婚姻移民的家庭融合及对其异地适应的影响》，《广东工业大学

学报（社会科学版）》2012 年第 4 期。

[62] 顾青：《角色理论视角下的外来媳多元化社会融合及其对策研究——以上海市 a 区 z 镇为例》，硕士学位论文，上海大学，2010 年。

[63] 成翠萍：《"外地新娘"的新生活——女性婚姻迁入者的社会融合问题研究》，http：//www.ccrs.org.cn/html/2013/03/14660.html。

[64] 唐利平：《人类学和社会学视野下的通婚圈研究》，《开放时代》2005 年第 2 期。

[65] 杨建霞：《20 世纪 80 年代以来农村外来媳妇嫁入地社会融入与政治参与研究述评》，《四川行政学院学报》2012 年第 6 期。

[66] 刘中一：《身体迁移与性别遭遇——基于外来媳妇城市融合经历的分析》，《北京青年政治学院学报》2012 年第 3 期。

[67] 樊晓明：《农村外来妇女艾滋病预防健康教育效果评价》，硕士学位论文，安徽医科大学，2009 年。

[68] 张德乾、仰和芝：《远嫁农村打工女的婚姻满意状况及影响因素探讨》，《西北人口》2009 年第 5 期。

[69] 沈文捷、风笑天：《城里的农村媳妇：农村女性婚姻移民的城市适应》，《湖南师范大学社会科学学报》2013 年第 2 期。

[70] 陈霖：《对于大陆移民香港的过埠新娘研究的文本分析——基于社会融合理论与社会认同角度》，《妇女研究》2013 年第 5 期。

[71] 刘千嘉：《大陆新娘的台湾经验：一个社会学的观点》，硕士学位论文，国立中山大学，2003 年。

[72] 叶萧科：《外籍与大陆配偶家庭问题与政策》，学富文化事业有限公司 2006 年版。

[73] 朱柔若、孙碧霞：《印尼与大陆配偶在台社会排除经验之研究》，《教育与社会研究》2010 年第 6 期。

[74] 吴慎：《大陆女性配偶在台湾生活适应之探讨》，硕士学位论文，国立中山大学，2004 年。

[75] 郭志通：《大陆女性配偶在台婚姻冲突历程研究》，《屏东教育大学学报》2005 年第 12 期。

[76] 新山：《婚嫁格局变动与乡村发展——以康村通婚圈为例》，《人口学刊》2000年第1期。

[77] 吉平、张恺悌、刘大为：《北京郊区农村人口婚姻迁移浅析》，《中国社会科学》1985年第3期。

[78] 吴云香：《千里姻缘悲喜谈——新疆兵团农场现代跨省婚姻透视》，《兵团工运》2009年第2期。

[79] 朱西全：《我省农村外来媳妇越来越多》，《西海都市报》2012年10月30日，第2版。

[80] 李若建：《大跃进与困难时期的家庭、婚姻与生育研究》，《开放时代》2000年第5期。

[81] 耿桂华、傅继华、徐凌忠：《桓台县农村外来妇女艾滋病感染状况与相关问题认识调查》，《预防医学论坛》2007年第4期。

[82] 戴东梅、刘霞、孙增梅：《沂蒙山区某县外来妇女艾滋病流行病学调查分析》，《医学检验与临床》2007年第4期。

[83] 杨晓希、郑军、曾红雨、钟丽霞、张思平：《湖南省醴陵市与衡南县农村外来媳妇艾滋病流行情况分析》，《实用预防医学》2010年第3期。

[84] 喻晓东：《当涂县农村外来媳妇艾滋病行为干预模式研究》，硕士学位论文，安徽医科大学，2011年。

[85] 陶自祥、邢成举：《摇摆的家庭：农村"新逃婚"的呈现及其产生机制——基于对赣南H乡新逃婚现象的调查与分析》，《南方人口》2012年第4期。

[86] 《社会发展问题世界首脑会议〈行动纲领〉》，中国妇女研究网，http：//www.wsic.ac.cn/internationalwomenmovementliterature。

[87] 嘎日达、黄匡时：《西方社会融合概念探析及其启发》，《理论视野》2009年第2期。

[88] 黄匡时、嘎日达：《社会融合理论研究综述》，《新视野》2010年第6期。

[89] 欧盟委员会：《社会融合联合报告》，http：//www.eaea.org/index.php？k=10263。

[90] 《欧盟立法会秘书处资料摘要：欧洲联盟消灭贫穷及社会孤立的策略》，2012，http：//www.legco.gov.hk/yr04-05/chinese/sec/library/0405in35c.pdf。

[91] 梁波、王海英：《国外移民社会融入研究综述》，《甘肃行政学院学报》2010 年第 2 期。

[92] 安南：《国际移徙与发展》，http：//www.un.org/chinese/focus/migration/37.htm。

[93] 童星、马西恒：《"敦睦他者"与"化整为零"——城市新移民的社区融合》，《社会科学研究》2008 年第 1 期。

[94] 张文宏、雷开春：《城市新移民社会融合的结构、现状与影响因素分析》，《社会学研究》2008 年第 5 期。

[95] 任远、乔楠：《城市流动人口社会融合的过程、测量及影响因素》，《人口研究》2010 年第 2 期。

[96] 任远、邬民乐：《城市流动人口的社会融合：文献述评》，《人口研究》2006 年第 3 期。

[97] 朱杰：《人口迁移理论综述及研究进展》，《江苏城市规划》2008 年第 7 期。

[98] 王振营：《人口迁移的规律》，博士学位论文，中国人民大学，1993 年。

[99] 刘丹丹：《城乡迁移与婚姻关系：以上海徐汇区 20 个农民工为例》，硕士学位论文，华东理工大学，2010 年。

[100] 廖正宏：《人口迁移》，三民书局 1985 年版。

[101] 谢高桥：《都市人口迁移与社会适应》，巨流图书公司 1982 年版。

[102] 陈向明：《质的研究方法与社会科学研究》，教育科学出版社 2000 年版。

[103] 熊秉纯：《质性研究方法刍议：来自社会性别视角的探索》，《社会学研究》2001 年第 5 期。

[104] 风笑天：《社会学研究方法（第三版）》，中国人民大学出版社 2009 年版。

[105] 黑龙江省社会学研究所：《农民通婚圈未超出 25 公里》，《人口学刊》1989 年第 6 期。

[106] 邱泽奇、丁浩：《农村婚嫁流动》，《社会学研究》1992 年第 2 期。

[107] 张雨林、刘倩、王磊：《从传统农村向社会主义现代农村的转化》，上海社会科学院出版社 1992 年版。

[108] 风笑天：《农村外出打工青年的婚姻与家庭：一个值得重视的研究领域》，《人口研究》2006 年第 1 期。

[109] 俞振东、冰客：《胡家营镇村民通婚圈扩大》，《中国人口报》2003 年 11 月 19 日。

[110] 沈崇麟、杨善华、李东山：《世纪之交的城乡家庭》，中国社会科学出版社 1999 年版。

[111] 严由健、吴信学：《社会转型背景下农村社会通婚圈变迁刍议》，《中国农业教育》2007 年第 3 期。

[112] 韦浩明：《广西贺州枫木村壮族婚姻圈个案考察》，《百色学院学报》2007 年第 4 期。

[113] 周旗、杨媛：《关中地区乡村通婚圈 60 年演变研究——以咸阳正阳镇为例》，《宝鸡文理学院学报（社会科学版）》2012 年第 1 期。

[114] 潘永、朱传耿：《"80 后"农民工择偶模式研究》，《西北人口》2007 年第 1 期。

[115] 罗建英、胡双喜、谭银花：《"八〇"后农民工婚恋观的研究》，《农村经济与科技》2008 年第 8 期。

[116] 戚杰强、吴明林：《农村外出务工青年的婚姻家庭观——以广西 L 村 36 名农村外出务工青年为例》，《广西青年干部学院学报》2010 年第 2 期。

[117] 尹子文：《第二代农民工婚姻家庭问题探析》，《中国农村观察》2010 年第 3 期。

[118] 叶妍、叶文振：《流动人口的择偶模式及其影响因素——以厦门市流动人口为例》，《人口学刊》2005 年第 3 期。

[119] 古德：《家庭》，社会科学文献出版社 1986 年版。

[120] 谢芬芳：《打工潮下农村青年婚恋观的变革》，《传承》2008 年第 14 期。

[121] 周伟文、侯建华：《新生代农民工阶层：城市化与婚姻的双重困境——S 市新生代农民工婚姻状况调查分析》，《社会科学论坛》2010 年第 18 期。

[122] 陆益龙：《户籍隔离与二元化通婚圈的形成——基于一个城郊镇的分析》，《开放时代》2001 年第 9 期。

[123] 悦中山、杜海峰、李树苗、费尔德曼：《当代西方社会融合研究的概念、理论及应用》，《公共管理学报》2009 年第 2 期。

[124] 朱力：《论农民工阶层的城市适应》，《江海学刊》2002 年第 6 期。

[125] 杨黎源：《外来人群社会融合进程中的八大问题探讨——基于对宁波市 1053

位居民社会调查的分析》，《宁波大学学报（人文科学版）》2007 年第 6 期。

[126] 杨绪松、靳小怡、肖群鹰、白萌：《农民工社会支持与社会融合的现状及政策研究——以深圳市为例》，《中国软科学》2006 年第 12 期。

[127] 王桂新、罗恩立：《上海市外来农民工社会融合现状调查研究》，《华东理工大学学报（社会科学版）》2007 年第 3 期。

[128] 任霞：《大城市外来少数民族人口的社会融合研究》，硕士学位论文，华东师范大学，2009 年。

[129] 杨菊华：《流动人口在流入地社会融入的指标体系——基于社会融入理论的进一步研究》，《人口与经济》2010 年第 2 期。

[130] 黄匡时、嘎日达：《"农民工城市融合度"评价指标体系研究——对欧盟社会融合指标和移民整合指数的借鉴》，《西部论坛》2010 年第 5 期。

[131] 郭良春、姚远、杨变云：《公立学校流动儿童少年城市适应性研究——北京市 JF 中学的个案调查》，《中国青年研究》2005 年第 9 期。

[132] 蒋华、徐旭英、陈强：《流动儿童对城市文化的适应研究——以北京市两所小学的个案为例》，《教育科学研究》2007 年第 11 期。

[133] 王毅杰、史晓浩：《流动儿童与城市社会融合：理论与现实》，《南京农业大学学报（社会科学版）》2010 年第 2 期。

[134] 李华、蒋华林：《论三峡工程移民的社会融合与社会稳定》，《重庆大学学报（社会科学版）》2003 年第 2 期。

[135] 风笑天：《"落地生根"？——三峡农村移民的社会适应》，《社会学研究》2004 年第 5 期。

[136] 王善坤：《三峡外迁移民社会融入问题研究——以江苏为例》，硕士学位论文，南京师范大学，2006 年。

[137] 宋子然：《三峡外迁移民在安置地社会融合与稳定研究》，《四川师范大学学报（社会科学版）》2008 年第 5 期。

[138] 段燕琴：《关于上海外地媳妇文化身份构建的动态研究》，硕士学位论文，上海外国语大学，2010 年。

[139] 景晓芬、李松柏：《农村婚姻迁移女性社会适应差异性研究》，《西北农林科

技大学学报（社会科学版）》2013 年第 4 期。

[140] 王思怡、陆经纬：《少数民族婚姻移民融入与认同阶段的构成分析与研究——以浙江省长兴县虹星桥镇少数民族婚姻移民为例》，《改革与开放》2013 年第 8 期。

[141] 李培林：《流动民工的社会网络与社会地位》，《社会学研究》1996 年第 4 期。

[142] 李春霞、陈霏、黄匡时：《融入筑城：中国西部流动人口社会融合研究》，九州出版社 2013 年版。

[143] 宋兴烈：《族际通婚与文化融合——以广西龙胜各族自治县泗水乡里排壮寨为例》，《广西社会主义学院学报》2011 年第 3 期。

[144] 梁茂春：《跨越族群边界：社会学视野下的大瑶山族群关系》，社会科学文献出版社 2008 年版。

[145] 崔岩：《流动人口心理层面的社会融入和身份认同问题研究》，《社会学研究》2012 年第 5 期。

[146] 孙阳阳：《外来媳妇的夫妻关系及其社工介入研究——以上海市浦东新区 X 镇为例》，硕士学位论文，华东理工大学，2010 年。

后　记

　　本书是作者 2010 年申报的国家社会科学基金项目"人口流动进程中农村女性婚姻迁移者的社会融合研究"的成果。研究农村女性婚姻迁移者的社会融合，是基于改革开放后我国大范围内持续出现的部分外出务工经商农村女性为爱情而嫁到异地他乡的婚姻迁移现象。随着我国城镇化进程推进和农村人口流动持续活跃，外出务工经商是大多数农村未婚女性的必然选择，农村务工经商女性婚姻迁移的持续发生与长期存在是必然趋势。婚姻不是私事，较大规模持续发生于特定人口的农村务工经商女性婚姻迁移是我国现代社会变迁的重要部分，其必将对婚姻、家庭乃至社会发展产生深远影响，因"迁移效应"而引发的农村女性婚姻迁移者的社会融合问题，势必成为我国婚姻变迁中突出的现实问题和社会治理中的新问题。

　　在关注农村女性婚姻迁移的同时，作者耳闻目睹了一些农村女性婚姻迁移者婚后的酸甜苦辣。自 2005 年，作者开始从学术上尝试对农村女性婚姻迁移者这一群体的婚后生存状态进行调查，并试着从婚姻状况、生活质量、心理状况等方面进行调查研究。随着研究的逐渐深入，作者认识到，对任何一个女性而言，婚姻都是其生命历程中的重大事件；对任何一个女性而言，婚后走进一个新家庭，都要面对新的家庭关系和新的社区，要适应新的生活，要实现婚后的社会融合。但对农村女性婚姻迁移者而言，她们除了要面临正常婚姻事件带给自己的挑战，还要面临因迁移而带来的诸如亲情远离、社会关系变化、文化差异等带来的诸多问题和挑战，不得不面临婚姻和迁移双重挑战的社会融合。农村女性婚姻迁移者分布在全国各地，她们的社会融合如何，不仅关乎个人生存状态，还关乎家庭、社区甚至是整个社会稳定与和谐。正是基于上述思考，作者试图通过本研究为有关部门有效帮助和干预解决农村女性婚姻迁移者婚后社会融合所产生的各种问题提供参考。

在研究设计、调查和书稿成稿过程中，课题组的游河、廖颖、熊小红、张高秋付出了智慧和辛勤劳动，同事刘晓丽、叶国平也付出了辛勤劳动；在全国大范围内的入户调查过程中，得到井冈山大学政法学院诸多学生的鼎力协助，同时得到了调查地社区的协助。在本书出版之际，在此一并表示衷心的感谢。同时也非常感谢人民出版社为此书出版给予的大力支持。

由于作者水平有限，本书尚存在不足和欠缺，恳请读者批评指正。作者将会继续关注和研究农村女性婚姻迁移现象及其引发的问题。

责任编辑:孔　欢
封面设计:吴燕妮
责任校对:史伟伟

图书在版编目(CIP)数据

农村女性婚姻迁移者的社会融合/仰和芝,张德乾 著.—北京:人民出版社,
　2018.10
ISBN 978－7－01－017901－8

Ⅰ.①农…　Ⅱ.①仰…②张…　Ⅲ.①农村-女性-婚姻-人口迁移-适应性-
研究-中国　Ⅳ.①D669.1

中国版本图书馆 CIP 数据核字(2017)第 162525 号

农村女性婚姻迁移者的社会融合
NONGCUN NÜXING HUNYIN QIANYIZHE DE SHEHUI RONGHE

仰和芝　张德乾　著

人民出版社 出版发行
(100706　北京市东城区隆福寺街 99 号)

天津文林印务有限公司印刷　新华书店经销

2018 年 10 月第 1 版　2018 年 10 月北京第 1 次印刷
开本:710 毫米×1000 毫米 1/16　印张:19.25
字数:295 千字

ISBN 978－7－01－017901－8　定价:58.00 元

邮购地址 100706　北京市东城区隆福寺街 99 号
人民东方图书销售中心　电话 (010)65250042　65289539

版权所有·侵权必究
凡购买本社图书,如有印制质量问题,我社负责调换。
服务电话:(010)65250042